有生命的文物

考古露天博物馆的现在与未来

[荷] 罗兰·帕德库珀 —— 著　唐邦城 —— 译

中国纺织出版社有限公司

原文书名：The Value of An Archaeological Open-Air Museum is in Its Use
原作者名：Roeland Paardekooper
© 2012 ROELAND PAARDEKOOPER

著作权合同登记号：图字：01-2025-2521

图书在版编目（CIP）数据

有生命的文物：考古露天博物馆的现在与未来 /
（荷）罗兰·帕德库珀著；唐邦城译 . -- 北京：中国纺
织出版社有限公司，2025.6. -- ISBN 978-7-5229-2369-
7

Ⅰ. K85；G260

中国国家版本馆 CIP 数据核字第 2025KV5080 号

责任编辑：向 隽 程 凯　　特约编辑：韦 春
责任校对：高 涵　　　　　　责任印制：储志伟

中国纺织出版社有限公司出版发行
地址：北京市朝阳区百子湾东里 A407 号楼　邮政编码：100124
销售电话：010—67004422　传真：010—87155801
http://www.c-textilep.com
中国纺织出版社天猫旗舰店
官方微博 http://weibo.com/2119887771
北京华联印刷有限公司印刷　各地新华书店经销
2025 年 6 月第 1 版第 1 次印刷
开本：787×1092　1/16　印张：24.75
字数：338 千字　定价：88.00 元

序　言

　　《有生命的文物：考古露天博物馆的现在与未来》一书，是近年来国际考古学界关于文化遗产保护与公共阐释领域的重要著作。译者唐邦城为本书的出版付出了大量的努力，受邦城之托，我有幸在本书中文版付梓之际撰写序言，深感荣幸。这部著作对于中国及世界文化遗产事业均有着重要的启示作用。书中不仅系统梳理了欧洲考古露天博物馆的发展脉络，更以独特的跨学科视角探讨了其社会功能、管理策略与未来挑战，崭新的理念为全球文化遗产保护事业提供了宝贵的理论与实践参考。

　　一、背景与意义：考古露天博物馆的当代价值

　　考古露天博物馆作为一种特殊类型的文化遗产展示机构，其核心在于通过真实比例的户外建筑重构，将考古资料转化为可感知的历史场景。本书开篇即明确了其定义：非营利性、基于考古学的科学重构，注重教育与公众参与。这种模式突破了传统博物馆"静态陈列"的局限，将考古学从学术象牙塔延伸至公共领域，使历史真正"活"了起来。

　　在全球化与城市化加速的今天，文化遗产的保护与活化面临双重挑战：一方面，公众对历史的兴趣日益增长，渴望通过沉浸式体验感知过去；另一方面，商业化与快餐文化的冲击使得文化遗产的真实性易被消解。本书的出版恰逢其时，它不仅回应了如何平衡科学性与大众化的问题，更以详实的案例揭示了考古露天博物馆在文化传承、地方认同乃至经济可持续发展中的多纬度价值。

全书共分八章，从历史溯源、理论建构到实证分析，层层递进，展现了作者深厚的学术功底与开阔的视野。第二章"考古露天博物馆的历史与发展"以时间为轴，梳理了考古露天博物馆从19世纪浪漫主义萌芽到当代多元发展的历程，揭示了其与民族主义、科学实验、教育革新之间的深层关联。尤为可贵的是，作者并未止步于欧洲经验的总结，而是通过案例对比（如德国乌尔丁根木桩博物馆、荷兰HOME博物馆等），提炼出博物馆运营的共性规律与地域特色。

在方法论上，本书融合了文献研究、广域调查与深度个案分析。作者通过两次大规模问卷调查，收集了欧洲300余家博物馆的管理数据，并结合游客体验的质性研究，构建了"品质差距"分析模型。这种"管理者—游客"双重视角，对于解决博物馆实践中目标与现实的脱节，改进服务质量提供了可操作的框架。例如，书中指出，许多博物馆过度依赖短期活动吸引游客，却忽视了长期科学研究的积累，导致教育功能弱化。这一发现对中国当前蓬勃发展的遗址公园建设具有重要警示意义。

二、创新与启示：跨文化的对话

本书的独特贡献在于其跨学科性与实践导向。作者不仅是一位考古学家，更是世界实验考古学会（EXARC）的创始人之一，这种双重身份使其能够游刃有余地穿梭于学术研究与公共实践之间。书中提出的"活态历史"（Living History）概念，强调通过角色扮演、手工艺复原等方式激活历史叙事，这一理念与近年来中国倡导的"让文物活起来"不谋而合。例如，书中对苏格兰克兰诺格中心"铁器时代农场"的剖析，展示了如何通过日常农耕、陶器制作等互动项目，将考古知识转化为公众可参与的文化体验——这种模式对中国良渚、三星堆等大型遗址的展示设计颇具启发。

此外，作者对博物馆管理中"科学性与娱乐性"矛盾的探讨，直指文化遗产领域的核心议题。书中尖锐指出，部分博物馆为迎合游客偏好，陷入"主题公园化"陷阱，导致历史叙事的碎片化。对此，作者提出"以考古学为锚点，以教育为纽带"的解决路径，强调重构建筑必须基于严谨的学术研究，同时通过动态评估不断修正展示内容。这一观点为中国考古露天博物馆的可持续发展提供了重要借鉴：我们既要避免"重建即真实"的误区，也需警惕过度商业开发对遗产本体的侵蚀。

三、译介价值与中国语境

本书的翻译出版，是中西文化遗产保护理论对话的重要桥梁。译者不仅精准传递了原著的学术思想，更在注释与案例解读中融入中国视角。例如，对"非遗"概念的关联性阐释，以及对"文化景观"保护的本土化延伸，均显示出译者深厚的学术素养与问题意识。

当前，中国正处于文化遗产保护与利用的关键转型期。从"大遗址保护"到"国家文化公园"建设，如何平衡学术研究、公众教育与旅游开发，始终是亟待破解的难题。本书提供的欧洲经验，尤其是其对管理机制、资金筹措、社区参与的深入分析，为中国同行提供了丰富的参考样本。例如，书中强调的"非营利机构与地方政府合作模式""志愿者体系的专业化培训"，正是国内许多考古遗址公园面临的短板。

《有生命的文物：考古露天博物馆的现在与未来》是一部兼具理论深度与实践智慧的佳作。它不仅是考古学与博物馆学的交叉研究成果，更是一本写给所有文化遗产守护者的行动指南。无论是学者、策展人，还是政策制定者，都能从中受益。作为译者的导师，我深感欣慰。这部译著的成功，既得益于译者扎实的专业功底与语言能力，更源于他对文化遗产事业的深切热忱。我曾有幸与原著作者罗兰·帕德库珀先生相识，他的学术热情令人印象深刻。正是作者与译者的共同热爱，促成了这部重要著作的诞生。期待本书中文版的问世，能够推动中国考古露天博物馆的理论与实践迈向新高度，让更多"有生命的文物"在当代社会焕发光彩。

黎海超　四川大学考古文博学院教授

2025年3月31日于四川大学江安校区

目　录

第一章　引言 / 1

第二章　考古露天博物馆的历史与发展 / 7
　　一、考古露天博物馆是什么 / 8
　　二、追溯历史的研究脉络 / 13
　　三、为谁而建 / 19
　　四、考古露天博物馆的多角色扮演 / 39
　　五、小结 / 54

第三章　研究方法和文献资料来源 / 55
　　一、精准问题的提出 / 56
　　二、关键事件分析 / 57
　　三、研究对象 / 58
　　四、数据收集 / 59
　　五、广域调查研究 / 61
　　六、深入微观：聚焦探索个案研究 / 62
　　七、品质差距 / 77
　　八、小结 / 79

第四章　广域调查研究　　　　　　　　　　　　　/ 81

一、调查　　　　　　　　　　　　　　　　　/ 84

二、博物馆分类　　　　　　　　　　　　　　/ 91

三、年代　　　　　　　　　　　　　　　　　/ 94

四、地理分布　　　　　　　　　　　　　　　/ 96

五、参观人数　　　　　　　　　　　　　　　/ 103

六、关键词　　　　　　　　　　　　　　　　/ 104

七、管理　　　　　　　　　　　　　　　　　/ 106

八、欧盟的资金资助　　　　　　　　　　　　/ 108

九、与考古相关　　　　　　　　　　　　　　/ 111

十、小结　　　　　　　　　　　　　　　　　/ 112

第五章　案例研究：以八家考古露天博物馆为例　/ 115

一、苏格兰克兰诺格中心　　　　　　　　　　/ 117

二、埃因霍温历史露天博物馆（HOME）　　　/ 130

三、乌尔丁根木桩博物馆　　　　　　　　　　/ 145

四、洛福特维京博物馆　　　　　　　　　　　/ 160

五、蒙塔莱公园　　　　　　　　　　　　　　/ 172

六、阿莱西湖博物馆　　　　　　　　　　　　/ 182

七、马特里卡博物馆　　　　　　　　　　　　/ 193

八、福特维肯斯博物馆　　　　　　　　　　　/ 205

九、小结　　　　　　　　　　　　　　　　　/ 217

第六章　了解博物馆　　　　　　　　　　　　　/ 221

一、管理评估中的数据收集问题　　　　　　　/ 223

二、考古露天博物馆的管理情况　　　　　　　/ 223

三、游客信息的收集　　　　　　　　　　　　/ 263

四、小结　　　　　　　　　　　　　　　　　/ 264

第七章　了解游客情况　　　　　　　　　　　　/ 267

一、游客调查中的数据收集问题　　　　　　　/ 268

　　二、游客特征　　　　　　　　　　　　　　　　　　　/ 274

　　三、参观决定　　　　　　　　　　　　　　　　　　　/ 288

　　四、停留时间　　　　　　　　　　　　　　　　　　　/ 298

　　五、游客评估　　　　　　　　　　　　　　　　　　　/ 301

　　六、小结　　　　　　　　　　　　　　　　　　　　　/ 313

第八章　影响考古露天博物馆的关键因素　　　　　　　　　/ 315

　　一、对方法论的深入探讨　　　　　　　　　　　　　　/ 316

　　二、考古露天博物馆的分析、建议、构想与策略　　　　/ 320

　　三、了解游客　　　　　　　　　　　　　　　　　　　/ 330

　　四、结语　　　　　　　　　　　　　　　　　　　　　/ 333

参考文献　　　　　　　　　　　　　　　　　　　　　　/ 337

附录1　术语　　　　　　　　　　　　　　　　　　　　　/ 371

附录2　文中所提及的个人联系人名单　　　　　　　　　　/ 377

附录3　世界实验考古学会（EXARC）与参考书目　　　　　/ 381

附录4　参与调查的考古露天博物馆名单　　　　　　　　　/ 381

附录5　参观访问的考古露天博物馆名单　　　　　　　　　/ 381

附录6　标准游客调查表　　　　　　　　　　　　　　　　/ 381

附录7　相关专题参考文献　　　　　　　　　　　　　　　/ 381

译后记　　　　　　　　　　　　　　　　　　　　　　　/ 383

第一章

引言

考古露天博物馆（archaeological open-air museum）将考古资料（考古发掘现场、遗迹等）作为展示对象，让游客于自然环境中感受古代社会生活面貌。因此，考古露天博物馆成为展示考古研究成果的重要平台。与其他类型博物馆不同的是，考古露天博物馆吸引了大量的游客。大约在25年前，游客数量开始大幅增长，如今在欧洲大约有300座考古露天博物馆，每年可能吸引600万到700万的游客。尽管少数几个大型博物馆每年拥有25万甚至更多的游客，但也有许多博物馆每年只有1 500名游客。例如，在2008年，德国的343座历史博物馆或考古博物馆就吸引了1 640万名游客（Staatliche Museen zu Berlin-Preussischer Kulturbesitz，Institut fur Museumsforschung 2009）。2005年巴黎迪士尼乐园吸引了1 230万游客（Disney，Eurodisney S.C.A，2006），与之相比，考古露天博物馆每年吸引到的700万游客其实并不算多。但是，参观考古露天博物馆的游客可以获得对历史的直观感受，了解古代日常生活面貌。大多数情况下，这些游客平日里通常不会参观博物馆或考古遗址，也不会阅读相关书籍。

不同国家因其文化、历史、地理等的不同，对于考古露天博物馆的展示方式和特点有各自的观点，甚至一个国家中各博物馆也存在不同观点。它们使用许多不同的名称来指代自己。由于没有其他遗产组织对这些博物馆做专门的定义，因此，考古露天博物馆的定义直到最近才出现也就不足为奇了："考古露天博物馆是一个非营利的永久性机构，它主要基于考古资料在户外进行真实规模的建筑重构。它收藏非物质文化遗产资源，并解读人们过去的生活和行为方式；这是根据考古资料并以科学方式呈现的，其目的是促进教育、研究以及供游客欣赏"（来自世界实验考古学会EXARC的定义）。

考古露天博物馆一般是结合了馆内的文化遗存和教育功能的场所：它们介于考古学和公众之间。考古露天博物馆为游客提供了走进历史的机会，通过感官（视觉、听觉、嗅觉、味觉等）体验提升参与感，因此具有强大的影响力。考古资料是考古露天博物馆最重要的信息来源，公众是它的主要目标群体。这类博物馆通过教育、展览展示、研究合作，推动考古的科学普及。

考古露天博物馆的管理者面临着巨大挑战，他们需要汲取许多来自不同专业的知识，不仅包括传统的博物馆管理和旅游，还包括商业和教育。在这方面，成功的博物馆做得很好，成为其他博物馆效仿的标杆。但也有一些博物馆在苦苦挣扎，有一些博物馆则因方向过多而定位不清晰，还有一些博物馆不得不关闭。考古露天博物馆的容错空间相对较小，在一些人看来，其存在的价值也较少，有时会缺乏其他类型博物馆（如历史博物馆、艺术博物馆等）所具有的鲜明特征。

鉴于考古露天博物馆所面临的特殊问题，有必要对其目前的定位进行评估，并寻求改善其未来形象的方法，从而促进其可持续发展。然而，迄今为止，在这一领域开展的工作十分分散。没有人能够明确界定考古露天博物馆的作用，以及它们带来的机遇和可能性。这项研究的目的是从考古露天博物馆的管理层及游客两个视角出发，通过了解双方的优先关注点，有望拓宽考古露天博物馆的发展机遇，提高服务质量和财务稳定性。

有许多人认为考古露天博物馆令人难忘，引人入胜，并激发了他们了解考古学和古代社会生活的兴趣。以下是一个源于我对考古露天博物馆的长期兴趣所引发的结构化讨论，博物馆工作人员的独到见解也为这个讨论增色不少。交流使我意识到，考古露天博物馆可以相互学习。当然，沟通交流和比较研究并不能迅速地解决任何一个特定主题的考古露天博物馆所面临的问题，但会帮助处境艰难的管理者从其他博物馆的经验中汲取教训，从而使得博物馆运营更平稳，未来保障性更高。特别是在当前博物馆界和休闲产业正进入经济困难时期的形势下，这一点尤为重要。

在研究地域的选择上，作为荷兰人，我本可以将我的研究局限于荷兰，但我意识到我必须要了解整个欧洲的学术研究情况，这从我在欧洲各国的多次旅行无疑也印证了这个想法。我还发现欧洲考古露天博物馆面临的许多问题，在其他地方也是如此。因此要做更加深入的了解，就需要极大地扩展这项研究的范围。

不过，考古露天博物馆很难进行比较分析。就像伦佐格（Rentzhog，2007）对露天博物馆所做的研究那样，去描绘一个具备历史和未来的远见想法，对这类特定的博物馆群体来说是很困难的。然而，它们的多样性也是一种优势，因为这提高了它们在不久的将来适应、生存和繁荣的能力。有学者指出，随着博物馆周围世界的变化，博物馆自身也应随之变化（Falk，Sheppard，2006）。

自1982年以来，我们对近100座不同的考古露天博物馆进行了300多次参观访问，从中收集游客意见。访问时间从一小时到一周不等（附录5）。我们尽可能的多次访问博物馆，每次访问都会发现新的细节或获得新的视角。例如，举办专题活动会给游客留下更为深刻的印象。我在一家考古露天博物馆（HOME）*工作了4年多。在过去25年的时间里，我参加了数十次会议，参加会议的学者多数来自考古露天博物馆或者是与这些博物馆相关联行业的工作人员。

自世界实验考古学会（附录3）于2000年成立以来，一直是通过调查和实地考察不同国家和地区的考古露天博物馆，以结构化的方式收集博物馆数据。2006至2009年，通过LiveARCH**广泛收集了博物馆数据，并加强了与其他专业人员的合作。

在条件允许的情况下，还对来自不同国家各协会的地址列表进行了收

---

* 　即荷兰埃因霍温历史露天博物馆（Historish Openlucht Museum Eindhoven，HOME），作者后文将对该馆进行详细论述。——编者注

** 　是一个专注于考古露天博物馆和实验考古学的项目。该项目受欧盟文化计划（EU CULTURE program）的资助，旨在促进文化遗产的保护、推广和交流。——编者注

集，包括EXARC，EXAR，NSLF（瑞典），Historiske Værksteder（丹麦）和VAEE（荷兰）。由于每一份列表最初都是出于不同目的制定而成，因此无法通过逐一复制的方式进行收集。

本项研究旨在关注考古露天博物馆的特点，探索其成功经验与所面临的挑战，以期帮助它们生存与蓬勃发展，并激励其他考古露天博物馆持续运营。正因如此，本研究才得以开展。采用调查研究的方法来分析考古露天博物馆的管理状况，并结合游客调查来探讨游客的实际体验。

本项研究的目的是：

（1）了解欧洲考古露天博物馆的特点与多样性。

（2）探讨考古露天博物馆有关管理及财务、工作人员、藏品、文创产品营销和讲解的问题。

（3）比较考古露天博物馆在游客体验方面设立的目标与游客的实际体验，以评估匹配度与差距。

（4）探索缩小不同考古露天博物馆发展差距的方法，并提出改进意见。

明确考古露天博物馆为何被建立又是如何使用的，将使考古露天博物馆在运营中发挥巨大价值。

第二章

考古露天博物馆的
历史与发展

　　本章介绍考古露天博物馆的定义和作用，探讨考古露天博物馆的性质。考古露天博物馆的定义涵盖国际博物馆协会（ICOM）对博物馆的定义内容。两者注重对资料信息的梳理，包括来自档案馆、博物馆、艺术馆、画廊等对考古露天博物馆的记载，类似于传统的民族学博物馆的做法。

　　在追溯历史的研究脉络小节中，讨论了关于考古露天博物馆的研究概况，这为了解2008年欧洲考古露天博物馆的情况奠定了基础。因为全面地描述所有现存和废弃的博物馆较为困难，所以仅对部分博物馆进行了讨论。如果想要了解更多详情，可查阅附录1，以及世界实验考古学会官方网站上的在线介绍。

　　考古露天博物馆有着十分广泛的定义，我们可以通过回顾历史的方式更好地了解很多博物馆。然而，当进行更详细的调查时，会发现随着时间的推移考古露天博物馆出现了不同的主题，如浪漫主义和实验主义。这些问题在为谁而建小节中作了讨论。

　　一座考古露天博物馆的建成往往借鉴了其他场所（如展览馆、遗址博物馆、动物农场、主题公园等）的特点。这些特点在考古露天博物馆的模块组成小节部分中列出，并在该小节作详细介绍。

一、考古露天博物馆是什么

　　大多数学者在论述考古露天博物馆或基于考古资料而重建的建筑时，都提到了展示的多样性以及精确定义它们的困难。例如，阿伦斯（Ahrens）指出："人们很快就会意识到，没有两个相似的地方，每一个地方都有其特殊之处"（Ahrens，1990）。洛佩兹·门切罗·本迪乔（López Menchero Bendicho）认为，向公众开放的考古遗址，包括在原地重建的考古露天博物馆可以被看作是旅游目的地、营销产品、身份要素、政治工具、博学展示、教育工具、休闲空间和灵感源泉（López Menchero Bendicho，2011）。

尽管不同国家的考古露天博物馆之间的差异很大，甚至一个国家不同地区也是如此，但它们之间的共同点却比想象中要多。这些博物馆中的大多数都是独立的，只与他们所依赖的地方政府进行互动；不同考古露天博物馆的工作人员彼此之间因为存在同事竞争关系，因而几乎没有机会进行交流互动。若是这些博物馆相互提及时，它们往往更关注彼此的差异，而不是它们的共同点。例如，莎士比亚环球信托基金（Shakespeare's Globe Trust）（Wood 2003）倾向于将基金会建筑排除在这项研究之外。基金会根据对原《环球报》的研究，在伦敦重建了一家剧院，目前用于上演莎士比亚的戏剧，但莎士比亚环球信托基金认为自己与考古遗址、露天博物馆没有共同点（Shakespeare's Globe Trust，2005）。

国际博物馆协会给出的博物馆定义包括了可用于识别考古露天博物馆定义的相关要点（附录1）。虽然能够利用传统博物馆研究来收集资料，但还有不少考古露天博物馆可能不会进行收集资料、保护和研究的工作，但这并不能说明考古露天博物馆无法作为学习、教育和娱乐的场所。

欧洲露天博物馆协会（AEOM）是国际博物馆协会的一个附属组织，它遵循联合国教科文组织（UNESCO）的宗旨和道德宣言。不过，考古露天博物馆并不是该组织的一部分。而且，AEOM对露天博物馆（open-air museum）的定义（附录1）没有ICOM对博物馆的定义那样详细，很多方面都被忽略了。

国际博物馆协会特别提到了露天博物馆："不能否认'露天博物馆'的名称，因为全部或者部分的博物馆建筑，都是按照原样复制或按比例重建的，并进行适当的布置后向公众开放。"只有在满足以下条件时，才能将"露天博物馆"定义为博物馆："所还原的原建筑已不复存在（并且）复制品或重建品是按照最严格的科学方法制作的"。

考古露天博物馆并非简单陈列某件文物。例如1865年结束林肯生命的子弹，在考古露天博物馆中并不是简单地将其陈列在展柜里，而是配合其他的藏品（复制品）将其置于实际环境中，通过演绎的形式，讲述这个故事。建筑、藏品、动物和环境都是按真实情况1∶1还原的模型或道具（附录1），它们的使用方式与过去使用的方式类似。雷诺兹明确指出，重建（replica）一词意味着"虚假的确定性"（Reynolds，1999）。在考古露天博物馆语境下使用这个词是不恰当的，因为在大多数情况下，只有建筑的地面平面图是可以确定的，其余的都是猜测。为了强调这种不确定性，本文使用倾向于重构（reconstruction）一词。重构的房屋并不是一成不变的，如果有了新的认识，还可以再次建造。这与原始建筑遗迹形成了鲜明对比，后者是不可替代的，因此不能日常使用。值得注意的是，即使在民族学博物馆中，破旧或搬迁的古老房屋经常被修复，甚至在某些情况下被重建。尽管如此，这类经过修复的老旧屋舍，也很难让人产生古老的、原汁原味屋舍的感觉。

欧洲露天博物馆协会于1994年在德国代特莫尔德（Detmold）举行了一次关于重构的重要会议，名为"木结构建筑的保护系统和露天博物馆中历史建筑的复制品"（The preservation system of wooden buildings，and replicas of historic buildings in open air museums）（Baumeier和Wassmann 1995）。

与会者一致认为，原始材料的自然易腐性，迫使露天博物馆使用重构材料或复制品（Köck，1995）。然而，在过于薄弱的科学基础上构建新事物的风险是显而易见的（Köck，1995）。同时，瓦森（Vaessen）批评了露天博物馆的真实性，认为其不能被感知（Vaessen，1995）：物品几乎可以表达任何东西，这取决于谁在解释。在露天博物馆中展示一个故事本身就是一种重构。通常情况下，所展示的家具并不是在特定房子中使用的原始家具，而往往是从其他地方收集的，或者是重构的。另外，房子周围的花园和道路也不是过去的模样。柴可夫斯基（Czajkowski）在提到波兰奥尔什蒂内克（Olsztynek）的博物馆时，指出原貌建筑和重构建筑之间没有明显联系。这家博物馆收藏了1909—1914年在格尼斯堡（Königsberg）建造的11座房屋复制品，这些复制品在1938—1942年被德国人搬到奥尔什蒂内克（Czajkowski，1995）。后来，博物馆又增加了原有的历史建筑。柴可夫斯基还介绍了波兰露天博物馆（Polish open-air museums）中建造复制品的其他几个例子。

考古露天博物馆的背景、活动和主题的首要来源为考古和历史研究。一般来说，考古露天博物馆展示了"所属"（own）地区的过去，聚焦于一个特定时代或一系列历史时期。这样，博物馆呈现的就不是遥远的抽象的过去，而是易于游客理解和认同的过去（Petersson，2003）。因此，本文使用的定义排除了那些不用于教育或游览目的的独立式和免费访问的重构建筑。在许多情况下，这些重构建筑每年只用于一次活动，但由于不是定期使用，因此不属于定义范围内。最初，为了响应国际博物馆协会的号召，考古露天博物馆与遗址博物馆一起被归入国际博物馆协会考古与历史博物馆及藏品委员会（ICMAH）的"遗址博物馆和考古重构博物馆"工作组（Site museums and museums of archaeological reconstruction）。该工作组成立于1993年，主要面向法语国家，但几年后被解散。因而国际博物馆协会考古与历史博物馆及藏品委员会没有关于考古（重构）博物馆的定义。

考古露天博物馆的任务主要是为游客和学校团体进行科普宣传。基于这一核心活动，它们可以被纳入信息中心领域（附录1）。考古露天博物馆究竟是属于严格意义上的博物馆，还是倾向于提供教育服务的文化中心，这一点并不重要：可以说，它两者兼而有之。无论从何种角度来看，这些组织在社会中都发挥着重要而有效的作用。考古露天博物馆是以公共部门为导向，而不是以营利为目的，但这并不意味着它没有营利。其特点是结合特定的地理位置——与特定的地点相关，与特定的历史时期相关，以及与考古学直接关联。

考古露天博物馆的定位是体验，结合户外活动与教育娱乐。这种文化和环境相结合的方式顺应了消费需求（Kelm 和 Kobbe，2007）。

　　本文使用的考古露天博物馆定义是由世界实验考古学会（EXARC）在 2007～2008 年间制定的。世界实验考古学会是国际博物馆协会附属组织，专注于考古露天博物馆和实验考古学的发展。本研究的作者，作为世界实验考古学会的创始人之一，参与起草制定考古露天博物馆定义的全过程。这是最新的定义，全面涵盖了考古露天博物馆的多样性。定义为：考古露天博物馆是一个非营利的永久性机构，它基于考古资料进行户外真实规模的建筑重构。它收藏非物质文化遗产资源，并致力于解读人们过去的生活和行为方式；这是根据合理的科学方式实现的，其目的是促进教育、研究和供游客欣赏。

　　世界实验考古学会的定义可分为六个部分：

　　（1）"博物馆是一个为社会及其发展服务的、向公众开放的非营利性常设机构，以教育、研究、欣赏为目的征集、保护、传播以及展示人类及人类环境的物质及非物质遗产"［ICOM 章程，在维也纳（奥地利）批准，2007 年 8 月 24 日。第 3 条第 1 款］。"非营利是指合法成立的法人团体或非法人团体，其收入（包括任何盈余或利润）仅用于该机构的运作（ICOM 博物馆道德守则，ICOM 2006）。

　　（2）考古资料是考古露天博物馆重构和阐释的主要信息来源。

　　（3）考古露天博物馆涉及的是以真实比例重构的室外建筑。但只有在符合以下条件的情况下，才能建造和阐释这些建筑："原始建筑物不复存在（且）复制或重构工作遵循严格的科学方法"（ICOM 声明：1956 年 7 月 9 日至 1957 年 7 月 9 日，日内瓦，第 6 节）。使用的材料和技术的真实性应通过书面和可查阅的记录明确说明，以确保其真实性并就引用文献进行说明。每一项重构项目都应进行诚实的评估。

　　（4）国际博物馆协会关于记录和保存藏品的要求（Lohr，1999），是将藏品描述为一组故事：非物质文化遗产资源诠释了在特定的时间和地点背景下人们的生活方式和行为模式的。联合国教科文组织（UNESCO）在其对非物质文化遗产的定义中提到了社会习俗和传统工艺，并指出，这种非物质遗产

"经常由社区和团体根据其环境，在与自然和历史的相互作用中而不断创造并发展的"。

（5）"科学研究与考古露天博物馆之间的紧密联系，得益于在属于附属组织考古委员会中发挥积极作用的资深考古学家。"（世界实验考古学会定义）。

（6）考古露天博物馆的讲解往往更多地是由导游来执行，而较少依赖指南手册或语音导览。讲解的形式包括由导游带领的实地参观、古老手工艺的展示、活态历史的呈现等形式。

二、追溯历史的研究脉络

研究考古露天博物馆的参考资料很难找到。在大多数情况下，这些文献资料并非以英文呈现，只是在游客中流传。关于考古露天博物馆的思考，要么是从游客的角度出发，要么是考古学家将考古露天博物馆作为学术研究的数据集来撰写的，而很少从博物馆内部观察的角度进行探讨和分析。

目前将考古露天博物馆置于旅游或教育视角下开展的研究较少。尽管有一些概述考古露天博物馆现状的文章，但将考古露天博物馆和独立的考古重构实例置于非同步视角进行探讨的文献却很少。主要出版物都是德文，通常只涉及该地区的露天博物馆，有时也会涉及欧洲的主要地区（Schöbel，2008）。20世纪90年代以前几乎没有任何综述，尽管有一些指南，但它们似乎是随机选择了一些更广泛地区的实例，如《重温我们的过去》（*Revoir notre passé*）（Agache和Breart，1982）中的20个例子，而贝德（Bader，2008）在一份欧洲综述中介绍了41个铁器时代重构实例，但至少遗漏了另外100个实例。

安德森（Anderson，1984）从活态历史的角度对美国的考古露天博物馆进行了概述。他感兴趣的并非建筑和风景，而是其中涉及的活动，并将其分为三类：讲解、科学和游戏。虽然其他大多数作者对教育和科学也进行了类似的划分，但他的游戏则是一个新的类别，并使用"活态历史"这一术语进行描述。

　　一本简明而有价值的丹麦考古露天博物馆（Danish archaeological open-air museum）概览共出版了三次，作者是博物馆馆长本人。第一版于1987年出版，其中有13篇关于考古露天博物馆的概述。两年后增加到22篇，至1995年，已经上升到40篇（Ipsen等，1995）。2009年，推出了一个网站，至2011年，已有48个网站成立，该网站后面的非正式网络地址列表包括80多个考古露天博物馆和考古教育中心。伊普森（Ipsen）等人的研究包括"游客"露天博物馆（'tourist' open-air museum），和一些仅对学校开放的考古露天博物馆。这些考古露天博物馆的主题涉及范围广泛，有些甚至是以20世纪为主题。一些原始历史环境也包括在内，虽然它们被转移到了传统露天博物馆环境中（Ipsen等，1995）。然而，大多数作者更倾向于不概述原始建筑的背景，而集中在对工业革命之前时期的博物馆或重构进行概述（如Petersson 2003，Keefer，2006）。

　　第一本描述欧洲范围内考古露天博物馆的书籍是阿伦斯所著《重建史前史：欧洲考古露天博物馆》（*Wiederaufgebaute Vorzeit: archäologische Freilichtmuseen in Europa*）（Ahens，1990），书中介绍了约100个有关现存和已废弃的考古露天博物馆的实例。作者是一位考古学家，也是汉堡附近基克贝格民族学露天博物馆（The Ethnographic Open-air Museum Kiekeberg）的馆长，但该博物馆内并没有考古露天重构建筑。阿伦斯探讨了在考古基础上进行重构的历史，以及20世纪80年代末整个欧洲呈现出的多面形象。他关于重构的结论（Ahrens，1990）放在今天来看仍然具有参考价值，尽管他没有见证1990年以来考古露天博物馆的蓬勃发展，但他在书中列举出大约100处拥有重构建筑的地点，这在当时的同类书籍中尚属首次。此外，他还提到了几处独立的重构建筑，如荷兰的奥维尔特（Orvelte）（1990，102-103，185-195）（图2-1）。自1990年阿伦斯的著作问世以来，还没有哪位学者像他一样，能够如此广泛且深入地讨论这些考古露天博物馆的特征。

图2-1　荷兰奥维尔特的铁器时代农场

近些年来，根据会议内容编辑而成的论文集也是研究考古露天博物馆的重要资料来源。1993年，在比利时奥贝西（Aubechies）举行了一次以考古露天博物馆为主题的会议（图2-2），根据会议内容整合出版的论文集仅有100页，共收录了20篇短文，内容涵盖欧洲的英语地区、德语地区、斯堪的纳维亚语地区和法语地区的过去、现在和计划中的考古露天博物馆（Barrois和

图2-2　建于比利时奥贝西考古遗址的加洛罗马神庙

Demarez，1995）。其中12篇论文用法文撰写，并附有荷兰文和英文的摘要。论文集的大部分内容是独立的，而且由于一些论文通常只有一页的长度，并且采用法文书写，所以很难将这些论文整合到一个更大的框架中。

1994年，在新德里（New Delhi）举办的世界考古大会（WAC）上，与会学者们在奥贝西会议的基础上构筑了一个更大的框架。但并不是所有参与奥贝西会议的人都出席了这次世界考古学大会。世界考古大会的论文集于1999年出版，共收录了20篇论文，主题包括"构建的过去"（the constructed past）、"实验考古学"（experimental archaeology）、"教育和公众"（education and the public）（Stone和Planel，1999）等。

相较于奥贝西论文集，世界考古大会论文集的参考价值更高，因为世界考古大会论文集收录的文章篇幅更长，并对作者进行了详细的介绍。世界考古大会论文集从全球角度审视了考古重构，包括诸如美国国家公园管理局（The US National Park Service）的论文，以及日本、俄罗斯和南非的实例。但令人感到遗憾的是，世界考古大会论文集出版后并没有后续的报道。

提起研究欧洲考古露天博物馆的学者，就不得不提到施密特（H.Schmidt），这位兼具建筑师和考古学家身份的学者，他出版了有关德国考古露天博物馆和建筑的综合性著作（H.Schmidt，2000）。书中包括110多个案例，其中大部分位于德国南部，而且仅限于那些日常对游客开放的博物馆，并将年代限定在石器时代至公元1024年奥托王朝末期（Ottonian Dynasty）之间（Leyser，1981）。施密特还列举了一些独立的重构建筑，这些建筑除了在偶尔的庆典中使用外，并没有其他用途。如果把讨论的范围限制在露天博物馆，那么施密特在书中所列举出的例子可能不足50个，他按照时代（史前、罗马时代、中世纪早期和晚期）对露天博物馆进行分类，并试图根据博物馆的"存在理由"（raison d'etre）描述博物馆的特征：构建体验世界、保护古迹和实验考古。施密特没有将博物馆和古迹描述为旅游景点或活态历史场所。相比阿伦斯（Ahrens，1990）的研究，施密特更关注罗马时代的重构建筑，并系统梳理了奥托王朝的重构建筑，但忽略了中世纪晚期及以后的情况。

此外，还有一些学者基于对考古露天博物馆的深刻认识和丰富经验，发表了相关文章。例如，班哈德（Banghard）对欧洲考古露天博物馆的发展进行了批判，主要涉及两方面，一是不假思索地照搬现有概念，二是普遍缺乏严肃的学术参与（Banghard，2002）。

2002年，世界实验考古学会出版了一份简短的概览，介绍了19座考古露天博物馆的情况（Schöbel等，2002）。其中有11座是世界实验考古学会的会员；另外8座是与实验考古学和教育有关的重要机构（Schöbel，2002）。根据世界实验考古学会的研究（Schöbel等，2002），这本书的目的是将这些博物馆聚焦在一个更广阔的学术视角中，凸显它们各自的独特并证明世界实验考古学会存在的合法性。

彼得森（Petersson，2003）在隆德大学（Lund University）发表了关于斯堪的纳维亚考古学和重构世界的论文，内容涉及重构历史、政治的作用和知识构建的层面。彼得森的论文总结了她在斯堪的纳维亚半岛参观独立的考古建筑、建造船舶、以历史为主题的事件和考古露天博物馆的所见所闻。尽管涉及范围很广，但她仍然提出自己的独到见解，其中一些内容将在本研究的后面详细讨论。除此之外，她对于斯堪的纳维亚的遗址所作的历史、政治方面的描述极具参考价值，而且有些历史片段值得单独研究，如瑞典埃克托普斯博格（Eketorps Borg）的历史（图2-3）。

图2-3　瑞典埃克托普斯博格的一些石墙房屋

　　2004年，庞珀（Pomper）出版了一份旅游指南，收录了38篇文章，介绍了德国各地的考古露天博物馆和其他考古展览（Pomper等，2004）。大部分文章是由博物馆管理者撰写，将信息与广告结合在一起，旨在为游客提供翔实的参考资料，这本书并不是为了学术研究，而是致力于激发游客对德国各地的考古露天博物馆和其他考古展览的兴趣。

　　乌尔丁根木桩博物馆（The Pfahlbaumuseum in Southern Germany Schobel）馆长舍贝尔（Schöbel，2008）发表了一篇关于德国考古露天博物馆的文章，这篇文章可以作为施密特著作的补充阅读。从内容上来看，舍贝尔的文章包含了更多的遗址，覆盖的区域也更广。欧洲德语区共有106家博物馆接受了调查，包括倒闭的博物馆在内。舍贝尔不仅试图提供一个历时性的视角来审视这些博物馆的发展，而且还试图为这些博物馆确定一个符合国际博物馆协会的定义。这些努力与世界实验考古学会在该领域的工作是一致的，舍贝尔本人也是世界实验考古学会的成员之一。

　　2002年世界实验考古学会公布的概览（Schöbe等）得到了补充，并与LiveARCH项目的蒙塔莱公园（Parco Montale）共享了这份概览。佩利略（Pelillo）收集了更多的数据，使每个博物馆的概览更加完整。经过补充后的概览达到了200页，以叙述性的方式介绍了220家考古露天博物馆，并介绍了当时存在的各种遗址（Pelillo等，2009）。随着时间推移，该名录不断修订扩大，可在世界实验考古学会的网站上进行在线查看。截至2011年11月，该名录共收录276个条目，其中247个为考古露天博物馆。

　　用于这项研究的文献资料已更新到2011年11月。目前，案例研究在文献资料中占主导地位，例如波兰的喀尔巴阡特洛伊（Carpathian Troy）（Gancarski，2009）、捷克弗谢斯塔里（Vsestary）附近的考古公园（Tichy等，2009）、意大利莱德罗博物馆（The Museum of Ledro in Italy）（Vannini和Scandolari，2010），勒耶尔传奇之地（Sagnlandet Lejre）（Jepsen，2011）、布瑟古农场（Butser Ancient Farm）（Page，2011）、拉德拉加（La Drag）（Buch等，2011）和阿尔加巴中心（Centro Algaba）（Terroba Valadez等，2011）。

三、为谁而建

为了更好地认识考古露天博物馆，仅仅通过参观的方式来了解是远远不够的，我们还需要了解考古露天博物馆的起源和发展情况。许多在过去起主导作用的主题如今仍然很重要，因为过去永远不会结束。如果一个人看到过去的实例，当即就可以认出浪漫主义和民族主义，而科学、教育和旅游仍然是最典型的实例。附录 7 提供了关于考古露天博物馆发展历史的推荐参考文献列表，如伊斯基耶多等（Izquerdo 等，2005）和伦佐格（Rentzhog，2007）的一些研究，尽管这些研究并不涉及考古露天博物馆，但对于进一步理解这些博物馆起到至关重要的作用。

建造目的决定了考古遗址的重构。每一个重构都是基于学界对于一个时期的知识研究状态和规划者想要传达的信息。与任何其他类型的重构建筑相比，对罗马时期的石质或砖石建筑的重构，更能体现当时建造石质或砖石建筑时的流行理念。考古露天博物馆中的木结构建筑保存时间往往不超过几十年，与中世纪的重构建筑相比，罗马时代（Roman Era）的重构建筑在早期考古露天博物馆中很受欢迎。例如，萨尔堡（Saalburg）的建筑重构于 1907 年（Baatz，2004），被认为是古老的重构建筑。现如今，只有萨尔堡罗马城堡（Römerkastell Saalburg）是一家带有梅隆（merlons）形象的城堡，这一形象通常与中世纪联系在一起，但在罗马时代就已经开始使用（图2-4）。这家城堡能够让人联想到中世纪。城堡的墙壁没有抹灰，尽管可能最初的城堡样貌并非如此（Baatz，1976）。

其他实例，如在德国莱姆边界沿线重构的罗马瞭望塔，许多不同职业的人都参与了罗马瞭望塔的规划、建造和使用（H. Schmidt，2000）的工作中。然而在许多情况下，由于重构所使用的木材成本昂贵或无法获得而采用其他种类的木材替代，因而建筑材料的选择并不符合原貌。还有就是在瞭望塔底层原本没有门的地方加装了门，在某些情况下，则采用砖石结构仿制。

16 座以罗马时代为主题的考古露天博物馆全部在遗址原址上修建，这些

图2-4　德国萨尔堡罗马城堡带有梅隆形象的大门入口

博物馆并不包括罗马时代之外的其他时期的主题。在罗马遗址原址上重建决定了博物馆的性质，是一座遗址博物馆，是在罗马考古学研究的基础上进行的重构。与其他时代主题的考古露天博物馆相比，罗马时代主题的露天博物馆则建立得更早：其中，半数博物馆的修建可以追溯到1990年之前。此外，许多罗马时代主题的考古露天博物馆也是遗址博物馆，它们比其他考古露天博物馆拥有更多的室内展览。

（一）浪漫主义

以戏剧的形式重演的历史事件可以追溯到很久以前，最早的例子是再现战争场面。例如，在公元80年，罗马皇帝提多（Titus）组织了一场大型活动来庆祝弗拉维安剧场（Flavian Amphitheatre）的落成，其中包括这样的重现："第三天发生了一场海战，随后发生了一场陆战"（Dio，LXVI.25.4）。提多甚至重现了雅典在公元前414年对锡拉库扎（Syracuse）发动的灾难性进攻"（Co、leman 1993，67）。同样地，莎士比亚（1564—1616）的过往经历以及他所创作的一些悲剧也可以视为一种历史的重演。莎士比亚所在的剧团最初由张伯伦勋爵（Lord Chamberlain）赞助，后来（1603）由国王詹姆斯一世

（King James Ⅰ）赞助（Wood，2003）。17世纪，瑞典国王通过举办中世纪风格的骑士锦标赛，彰显他们与过去权力的密切关系，如古斯塔夫二世·阿道夫（Gustav Ⅱ Adolf）于1617年在乌普萨拉（Uppsala）举行的加冕典礼（Petersson，2003）。受法国大革命和工业革命的影响，18世纪浪漫主义兴起（Claudon，1980），这是一场与启蒙运动中理性主义相对立的艺术、政治和哲学方面的运动。浪漫主义强调情感、直觉以及自然作为统治主体的重要性，以追求一个理想主义的、完整的和未经触动的世界（Rousseau，2007）。怀旧观是浪漫主义的一个重要元素，其主要影响始于18世纪，延续到19世纪末。在浪漫主义时期，早期考古露天博物馆的发展，可以在舞台构建中得到认可，其松散的灵感来自对过去的看法。

有了手头上实实在在的物品，人们便倾向于相信藏品和叙事中向他们展示的东西："这就是为什么这种方法在德国如此成功的原因"（Ahrens，1990）。舞台场景被用来传递政治信息或美化过去的形象，以使精英的地位合法化，或证实神话或任何意识形态。在某种程度上，现在的考古露天博物馆仍然沿用。早在18世纪，公园规划中就出现了所谓的历史风貌，无论是原始的、翻新的、重构的还是捏造的。1806年发现古罗马遗址后，弗朗茨一世冯·埃尔巴赫伯爵（Count Franz Ⅰ von Erbach）在德国埃尔巴赫（Erbach）附近进行了发掘。挖掘工作完成后，出土的石块被运到狩猎城堡（Jagdschloss）的公园里重新组装起来，残缺的部分也得到了修复。此外，附近的其他罗马遗址也被迁移到城堡公园内，并进行了重构，这些建筑展示了18世纪的罗马防御工事（H.Schmidt 2000，13）。

早期的船舶建造也是广为人知的，如19世纪60年代的法国，在拿破仑三世（Napoleon Ⅲ）（Lehmann，1982）的统治下建造了一家三层划桨战船。1874年，为了纪念曾是巴特埃姆斯（Bad Em）浴场常客的德国皇帝威廉一世（Wilhelm Ⅰ），同时也为了表彰对法战争的胜利和德意志帝国的建立，当地居民在莱姆斯（limes）修建了第一家罗马式瞭望塔。1897年，皇帝下令在原址上仿照罗马人的做法，重新修建萨尔堡（Saalburg）要塞（Schallmayer，

1997）。1875年，考古学家马丁斯·萨门托（Martins Sarmento）在葡萄牙西北部发掘了一座山堡的一部分，即吉马拉埃（Guimaraes）的布里埃罗斯城堡（Citania de Briteiros）。发掘结束后不久，他在原来的地基上重建了两座石头圆屋（Ayan Vila，2001），这是葡萄牙长期以来唯一一座在原地重构的考古建筑。这些房屋是在第九届史前人类学和考古学国际会议（the IX International Conference of Prehistoric Anthropology and Archaeology）的参与者实地考察之前建造的，引起了学者们对卡斯特雷纳文化（Castrena Culture）的极大兴趣。萨门托（Martins Sarmento）意识到，让房屋的高度等于直径很可能是错误的，应该重构为一座有露台的房子，而不是两座分开的房子。这些房屋至今仍以独立的重构形态存在，但没有较高的利用价值和参考价值。1888年，瑞士制鞋商巴利（C.E. Bally）在阿尔高舍嫩韦尔德（Schönenwerd）重新设计了一个景观公园（Ahrens，1988），即巴利公园（Bally Park）。它是以英国风景园林（Prest，2006）的风格进行建造，个别建筑按照自然模型进行设计。巴利没有使用意大利风格的建筑，而是使用湖居建筑。这种方式是受浪漫主义影响的历史意识的表现，同时也是对石器时代和青铜时代人们生活方式的一种生动再现。

丹麦的亨特斯普里斯（Jægerspris）是一座包含石器时代和青铜时代原始遗址的景观公园。这一景观公园属于丹麦王室（Petersson，2003）。1776年，在一位王室成员的倡议下，在公园内发掘出了朱丽安娜山（Julianehoj）遗址，这可能是一家石器时代的墓葬（图2-5）。在18世纪的丹麦，大多数发掘工作都是由丹麦国王弗雷德里克一世（King Frederic I）和克里斯蒂安四世（Christian IV）等贵族来完成，他们利用这些发掘成果来证明其家族在历史上的地位（Hedeager和Kristiansen，1985）。发掘结束后，朱莉安娜山遗址按照浪漫主义风格进行了重建，修建了露台和通往内部房间的大理石入口。亨特斯普里斯的重构通常被视为王权合法化、历史根源和古老祖先的象征。

在斯堪的纳维亚半岛其他的类似情况中可见，非史前时期的巨石遗址被建造或修复，例如在瑞典的基维克（Kivik）（Petersson，2003），由贵族

图2-5　丹麦亨特斯普里斯公园的朱丽安娜山遗址

或其他权威人士委托建造这些巨石（Petersson，2003；Petersson，2010）。这一做法在制造浪漫主义场景的同时吸收并融合了古老的维京传统（Viking traditions）。

目前，丹麦和挪威的皇室仍表现出对考古学的兴趣，并且成了不同的考古露天博物馆的保护者，例如丹麦女王玛格丽特二世（Queen Margrethe Ⅱ）与勒耶尔传奇之地（www.sagnlande.dk）：该博物馆被认为是与丹麦民族国家起源密切相关的一部分。

（二）民族主义

自1784年起，西方国家经历了从浪漫主义到民族主义（Riasanovsky，1992）的转变。这场运动的一个重要引导者是冯·赫尔德（Barnard，1965）。与以往认为国家是由法律和政治构成的观点相反，他提出了"有机民族国家"（organic folk nation）这一概念，以民族精神（Volksgeist）为基础，强调人们自己的民俗、语言和身份。

1932年，瑞典哥特兰建造了为彰显过去辉煌的洛伊斯塔厅（Lojsta Hall），建造者参考了铁器时代遗址的"高度文化"（high culture）（Bodthius和Nihlén，1932；Ahrens，1990），以加强现代瑞典的民族主义，而当时许多人正离开瑞典到美国寻找更好的未来。亨比格德（Hembygds）的家园运动（homestead movement）旨在抵制同样的趋势，该运动至今仍然存在。

20世纪80年代初，休·福斯特（Hugh Foster）在位于威尔士卡斯特尔亨利斯（Castell Henllys）的考古遗址上建造了一座私营企业性质的以铁器时代为主题的考古露天博物馆。他打算建立一个展示威尔士辉煌历史的旅游景点，旨在与罗马人、诺曼人和英国人统治威尔士的几个时期形成对比（Mytum，2004）。该馆打造的凯尔特精神和威尔士黄金时代的主题成为吸引游客的亮点。福斯特于1991年去世，由戴费德郡议会（Dyfed County Council）接管了这座考古露天博物馆，并由彭布罗克郡海岸国家公园（Pembrokeshire Coast National Park）管理，它所体现的浪漫主义和民族主义元素，如"神秘和军事"（mystical and military）的线索仍然清晰可见（Mytum，2004）。"想要定义一个本质上的凯尔特人（和原威尔士人）身份的愿望可以在威尔士国家课程中找到"（Mytum，2004；165，儿童、教育、终身学习和技能部，2008，12）。卡斯特尔亨利斯（Castell Henllys）的教育方案是为威尔士国家课程而量身定做的。例如，通过呼应"凶猛的战士男子"与"平易近人的家庭妇女"等刻板印象（Mytum，2000）。在规划教育方案时，最好的做法是满足国家课程要求。

（三）20世纪的德国

除了浪漫主义、民族主义外，还可以从20世纪德国的考古露天博物馆探寻其不同寻常的发展进程与特点。就20世纪30年代而言，德国考古露天博物馆的实例显得尤为极端。在当时的德国，考古学，包括重构建筑，被作为专业知识普及和大规模的意识形态宣传的工具（Arnold，1990）。德国史前考古学家很容易被说服。在此之前，德国史前考古学家一直处于被古典考古学（classical archaeology）和近东考古学（the archaeology of the Near East）支配的阴影下（Eggers，1986；Arnold，1990）。

虽然在这一时期有许多考古露天博物馆仍受浪漫主义的影响，但在20

世纪30年代，德国的考古露天博物馆发生了很大变化（M.Schmidt，1994）。1922年，在博登湖（Bodensee）的乌尔丁根（Unteruhldingen），以过去几十年发现的新石器时代和青铜时代的湖居遗址（lake dwelling）为基础，建立了一座考古露天博物馆（图2-6）。从1933年起，这些考古露天博物馆的重点不再是展示浪漫主义的过去，而是展示德国人民自己的过去。此后一段时期，考古露天博物馆变成了"德国史前爱国文化纪念馆"（heimatliches Kulturdenkmal deutscher Vorzeit）（Schöbel，2001）。其所展示的历史也发生了变化：居住在该地区的不再是湖边的居民，而是驻扎在湖边的士兵。通过重构房屋的方式并根据相关时期的标本配备家具，必要时参考其他地区的建筑或参考民族志的方式来配备家具，可以进一步强化思想（Müller，2005）。例如，乌尔丁根木桩博物馆（Pfahlbaumuseum）1939年在名为"妇女和母亲，人民的生命之源"（Woman and mother, source of life for the people）的展览中（Schöbel，2001），展出了一艘挪威维京时代奥塞贝格（Oseberg）船的模型。

图2-6　1922年德国乌尔丁根木桩博物馆的重构房屋

考古宣传的影响无处不在。1936年，在柏林举办的"活态史前史"（Lebendige Vorzeit）展览（Benecke 1937）是当时政府维护统治的有力工具，也是他们消除所有其他形式影响的一种战略。在其他地方，宣传也有重构的方式：

（1）1936—1946年，奥尔林豪森（Oerlinghausen，德国，铁器时代）

（Ströbel，1936；M. Schmidt，1999，2001）。

（2）1936—1945年，吕贝克（LüBeck）（新石器时代与铁器时代的城市博物馆）（Hülle，1936；Keefer，2006；Ahrens，1990）。

（3）1938—1954年，拉多夫采尔梅特瑙（Raofzell–Mettnau）（德国中石器时代新石器时代博物馆）（Benecke，1938，Ahens，1990）。

乌尔丁根木桩博物馆是唯一一座自20世纪开始，到现在仍在运营中的博物馆，尽管它在1945年后发生了翻天覆地的变化（Schöbel，2001）。露天博物馆被用来宣传"文化中心主义"（Kulturkreis），即以特定种族群体为中心的地理区域认同（Arnold，1990）。

当1939年德国占领波兰时，比斯库平遗址（Biskupin）的考古挖掘工作已经进行了几年时间（Zajaczkowski，2006）。在德国占领之前，该遗址已经成为波兰的国家标志，称为斯拉夫领地遗址（Slavic occupation site），因此波兰主张对这一遗址的合法化。德军占领这一遗址之后，继续发掘，并毫无意外地利用发掘结果，而且他们也主张对这一遗址的合法化（图2-7）。

20世纪后半叶，欧洲各地新建的考古露天博物馆并不多。在战争中使用的展示技术，即使有些可以追溯到20世纪20年代，但也被摒弃了。人们更愿意在博物馆的背景下，而不是作为一个重构的区域来看待过去。战争结束了，收集、整理和保存的岁月又开始了（Keefer，2006）。

20世纪80年代，在当时的德意志民主共和国（DDR，1949—1990）建造了两座具有民族主义特征的考古露天博物馆。格罗贝拉登（Groβ Raden）的建造或多或少是出于舒尔特（Schuldt）教授的个人倡议，其于1987年开馆。该博物馆位于梅克伦堡附近，所展示的时间范围为中世纪早期，这两个条件都明显指向当时在梅克伦堡（Mecklenburg）和荷尔斯泰（Holstein）统治西斯拉夫部落联盟的奥博特里特王朝（Obotrite Dynasty）（Keling，1989）。通过强调这一地区的高度文化（high cultures），发掘者舒尔特、位于施维林（Schwerin）的伞式博物馆（umbrella museum）和格罗贝拉登考古露天博物馆（the Grofs Raden archaeological open–air museum）有助于为民主德国构建一个共同的过去。这种对斯拉夫考古学的关注是出于政治动机（斯大林时期泛斯拉夫理想的复苏、华沙人民公社的"斯拉夫兄弟情谊"的思想）（Sommer，1999）。

图2-7 波兰比斯库平遗址的中央大门和长木屋

在新近出版物中，更多强调的是这些地区居民的手工艺和日常生活，而不是展现遗址的斯拉夫特色。凯林（Keiling）展示了题为新勃兰登堡斯拉夫遗址（the Slavonic sites of Neubrandenburg）的地图（Keiling，1989），而15年后琼斯的博物馆指南则几乎没有展示此类地图（Jöns，2004，8），而是用数十张生动的历史人物图片来进行说明。考古学家沃斯（Voss，1993）提出了一项研究来指出重构方案的错误并提出了修正方案（Voss，1993），如在最初的规划中，不同施工阶段的部分被建造，公众对此并不理解，认为都是当代建筑。

阿伦斯（Ahrens，1990）认为没有什么比看到解除武装、复员和重返社会中的蒂勒达王宫（Königspfalz Tilleda），甚至比看到格罗菲拉登考古露天博物馆（Archäologisches Freilichtmuseum Groß Raden）更高兴（Voss 1993，47）。蒂勒达王宫也是在德意志民主共和国一个充满历史内涵的地方发展起来的（Dapper，2004）。1935—1939年在这里进行了发掘工作，1958年以后又进行了一次发掘。蒂勒达王宫位于基夫豪斯（Kyffhauser）附近，该地区传说是奥托帝国（Ottonian Empire）的中心地带，与12世纪的巴巴罗萨皇帝（Emperor Barbarossa）有关，是七位国王的王室所在地（Pomper et al，2004）。1987年蒂勒达露天博物馆（the open-air museum at Tilleda）在此建成，丹麦中央历史考古研究所（the Central Institute for Old History and Archaeology）指出了这个历史上的王室所在地对于在民众中培养社会主义意识的重要性。蒂勒达王宫在民主德国封建主义历史上具有重要地位，作为一个教育场所"特别适合于传播一个有关封建社会经济、社会和政治结构及其发展方向的历史形象"（Hinkel，1978）。蒂勒达王宫和格罗菲拉登考古露天博物馆两座博物馆都是民主德国试图改变本国过去形象，从而帮助国家意识形态合法化的例子。

（四）科学与实验

不管是现在还是未来，科学与实验都是考古露天博物馆最重要的主题。附录7列出了考古露天博物馆中关于科学和实验的推荐参考文献。例如，科尔斯（Coles，1979）对20世纪70年代以前考古露天博物馆的发展进行了很好地概述，汉森（Hansen，1986）探讨了永久性实验中心的作用，科米斯（Comis，2010）描述了考古露天博物馆与实验考古学家通过结构性方式合作的未来。

古物学家很早就开始参与重构实验，如丹麦贵族赛赫斯特德（N.F.B. Sehested）在1878—1881年开展的工作。塞赫斯特德收集了考古发掘出土的燧石工具，并当作实际工具来使用。1879年，赛赫斯特德利用这些藏品材料建造了一座木屋，来证明燧石质石斧的功能和用途（Johnston，1988；Petersson，2003）。现如今，这座木屋仍然存在，经过几次搬迁后，又回到了最初建造的位置——布罗霍姆庄园（Broholm estate）（Thomsen，2003）。

考古露天博物馆是实验考古（experimental archaeology）工作的主要场

所，即使不是以主导的形式开展，也是向公众展示的窗口（Comis，2010）。然而，尽管考古露天博物馆对实验考古工作非常重要，但实验考古工作并不是考古露天博物馆的主要重点或存在的理由（关于实验考古学的定义，参照附录1）。在考古露天博物馆中开展实验能够促进科学发展。如果实验过程与结果被记录并发表，实验的价值就会被大大提高（Outram，2005），但只有少数考古露天博物馆会完成这一过程。

经常开展实验的考古露天博物馆并不多见，而且这些实验不是在半永久性的基础上进行的，如记录农作物产量或监测木结构建筑的腐朽情况。值得注意的是，尽管考古露天博物馆经常使用实验考古学这一专业术语，但相对而言，很少有考古露天博物馆像布瑟古农场和勒耶尔传奇之地那样真正进行实验。然而，毫无疑问的是，考古学本身受到人们的关注要归功于电影和电视中考古学家的精彩演绎（Holtorf，2005）。

在许多情况下，实验被用于教育和手工艺活动（例如，Cardarelli，2004；Stone和Planel，1999；Rasmussen和Grønnow，1999）。如工作人员帮助孩子们制作邮袋、切割勺子或划独木舟（Ahrens，1990）。显然，这些活动并不是严格意义上的实验，但考古露天博物馆通过实验性活动，旨在传达他们的活动不仅仅是为了娱乐（M.Schmidt，2000，M.Schmidt和Wunderli，2008）。工作人员以科学和实验为纽带，提升游客对于考古露天博物馆的体验感。博物馆试图通过科学实验来提升可信度。但是，实验性活动并不是考古露天博物馆的重点，而是借助这种手段，使游客更好地理解历史，反思当代。

博物馆是一座连接游客和科学的桥梁。与科学积极连接的博物馆才是真正具备生命力的考古露天博物馆。正如佩特雷昆（Pétrequin）所说："当考古学家离开考古现场时，重构的建筑变成了一个毫无生机的装饰性建筑，由于光线不足，展示效果不佳，而且没有人尝试将前沿的研究成果及时转化到博物馆的展陈中，导致博物馆只能将陈旧的研究结果呈现给公众，从而形成了社会认知。"（Pétrequin，1999）。

20世纪六七十年代，考古露天博物馆开展实验的特点，是通过"实验室方法"（laboratory approach）进行实验和重构。考古计量学和其他以自然物理科学为基础的实验工作发挥了主导作用。一些遗址是在实验过程中重构为建筑，一旦这些重构建筑完成了实验的使命，它们通常会变成教育场所，或被废弃，如法国的沙兰湖（Lake Chalain）（Pétrequin，1991）。

施密特多次明确指出，实验考古学与教育几乎没有交集。例如，他有一篇题为《博物馆教育不是实验考古学》（*Museumspädagogik ist keine experimentelle Archäologie*）的文章（M.Schmidt，2000，见于 Andraschko 和 M.Schmidt，1991；M.Schmidt，1993 和 1999 a 以及 M.Schmidt 和 Wunderli，2008）。在大学里，实验考古学在 20 世纪 70 年代获得了支持。这促使一部分新建立的露天博物馆使用实验考古学的方法，如英国的布瑟古农场（Reynolds，1975）、奥地利的阿斯帕恩扎亚（Asparn an der Zaya）（Lauermann，2006），德国的仙腾地区考古公园（Archäologischer Park Regionalmuseum Xanten）（Müller 和 Schalles，2004）和捷克的卢尼奥克雷森博物馆（Okresní Muzeum Louny）（Pleinerová，1986）。

截至 2007 年，已建立的考古露天博物馆中，布瑟古农场（图 2-8）的出版物最多。在有关考古露天博物馆的 1012 种已知出版物中，约有 125 种涉及布瑟古农场，这与丹麦的勒耶尔传奇之地数量相当。布瑟古农场的愿景在此时已经清楚地表现出来，特别是在铁器时代的农业方面。在勒耶尔传奇之地，涌现了大量出版物，涵盖了各种各样的主题（Bjørn，1969；Nørbach，1997；Rasmussen 等，1995；Rasmussen，2007）。有关布瑟古农场的研究，大部分文章由雷诺兹博士发表（Reynolds，1975）。

20 世纪 80 年代，学界组织了两次关于房屋重构的实验考古大型会议。第一次会议于 1980 年 10 月举行，由牛津大学开放研究系（Department of External Studies at the University of Oxford）主办（Drury，1982），会议主题聚焦于对出土木结构建筑的解读和复制。

1987 年，欧洲科学基金会（European Science Foundation，ESF）在丹麦奥胡斯（Århus）举办了一场研讨会，主题名为"史前和早期历史时期木结

图2-8 英国布瑟古农场的长桥德弗雷尔（Deverel）住宅

注 建于1992年，是基于威尔特郡考顿（Cowdown）的发掘成果重构。

构建筑的重构"（The reconstruction of wooden buildings form the prehistoric and early historic period）。到目前为止，这个研讨会只出版了一部分文章（Coles，2006；Reynolds，2006；H. Schmidt，2007；Komber，2007）。这两次研讨会是考古学家在讨论房屋建筑时将实验重构纳入研究的明显例子。

德国实验考古学和考古露天博物馆的一个重要推动力是巡回展览（travelling exhibition），以及与之配套的实验考古学年会和论文集，这些资源目前已正式纳入世界实验考古学会的数据库。该展览于1990年首次展出。截至2004年，已吸引了来自30座城市的50多万名游客（Der Vorstand，2005）。实验考古学年会仍在进行（Keefer，2006），会议和会议过程中举办的大多数活动都是在考古露天博物馆中进行，例如在乌尔丁根木桩博物馆长期监测霍恩施塔德（Hornstaad）住宅的建造、使用和破坏情况（Schöbel，2011）。尽管许多考古学学生参加考古露天博物馆举办的实验考古活动，但实验考古学并不是这些博物馆的日常活动的主题，在德国的考古露天博物馆没有一位全职、带薪的实验考古学家（M. Schmidt，2011）。

考古学在考古露天博物馆中起着重要作用。如丹麦的赫杰姆斯特德博物馆（Hjemsted）（Hardt和Thygesen，2000），展示了一个可以区分文化层的沙箱，孩子们可以在沙箱中模拟考古发掘。这种方式不仅有助于解释考古发掘过程，还说明了考古学提供过去的事实，而这些事实构成了博物馆展示的基础，而博物馆本身又成为了解释、诠释过去的重要场所。因此，科学和实验对于大多数考古露天博物馆很重要。科学与实验将博物馆与学术界联系起来，并为博物馆所研究的一个时期或多个时期提供新的支持。科学和实验也是考古露天博物馆、考古学家与公众之间发生连接的基本方式。

（五）教育和学习

教育和学习是考古露天博物馆存在的一个非常重要的原因（M.Schmidt和Wunderli，2008）。这些博物馆想要采取一种亲身体验的方式向游客介绍过去。附录7提供了一份有关考古露天博物馆教育的推荐参考文献简表。一些考古教育中心（archaeological educational centres）有着与考古露天博物馆相似的职能，它们通常只对学校和其他教育团体开放。在许多情况下，现有的考古露天博物馆也发挥着考古教育中心的作用，如在游客较少的淡季，或者在考古露天博物馆中禁止游客进入的区域。考古教育中心（参照附录1中的定义）可以为学生们提供手工制作培训、脑力训练、历史观培养（Bay，2004）的活动。学生们从参与活动中获得知识。这种亲身体验的方式是一种非正规教育（non-formal education）的形式，因此可以被定义为，在既定正规系统之外的任何有组织的教育活动，无论是单独开展，还是作为某些更广泛活动的重要组成部分开展，都是为了可获取的学习对象和学习目标服务（Coombs等，1973）。当儿童穿上盛装开始角色扮演，组成家庭或部落时，非正规教育的优点就彰显出来（如Kahl等，1995），其增强了儿童对所处环境和所从事活动的同理心。这种体验需要对游客提出挑战和刺激，将动手活动变为动脑挑战（G. Hein，1998）。

考古露天博物馆教育的首要目的是传播知识。此外，考古露天博物馆的使命还包括"发展创造力、被动的审美享受、放松、娱乐和游戏"
（Anregungen zu kreativem Tun，passive ästhetischem Genuss，Entspannung，
Vergnügen und Spiel）（Krogh Loser，1996）（图2-9）。除了这些显而易见的
优点外，考古露天博物馆通常还能提高参与者的社交能力和灵活性。实验考
古学主要关注的是技术问题和潜在的社会问题，而考古露天博物馆的教育则
更多地关注人们本身在过去的历史角色，而不仅是他们使用的器物。

　　如果一家学校团体的教师和考古露天博物馆教育部门的工作人员缺乏远
见，从教育层面上来看，考古露天博物馆仅仅停留在儿童的娱乐方面上，而
没有课程的开展和理论的传授，这种情况会使考古露天博物馆的发展遭遇危
机（W. Hein 2000，61）。

　　考古教育中心的早期实例见于丹麦和荷兰等地，波兰的比斯库平等地也
有成功的实例（Grossman和Piotrowski，2011）。汉森（Hansen，1964）是
最早提出通过各种形式来传授史前户外教育概念的人，他还创建了著名的
勒耶尔传奇之地（图2-9）。汉森没有将丹麦考古露天博物馆局限为教育性

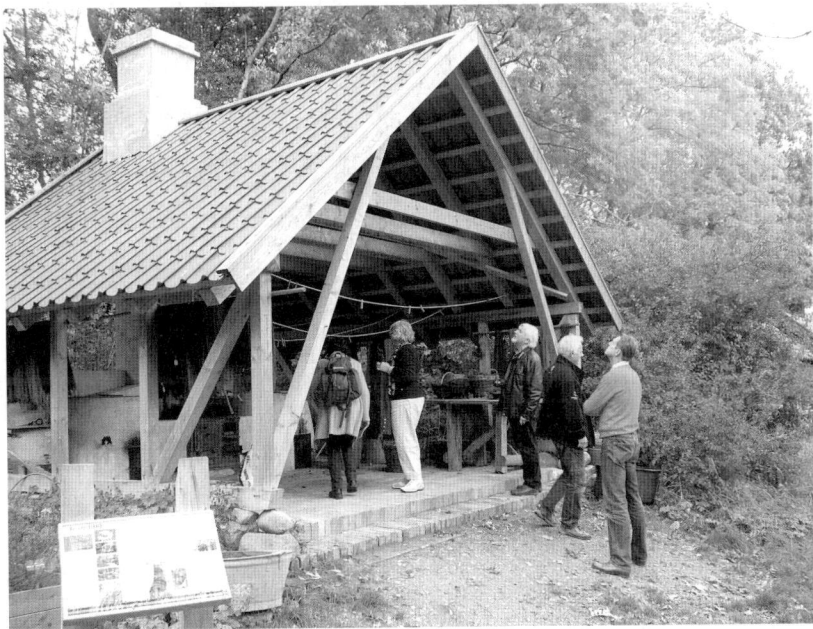

图2-9　勒耶尔传奇之地的羊毛染色区

质的博物馆，但教育一直是支撑丹麦几十个考古露天博物馆存在的重要原因（Hansen，2010年）。丹麦开展教育活动的名称是历史工作坊（historical workshops），其重点服务对象为小学儿童（资料来源：第二次调查）。"通过历史还原体验式互动活动来传授文化历史知识"（Bay，2004）。与学校主要提供知识和语言技能的训练学习不同，历史工作坊提供了另外三种训练，包括手工制作培训、脑力训练和历史观的培养。

历史工作坊开展的手工制作培训涵盖不同时期遗址的活动，如生火、耕地和制作纺织品（Bay，2004）。但只有手工制作培训的互动演示是不够的。脑力训练是旨在培养人们关注过去的精神生活所需的技能，这不仅关注制作物品本身，还要思考过去人类对于所制作物品的使用，尝试在精神层面与其建立联系。在历史工作坊中，还包括戏剧扮演。历史观是对过去的解释、对现在的理解和对未来的期望之间的互动，历史观同历史知识相比，能够与过去、现在和未来的关系更进一步。历史工作坊的活动不仅限于单纯的技术或使用技术方法来处理器物及其使用问题，一方面这些活动与国家课程密切相关，另一方面是通过考古学来实现向儿童传授过去的知识，具有重要的意义。

1976年，生物学教师哈斯的霍雷乌斯（Horreüs de Haas）在工作人员的帮助下，开展了一项关于如何在石器时代生存的实验。这个项目一经启动便引起了荷兰媒体和国际考古学界的广泛关注（Horreüs de Haas等，1999）。他的这项实验在荷兰产生了巨大的影响，在此之后很快就出现了更多的考古项目，所有项目几乎都从环境角度出发。其中，20世纪70年代有4个项目，20世纪80年代有3个项目（Horreüs de Haas等，1999）。这些项目都有一个共同目的——教育。但只有HOME博物馆后来改变了以教育为重点的策略，该项目增加了成年游客的数量，虽然在校儿童游客数量仍然很多，在很长一段时间内占游客数量的一半（Boonstra和Callebert 1991；Boonstra，2004；关于人数，Boonstra 1988—1997；Botden，2001—2003；van Valburg，2004—2007；Prinsen，2009—2010）。

　　很多考古露天博物馆在特定时期都具有考古教育中心的性质，这是吸引更多游客到访的好方法。由于这些团体通常在学校放假前后进行参加，因此这也是一个在博物馆参观淡季增加游客数量的好方法。此外，另一个优点是，这些团体会提前计划好参观时间，而不是根据天气预报临时决定。缺点是他们占用了博物馆的部分空间，并且由于区域人员密集度过大的原因，可能会限制其他游客在同一时间共享这些区域。

　　有许多考古露天教育中心只对正规教育团体开放。但是，也有一些考古露天博物馆每年会不定期地组织活动，如英国克兰伯恩的古代技术中心（the Ancient Technology Centre at Cranborne）、荷兰威廉敏奥德博斯学校（Wilhelminaoord School in Bos）（图2-10）。因此，许多最初以教育目的而开发的考古遗址逐渐发展成为考古露天博物馆。

　　研究考古露天博物馆作为正规教育场所的价值需要另一套优先事项和经

图2-10　荷兰威廉敏奥德博斯学校考古露天教育中心的教育展示

验，与评估其对游客的价值不同。尽管这些露天博物馆提供的正规教育和非正规教育往往是并存的，但事实证明，两者同时研究过于复杂，因此研究只关注旅游方面。

除儿童教育外，博物馆中的成人教育也有巨大的潜力，但却呈现出发展不足的趋势（Hooper-Greenhill，1995）。有关成人教育的学习风格，有许多不同的方法，如琼斯（Jones，1995）所总结的方法。世界实验考古学会通过终身学习伙伴关系项目（Lifelong Learning Partnerships Didarchtik and Zeitgeist，2010—2012），对考古露天博物馆中成年游客的学习方式进行研究。

（六）旅游、休闲和活动

旅游、休闲和活动正在不断发展，包括可持续文化旅游等主题相关的旅游研究。旅游是一种需求驱动型活动，无法评估预测（McKercher 和 du Cross，2002）。旅游业不断发展，受市场需求影响很大，例如游客的需求越来越高，兴趣也会随趋势而变化，有时也受到全球市场变化影响（Keller 和 Bieger，2010）。拉普兰（Lapland）的旅游就很典型。1984—2007年，拉普兰的圣诞之旅（Visiting Christmas in Lapland）从乘坐协和式飞机的专程一天旅行逐渐演变成更加符合大众旅游市场的一周假期式旅行（Komppula 等，2010）。

考古露天博物馆必须进行改变，以适应现代标准。由于文化遗产管理和公众的期望的变化，在20世纪70年代的一些常规做法已无法满足公众需求，博物馆需要更加专业化管理，正如John（2004）所提到的，遗产景点必须不断升级和提高质量，以适应市场的变化。在过去，遗产讲解是为了教育，主要是为了让人们了解保护和保存的重要性（Tilden，1957）。如今，遗产讲解涵盖了更广泛的目标（Bennett，2009）。更大的挑战在于新型的休闲习惯和追求更刺激体验的趋势（Rentzhog，2007），考古露天博物馆通过实践展示了其适应力：考古露天博物馆不再仅仅是在隔离带后面展示不允许触摸和体验的活动。

考古露天博物馆在很大程度上依赖于自身的创收能力。尽管博物馆是政府下辖机构，但政府对博物馆的资助和商业赞助占博物馆收入的很少一部分（Paardekooper，2008）。在许多情况下，虽然可以找到开办博物馆、建造真实比例的模型或提供建造博物馆建筑的资金（IJzereef，1999），但不足以维持经营和维护博物馆。

许多考古露天博物馆每年都会组织定期活动。这些活动的理念多年来几乎没有变化，在欧洲各地都可以看到类似的活动。然而，要使活动取得成功，除了需要依赖良好的天气和顺畅的沟通外，还需要年复一年地开发具有创新性的活动来吸引公众参观。目标群体在发生变化，他们的需求也在变化（Lucke，2004）。按照20世纪70年代的标准所建造的卫生间，即使保持整洁，也不符合当下需求。在波兰比斯库平举办的考古节等活动中，尽管每年的考古节主题都在变化，但所提供的内容通常与前一年有80%的重合。

以考古学为主题的活动曾是一种流行的、低门槛且有吸引力的方式。这些活动从考古遗址或考古露天博物馆的开放日，发展到所谓的中世纪市场、维京市场等主题活动。例如，在20世纪80年代，HOME的开放日是当时最受欢迎的主题活动。到了20世纪90年代，当时每年最受欢迎的活动是维京市场（Boonstra，1988—1997）。这些主题活动的举办，有时是参考了考古发掘的相关资料，而有些则仅仅依靠受到过去的启发（Banghard，2002）。

从20世纪90年代开始，文化和历史在整个欧洲的旅游业中变得越来越重要（Brown，2002）。成功发展旅游业需要多维度的考虑，受各种不同合作伙伴多因素影响，这要求博物馆具备很高的灵活性（Lucke，2004）。游客不会自己出现，博物馆需要与该地区其他文化旅游机构合作，确保旅游渠道畅通。

在2009年纽芬兰（Newfoundland）的一次讲座中，金（King）将创意旅游（creative tourism）描述为文化旅游的一部分。创意旅游的定义起源于2006年（Richards和Wilson，2006），其核心是参与，而非被动的消费体验。创意旅游的游客关注所到之处的特点，并和构成当地生活文化的人们进行互动。

　　旅游已经成为人们日常生活的延伸，人们在此寻求个人与职业发展，而不仅仅是传统意义上的放松方式。随着这种观念的转变，商务和休闲、学习和娱乐之间的界限变得模糊，个人成长和发展的机会变得越来越重要。

　　金指出了旅游业的三大趋势（King，2009）：

　　（1）更高的质量，更多的选择和更大的竞争：博物馆的大部分活动需要提供优质且有特色的内容。

　　（2）个人选择和参与：游客喜欢根据所提供的内容进行选择，还希望能够参与其中。让游客参与进来，就意味着要有一个可供选择的菜单，而不是只有起点、中间和终点的单线式体验。

　　（3）每个人都能有所收获：并非每个人被一视同仁，市场更加细分，专注于特殊兴趣群体。

　　文化旅游不再是精英阶层的专属领域：博物馆需要随时为不常参观博物馆等文化场所的群体做好准备，但这些博物馆如果能够适应他们的需求，那么他们可能就会作为游客群体的一员到访博物馆。

　　人口趋势研究表明，情况将发生很大变化。美国的相关研究可能同样适用于欧洲。这些现象表现为：出生在1945—1964年的婴儿潮一代（baby boom generation），到2011年，他们的年龄在47～66岁。婴儿潮一代之后的年轻人，他们对工作、生活有着不同的目标和追求，他们更注重个人发展，在生活态度、工作观念和消费习惯等方面都存在差异。这些人是第一批使用互联网产品的群体。年龄在47岁以下，尤其是25岁以下的群体，他们获取信息的方式与其父母不同，他们更习惯通过手机和互联网平台来获取信息，这些群体往往觉得自己更有个性，与朋友的关系比和家人更亲密；他们相信信息的透明度，质疑权威，更不会因为别人的影响而接受权威。两代人之间的代沟一直存在，但婴儿潮一代的巨大影响力无疑正在减弱。

　　一个重要的趋势是，旅游业不仅是一种创收工具，也是一种促进社会转型的方式。金以墨尔本为例，成功证实了这个理论：如果市中心能够吸引居民，那么游客也会随之而来。文化旅游景点将更多地被用于改变社会和增强人们改变社会的能力。考古露天博物馆对当地社会的经济和社会意义影响非常重要。就目前为止，虽然已有相关的研究，但还无法进行比较研究。

四、考古露天博物馆的多角色扮演

许多欧洲的考古露天博物馆都是由个人发起的，而不是公司、博物馆或政府长期政策的推动（Schöbel，2008）。如德国的乌尔丁根博物馆、格罗贝拉登博物馆（Groß Raden）和波兰的比斯库平博物馆就是很好的例子。在大多数情况下，某个考古露天博物馆的创始人卸任后，要么创始人的职位由其他人接替，要么博物馆直接被关停。资金短缺是许多现存的考古露天博物馆面临的一个问题，但更糟糕的是缺乏大型博物馆协会的支持，他们并没有将这个逐渐长大成人的婴儿（考古露天博物馆）同等地纳入博物馆的版图。

在不列颠群岛*，考古露天博物馆很少被定性为博物馆，而是作为中心、遗产游客中心、农场、公园和村庄（表2-1）。然而，考古露天博物馆符合国际博物馆协会对于博物馆的定义（附录1），国际博物馆协会的定义领先于许多国家的对博物馆定义。考古露天博物馆的使命、角色和部分责任与其他类别的博物馆并无本质区别。

荷兰的考古露天博物馆以多种名称自居。20世纪80年代试图统一这些重构场所的名称，但均以失败告终（van der Vliet和Paardekooper，2005）。现如今，这些露天博物馆采用了户外中心、中世纪庭院、铁器时代农场和史前营地等名称，来实现其教育作用。只有主题公园（Archeon）和考古露天博物馆（HOME）在名称中没有直接体现教育职能。我曾尝试撰写一篇关于荷兰不同类型重构场所的概述（Paardekooper，2012）。

---

* 位于欧洲北海岸的一组岛屿，包括两个主要岛屿——大不列颠岛和爱尔兰岛，以及其他小岛屿。——编者注

表2-1　分布于不列颠群岛的考古露天博物馆的名称和类型

中心	农场	公园	村庄
古代科技中心 the Ancient Technology Centre	布瑟古农场	爱尔兰国家遗产公园 Irish National Heritage Park	黑暗时代村庄 Dark Age Village
泥炭摩尔人中心 Peat Moors Centre （ended 2009）	斗牛士山农场 Bullace Hill Farm	默顿公园 Murton Park	伊锡尼村庄 Iceni Village
国际莎士比亚环球中心 International Shakespeare Globe Centre	特里沃斯青铜时代农场 Treworthia Bronze Age Farm	—	科斯梅斯顿中世纪村庄 Cosmeston Medieval Village
苏格兰克兰诺格中心 Scottish Crannog Centre	—	—	西斯托夫郊野公园及盎格鲁-撒克逊村庄 West Stow Country Park and Anglo-Saxon Village

如图2-11所示，即使将重构场所受影响分为五类，情况仍然非常复杂。该图体现出一种影响因素逐渐消失的同时，会伴随多种影响因素出现。尽管

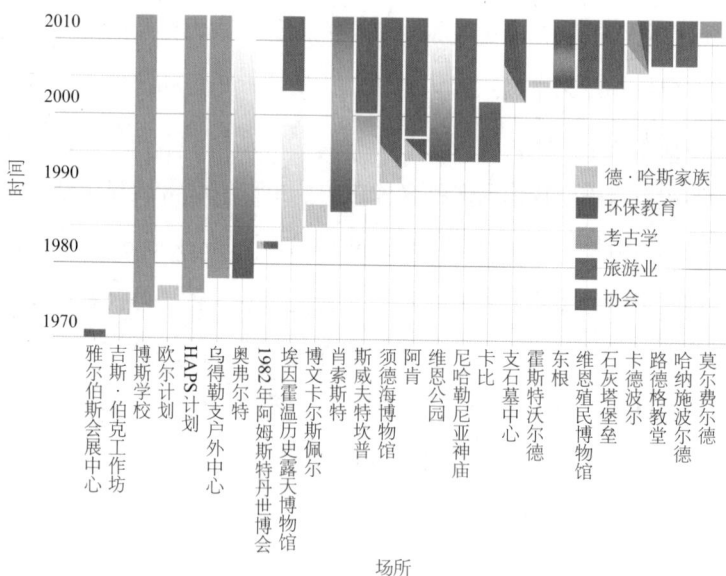

图2-11　荷兰不同（重构）场所的示意图概述

注　按影响分组，显示这些场所如何随时间变化。当一种颜色逐渐变成另一种颜色时，这标志着渐变，而空白边界标志着急剧变化。

可以看出考古重构场所的五种动机或起源，但这些动机或起源并不总是容易区分，例如，在栋恩（Dongen），考古重构场所作为一个志愿者项目，既受考古学的影响，又由博物馆协会管理。而其他情况的影响，则能够在图中清晰地反映出来，如在阿肯，这些场所早期受考古学和德哈斯（de Haas）家族的影响被旅游业所取代，而受到其他因素的影响则很小。

在德国，考古露天博物馆的常用名称是"博物馆"和"公园"，那些充满奇幻色彩的名称并不常用。在法语地区，考古露天博物馆通常被编目至遗址博物馆或遗址中，因此，使用的名称有史前遗址（prehistosites）、考古公园（parcs archéologiques）、考古遗址（archéosites）。这非常符合国际博物馆协会的定义，因为国际博物馆协会最初使用的是法语。

在丹麦，考古露天博物馆被称为历史工作坊（historisk værksted），因其具有在创造中发展历史的特点（Bay，2004；Paardekooper，2006）。历史工作坊并不注重科学研究，而是侧重于提供教育和各种技能的培训（如手工制作培训、脑力训练、历史意识培养）。在瑞典，考古露天博物馆的名称为史前村庄（forntidsbyar），最近才被称为考古露天博物馆（arkeologiske friluftsmuseer）（Jakobsen，2011）。

此外，还存在由对实验或教育感兴趣的个体联合组织在一起的考古露天博物馆协会。但迄今为止，将考古露天博物馆与活态历史博物馆合并为一个协会的情况尚未出现。目前，拥有考古露天博物馆协会的国家包括：

（1）丹麦（自1989年起，主要涉及教育）。

（2）荷兰（从1991年开始，结合实验考古学）。

其次，在一些其他国家，已经存在以实验考古学为重点的协会，但与考古露天博物馆没有明确的联系。例如：

（1）EXAR，2002年成立，主要是欧洲的德语地区。

（2）Experimenta，1996年起，瑞士。

（3）Experimenta，2005年起，西班牙。

活跃在欧洲的国际组织还包括：

（1）NOOAM，涉及瑞典和挪威，自2007年起，前身始于1999年。

（2）自2001年起，世界实验考古学会的实验考古学覆盖了世界各地，但主要集中在欧洲。

本章的前几个章节向读者介绍了欧洲各种各样的考古露天博物馆。这些博物馆除了具有考古露天博物馆的特点外，还具有由多种模块组合的特征。以下列表贯穿本书始终。考古露天博物馆可以由以下几种角色组合而成：

（1）传统展览馆/展览现场及其他场所。

（2）考古遗址或历史遗迹/遗址博物馆。

（3）传统（民族学）露天博物馆/历史房屋。

（4）自然公园或文化景观。

（5）重构的舟/船。

（6）活态历史博物馆。

（7）动物农场。

（8）主题公园。

（一）传统展览馆/展览现场及其他场所

考古露天博物馆不是传统意义上的博物馆，它和传统展览馆之间的区别显而易见。意大利施纳尔斯塔尔考古公园（Archeopark Schnalstal）是两者结合的典范（图2-12）。现代的商业展览中往往以艺术品为基础，而且以静态的形式呈现，而考古露天博物馆则以活动为基础，尽量与观众保持高度的互动性。（Paardekoper，2010）。考古露天博物馆通常不拥有任何过去原始的藏品。它们的房屋、装饰和工具都是为了使用而设计的（正如它们的座右铭所言，如"手工考古学"或"考古学触手可及"）：如果物品和工具损坏了，可以根据考古学的最新研究资料重新建造，重构的器物以研究成果和实验考古结果为依据。与考古露天博物馆相比，传统展览馆的氛围通常更具有审美性和"神圣性"。传统意义上的博物馆，其任务是收集、保存和展示。而考古露天博物馆则更聚焦教育、展示、实验、商业和活态历史。值得庆幸的是，现如今出现越来越多的室内和室外结合的现象。此外，如果考古露天博物馆在某种程度上并不具备真实性的特点，或者不以科学研究为基础（许多考古露天博物馆都存在这个问题），那么考古露天博物馆就会变成一个主题公园。

考古露天博物馆希望被视为博物馆，是有原因的。它们需要被认可和接受。传统博物馆受国家认可，具有合法地位，它们有一种普遍的必然性，还受到国家保护。越来越多的专业支持和资金援助也更倾向于下发给传统博物馆，而非考古露天博物馆。

图2-12　意大利施纳尔斯塔尔考古公园的室内展览

（二）考古遗址或历史遗迹/遗址博物馆

在许多情况下，来到考古露天博物馆的游客认为他们所看到的就是考古遗址的原貌。例如，游客看到一座重构的铁器时代房屋，就会把它想象成真实的，有时还会误认为这一形象就是铁器时代房屋的原貌。尽管工作人员可以向游客解释，告诉他们看到的重构房屋只是当时生活的一种可能，但这并不会改变游客对于重构房屋的认识，甚至消防逃生灯这样明显的现代工具也没有给到他们提醒。考古露天博物馆通常不展示过去真实的藏品，而是以重构房屋的形式供游客欣赏。

考古露天博物馆与考古发掘开放日的展示方式存在一定差异，在考古现场，游客有导游和考古学家亲自讲解。而在考古露天博物馆，工作人员（通常不是考古学家）会通过动态的场景演示，这一新颖的方式讲解，但游客是否获得了正确的信息并不可知。考古露天博物馆可以通过各种方式讲解历史，而在考古发掘开放日的展示活动中，通常只会简单地介绍一些内容。

在多数情况下，考古露天博物馆是在考古遗址发掘后建造的，但也有一些考古露天博物馆直接由考古遗迹改造而成。例如西班牙加泰罗尼亚自治区（Catalonia）卡拉菲尔（Calafell）的伊比利亚城堡（Ciutadella Iberica）就是直接在考古遗址的基础上建造的（图2-13）。

图2-13　伊比利亚城堡

（三）传统（民族学）露天博物馆/历史房屋

最早的民族学露天博物馆起源可以追溯到19世纪90年代的斯堪的纳维亚半岛，而后，在欧洲地区和北美地区的数百个国家也相继建立民族学露天博物馆（Rentzhog，2007）。瑞典斯德哥尔摩（Stockholm）的斯坎森

（Skansen）博物馆便是世界上最著名的民族学博物馆（图2-14），它是首批民族学露天博物馆，为许多其他博物馆树立了榜样。尽管这些博物馆以过去的人作为主题，但这类博物馆最大的特点是从其他遗址搬迁过来的原始建筑。然而，必须指出的是，尽管搬迁的建筑是具有真实性的，但其周围环境和内部并不复原至建筑物使用时的原始状态。它与考古露天博物馆具有相同的情况，即叙事才是重要的。在民族学露天博物馆中，可以发现与考古露天博物馆发展史上相似的阶段。博物馆在经历了20世纪70年代的民族认同阶段后，齐普桑（Zipsane）认识到接下来博物馆的发展将是以旅游业为重点（Zipsane，2006）。而后，伦佐格（Rentzhog，2007）将下一阶段称为活态历史阶段。

图2-14 斯坎森博物馆

杨（Young，2006）考察了澳大利亚传统露天博物馆的发展情况。她进行了9项案例研究，每项案例研究包括25座以上的建筑。尽管"原汁原味"的建筑构成了最初的理论基础，但由于各种原因，不断发展的村庄现在更倾向于转变为娱乐场所，而非坚守传统露天博物馆的定位（Young，2006）。

在她的研究中，她认为在不久的将来传统露天博物馆可能会面临很多问题：

（1）在20世纪70年代，把古老的房屋搬迁至博物馆是件好事，但现在这些房子的维修和保险负担很重（Baumeier和Wassmann，1995）。

（2）博物馆失去了志愿者。它们在维护、讲解和活动方面严重依赖志愿者的力量。传统露天博物馆的创始人通常没有接班人。此外，由于城市化的进程，博物馆周围的人口已经减少，现在潜在的志愿者会将他们的志愿服务时间用于其他方面。

（3）为了获得政府的支持，这些村庄必须进行调整，以符合现代标准，如采用新的公共风险管理措施。政府对博物馆在促进地方经济发展方面有着更高的期待，这造成了"鸡生蛋蛋生鸡"的困境：只有当博物馆能够促进地方经济发展，地方政府才愿意支持。

（4）由于文化遗产管理领域的发展和游客的多元化期望，20世纪70年代的常规管理已不能满足现在需要。例如，现在的公共卫生间和博物馆纪念品商店需要达到比过去更高的标准，以满足游客需求。此外，仅仅将一个古老的农场简单地搬迁至博物馆中（或重构一个农场），并利用现代技术对其进行修缮远远不够。这些博物馆的遗产实践方法已经发展到需要学术培训才能实施的程度（Young，2006）。

（四）自然公园或文化景观

一些早期的考古露天博物馆通常坐落在一处景观公园中，充满浪漫主义风格。将建筑物设置在旧时（如新石器时代）日常生活场景中是一种趋势。例如，在德国的阿尔伯斯多夫（Albersdorf）（Kelm，2011）考古生态中心（图2-15），尽管在自然环境中保持史前建筑的状态非常难得（H.Schmidt，2000），但是这样的文化景观可以使考古露天博物馆和生态博物馆相结合。生态博物馆的概念起源于20世纪60年代至20世纪70年代，其核心是保护在原有地点和社区环境中的建筑物，在向公众开放的同时满足可持续使用

（Davis，1999）。通常情况下，这些建筑物已经失去了原有的功能，在现代生活中变得不再必要，而通过文化景观可以呈现其原有功能。博物馆展现这些文化景观，而不是生产工艺品。最初，生态博物馆得到了当地乡村社区的积极支持（Howard，2002）。在一些旅游业比当地农业或工业活动更重要的地区，生态博物馆往往以满足游客需求而设计。如今，由于生态博物馆与所在地区的联系逐渐疏远，参观生态博物馆的当地居民也越来越少。支持区域经济增长已成为生态博物馆的主要优先事项，而不是在其中展示当地社区风貌。

图2-15　阿尔伯斯多夫的考古生态中心

注　它以一种有益的方式将自然和文化景观结合在一起。

对于一些博物馆来说，绿地和景观很重要，而对于另一些博物馆来说，土地只是一个放置建筑物和容纳游客流动的空间。一些考古露天博物馆，如挪威的洛福特维京博物馆（Lofotr Viking Museum），将博物馆融入了历经数个世纪的发展而形成的文化景观之中：博物馆不是为了展示某个特定时期而"重现"（brought back），而是展现了从石器时代到当代的漫长历史。德国的乌尔丁根木桩博物馆也进行了类似的尝试，通过围绕着考古露天博物馆周围的几条"时光通道"，介绍在那个特定地点发生的历史事件。因此，将博物馆置于景观中可以有多种形式，包括描绘过去某一特定时期局部地区面貌的方式，和将博物馆嵌入当今文化景观。从市场营销的角度来看，这是一个明智之举：越来越多的地方开始对整个景点进行网络营销（Howard，2002）。在这种情况下，自然景观和文化景观都属于博物馆的一部分。

（五）重构的舟/船

在勒耶尔传奇之地创立的同一时期（20世纪60年代），丹麦发掘了著名的罗斯基勒峡湾维京船（Roskilde Fjord Viking ships），得到广泛关注，并以真实比例复原重构船只模型，这一举措不仅是出于科学原因，也是为了促进旅游（Crumlin-Pedersen，1999）。重构船只的活动一直持续到今天，如2007年，从罗斯基勒（Roskilde）驶往都柏林（Dublin）的一艘仿制船"哈佛登号"（Havhingsten）。一些考古露天博物馆同样拥有重构的船只，但这些通常不属于参观展览的一部分，很少向公众开放展示或允许公众使用。当然，它们也不在定义之列。在罗弗敦（Lofoten）岛，人们发现了斯堪的纳维亚半岛最大的公元6世纪的船只，长达83米（Stamso Munch，2003），当地市政府对重构这艘船表现出浓厚的兴趣。最初，船员重构了一艘维京船，目的是验证考古发掘船只的内部结构以及测试是否可以激发人们的兴趣。在丹麦的米德拉尔德中心（Middelaldercentret），重构了几艘小舟，置于重构的中世纪海港中，供人们观赏。总的来说，这是一组在过去不太可能存在的船只，但无论是从造价方面还是工艺方面，每艘船的重构都是有价值的。瑞典的福特维肯斯博物馆（Fotevikens Museum）一开始是因水下考古学家发掘了数艘船只，并对这些船只进行重构和建造。其中的一些船只在马尔默科克博物馆（Malmö Kogg Museum）展出（图2-16）。在多数情况下，船只本身很难被替代，就像一座座重构的房屋对于考古露天博物馆的重要性一样。重构木舟和木船是相对独立的领域，大概有近1000艘重构的船只，这些船只的船员队伍由考古学家、航海专业人员和相关爱好者构成。以上内容参考了克鲁姆林-佩德森、维纳（Crumlin-Pedersen和Vner，1986）和班尼特（Bennett，2009）的研究内容，巧合的是，两项研究的题目都叫做驶向过去。

图2-16 瑞典马尔默科克博物馆重构的一艘中世纪货船

（六）活态历史博物馆

活态历史演员的演绎是许多考古露天博物馆的核心组成部分，活态历史演员能够展示过去，如德国坎扎克（Kanzach）的巴赫里特堡（Bachritterburg）（图2-17）。任何形式的活态历史展示，都可以促使人们把在现实生活中和课堂中学到的知识与经验联系起来（Colomer，2002；van Noort，1998；Godal，2000）。卡格尔（Kagel）将考古露天博物馆中的活态

图2-17 巴赫里特堡的活态历史展示

历史称为演绎与实验之间的教学（didactic concept between interpretation and experiment）（Kagel，2011）。

由于活态历史博物馆不能轻易地使用文字图片展板和数字化展示屏，且展示的信息内容必须与活态历史博物馆的其他部分保持风格一致。因此，博物馆需要更多的活态历史演员来辅助呈现，一场场演绎使活态历史演员变得越来越专业。演员与游客的互动无疑是一种吸引力。

公众兴趣对活态历史博物馆能否存在并发展至关重要。博物馆不会因为真实性而获得公众青睐，而是要以活动和有趣的产品形象成功吸引公众游客的兴趣，历史或其他文化的表象是部落的衡量标准，而不是真实性（陈词滥调优先）（Faber，2008）。博物馆收录着过去的事物，并受到过去的启发。但过去不是试金石，只是博物馆灵感的主要来源。人们越喜欢过去的某样东西，它就越有可能反复地呈现在大家眼前。

20世纪20年代，瑞典记者恩斯特·克莱因（Ernst Klein）向读者和游客展示了石器时代的生活，这项活动对生活实验和活态历史活动起到了重要的推动作用。在洛克斯塔德（Rockelstad）庄园，两名男子得到了一块土地，他们的任务是在一段时间内体验并重现"石器时代的生活"，在田园般的环境下建造房屋、木筏、陶器等。克莱因在考古学家蒙特利乌斯（O. Montelius）等人的支持下，在报纸《晚报》（*Aftontidningen*）报道了这一项目，编撰了一本书（Klein，1920），并就这一主题创作了一部电影。

在20世纪50年代，活态历史（living history）和重现（re-enactment）被视为演绎遗产的新方法（Tilden，1957）。19世纪90年代，斯德哥尔摩斯堪森博物馆（Skansen museum）的工作人员，身着时代服装以第一人称或第三人称的角色进行展示（van Mil，1988），以呈现过去消失的生活方式。到了20世纪50年代及以后，欧洲博物馆的活态历史场景所描述和表演的则是重塑过去（Petersson，2003）。自20世纪50年代以来，欧洲博物馆的活态历史场景深受美国博物馆的启发（Kagel，2008）。考古露天博物馆通常涵盖石器时代至欧洲中世纪末期的历史，而活态历史演员则主要演绎17~21世纪的历史。

活态历史的演绎需要参考历史资料，因此被称为活态历史，而不是"活态考古学"（living archaeology）或"生活在过去"（living past）。

活态历史具有局限性。阿伦斯的观点被许多考古学者所认可，他指出，重构过去的生活是充满风险的，因为它几乎不可避免地会曲解过去（Ahrens，1991）。

在世界范围内，活态历史发展迅速。由于其非正式的性质，目前欧洲范围内还没有从事活态历史演绎的工作人员和相关组织数量的可靠统计数据。活态历史，自20世纪80年代开始兴起，在20世纪90年代迎来爆发式发展，目前仍在迅速增长。活态历史与奇幻世界（fantasy world）、真人角色扮演（live action role play）有关，还与历史爱好者/考古爱好者和考古学家组成的官方团队有着紧密联系（Andraschko，2008）。"活态历史存在一种极不稳定和短暂的现象"（Goodacre和Baldwin，2002）。几位同行曾建议博物馆活态历史的演绎不应该由志愿者来展示，最好是由专业人员来表演（Sturm和Beyer，2008）。

由国际博物馆剧院联盟（International Museum Theatre Alliance）资助的现场演绎标志着博物馆展示的活态历史向专业化迈进了重要一步。一个关键的细节是演员可以扮演不同类型的角色或进行不同的演绎。如以第一人称演绎和以第三人称演绎（Tilden，1957）。如果演员使用第一人称演绎，他们将模仿古代人物角色，例如，使用第一人称的演员会扮演成一位生活在过去且不知道现代工具的人，演员会说"我会……"，而不是"在维京时代，人们会……"。一个演员也可以更换自己的演绎方式，使用第三人称进行演绎，将"我们做了这件事"的表达更改为"他们做了这件事"。在考古露天博物馆中，演员往往穿着具有时代特色的服装，使用第三人称演绎，或者使用第一人称和第三人称结合的方式进行演绎。

使用活态历史演员是一种成功的展示手段，但演员仍然是在表演。他们中有些人非常了解他们所演绎的过去，而另一些人则不甚了解。对于大多数公众来说，无法区分两者的区别。演员和考古露天博物馆在与公众接触的过程中都肩负着责任。活态历史的主要问题是很难让公众明白，尽管他们展示的是过去，但又不完全是过去的样子（Sturm，2011）。如果考虑到以下三点，活态历史就能很好地向公众发挥有益的作用（Meiners，2008）：

（1）选用有能力的人。

（2）启动历史研究的教育计划。

（3）考证角色的真实性，这有助于重视所收集的、非语境化的历史再现，而不仅仅是将其用作道具和背景说明。

活态历史演员与公众的互动提供了很大的灵活性，也赋予了他们责任感。如果演员严格遵循剧本进行戏剧表演，虽会得到更多的表演控制，但与公众的互动就会减少。

（七）动物农场

考古露天博物馆并非只关注历史中的人，"生命"这个词无论是对于活的植物、农作物、树木和动物，还是"活态历史"而言都很重要，正如柏林杜佩尔博物馆（Museumsdorf Düppel）所呈现的那样。对很多儿童来说，动物农场具有很强的吸引力，因为动物农场拥有各种各样的动植物。这也是一种与游客进行互动的方式，有助于传递动物农场产品背后的故事。对于现代城市居民来说，过去那种动物与人类共生共存的关系已经不复存在。动物是考古露天博物馆体验的一部分，具有宠物动物园一样的吸引力。如果处理得当，动物农场将成为游客了解这种人与动物互动的有效方式，例如，日常护理流程，或是了解动物在一年中不同季节的饲养地点，或野生动物的狩猎和诱捕策略。游客刚来时看到的是山羊或绵羊，当他们离开时，游客可能会将其视为一种史前动物，而不仅仅是宠物，就像杜佩尔博物馆展示的一样（图2-18）。

图2-18 杜佩尔博物馆培育的一种中世纪品种的猪

（八）主题公园

一些人将考古露天博物馆与主题公园混为一谈，主题公园是试图营造另一个时空氛围的商业企业（Kemperman，2000）。主题公园是资本密集型、高度发达、面向用户、人为制造娱乐环境的极端商业设计（Pearce，1988），与考古露天博物馆关系并不大。然而，由于考古露天博物馆的大部分资金都是源于自身的运营收入，在经济不景气的年份，收入根本无法得到保障，因此引入了商业活动（见第四章管理小节）。在某些情况下，餐饮部门或重构建筑内的聚会设施变得非常重要，以至于如果没有这些聚会设施，相关博物馆就无法生存。

嘉年华、马戏团和集市发展成为游乐园，而这些游乐园又发展成主题公园，如荷兰的埃夫特林主题公园（Theme Park Efteling）（图2-19）。主题公园的特点是集娱乐、游乐设施、游戏和技能测试于一体，并设有室外饮酒花园（Pearce，1988）。近年来，一些主题公园增加了历史和文化内容，如德国拉斯特欧洲公园（Europapark Rust）举办希腊展示活动，使其2008年的游客人数超过400万。在欧洲公园中，展示了13个欧洲国家，游客可能会认为这呈现了每个国家的特色和真实细节。希腊展示区（The Greek pres）成立于

图2-19　埃夫特林主题公园童话般的建筑——永不消逝的童话

2000年，其提供了穿越希腊神庙外墙的"波塞冬"（Poseidon）水上狂野之旅（Ohnemus，2009）。以冰岛为主题的木质过山车项目于2012年开放。"与考古露天博物馆的展览不同，欧洲公园展示的历史器物（historical objects）缺乏背景。作为非语境化的零碎物品，脱离了社会文化和历史框架，而是作为真实性的标志，用来增加公园的气氛"（Schlehe和UikeBromann，2010）。

有一些主题公园添加了一些历史题材，如法国普德赋（Puy du Fou）的维京展示（D'Arvor，2008）。通过这种方式，主题公园能够更接近于考古露天博物馆。然而，考古露天博物馆通常与当地历史相关，而与维京人、罗马人或类似的形象关联较少。考古露天博物馆中重构的过去与主题公园中展示的过去之间存在明显的界限，但有时也可能变得模糊不清。最初作为科学项目的考古露天博物馆后来如何变成了主题公园，或者主题公园如何变成了考古露天博物馆，这或许是一场有趣的辩论，但此处并不是讨论这个问题的地方。相关讨论会随着时间的推移而改变，无论是博物馆还是主题公园，都会从对历史的真实呈现而受益。

五、小结

我们在这一章中了解了考古露天博物馆的概念以及它们在历史进程中是如何发展的。不同的主题在不同的时代都具有重要意义，但这些并没有随着时间的推移而消失。例如，从浪漫主义发展而来的民族主义意识在某种程度上仍然继续发挥作用，例如威尔士的卡斯特尔亨利斯博物馆。现如今，在许多考古露天博物馆中，教育、科学、实验和旅游往往都很重要。尽管这些博物馆经常借鉴其他文化遗产阐释中心和类似机构的元素，但仍然保持着自己的特色。

考古露天博物馆被定义为是一个非营利的永久性机构，主要基于考古资料进行户外真实比例的建筑重构。它收藏了非物质文化遗产资源，并解读了人们在过去的生活和行为方式；这是根据合理的科学方式实现的，其目的是教育、研究和供游客欣赏。

第三章

研究方法和文献资料来源

　　本章论述了研究方法，首先提出明确的假设，然后阐述具体的研究问题（参照精准问题的提出小节、关键事件分析小节和研究对象小节）。在数据收集小节和大范围观察小节，介绍了相关问题。在深入微观：聚焦探索个案研究小节、品质差距小节和小结部分，讨论了案例研究的方法、管理和游客。在本章的最后部分，讨论了品质差距（the gaps in quality），这一概念用于检测博物馆的薄弱领域。博物馆在许多方面都做得很好，否则就不会继续经营下去。但在发现博物馆优势的同时，找出薄弱问题同样重要。

　　品质（quality）是一个主观的、多变的概念，目的是将管理者的视角与游客对品质的理解结合起来。尽管可能存在多种不同的观点，但在文中选择了其中两种重要的观点。从管理者角度来看，许多问题可能不是游客能够直接体验到的，但对于创造良好的游客体验来说确实很重要。博物馆追求品质取决于由谁来做以及为什么做，正如教育和科学所追求的并不是一味满足游客的需求。

一、精准问题的提出

　　约翰斯（Johns，2004）在关于遗产旅游景点的品质研究时，将规划者、管理者和一线员工提供的品质，与游客体验到的品质区分开来，这两个品质概念是本研究的基石。将研究关系假设为：游客对考古露天博物馆品质的感知与博物馆管理部门提供的品质之间存在差距，这部分内容将在本章品质差距环节进行介绍。考古露天博物馆的品质取决于游客所看到的内容，它可以被看作是内在的、组织的品质，以及对利益相关方的外在品质（Manneby 等，2002），第五章至第七章将介绍这些方法。

博物馆管理者认为向公众传递信息是重要的，那么，他们有意识地排除了哪些信息？考古露天博物馆是一个整体，由以下几个部分组成：

（1）具有明确的目标，在计划和报告中有明确规定，如重构科学和教育（Ahrens，1990；Anderson，1984）。

（2）在经营博物馆时，从日常运营中发现潜在机会，如作为文化认同的重构，作为一种游戏或作为商业利益（Petersson，1999）。

在2008—2011年这段收集实地数据的时期内，我们发现，除了将收集到的数据与文献研究的信息进行比较外，无法对博物馆进行监测。因此，可能不会看到长期和短期成功的区别。博物馆前几年缺少数据支持，至少没有任何数据可以与博物馆自身的情况或案例中其他博物馆的情况相比较。本书中八个案例研究，唯一的例外是10年前普法尔鲍乌尔丁根木桩博物馆具有一篇关于游客调查细节的文章。

由于过往案例研究的数量太少，无法对处于不同阶段成功运营的博物馆进行比较。如果能将新成立的博物馆和已经建立一段时间的博物馆，以及处于衰落阶段的博物馆进行比较，那将非常有趣。然而，使这一问题变得复杂的是，很难在欧洲的这些阶段找到在其他方面足够相似的考古露天博物馆，从而进行比较分析研究。

二、关键事件分析

想要详细了解一座考古露天博物馆的运作情况，可以进行调研，或者通过游客留言簿或赞美卡来收集游客反馈。尽管许多意见很负面，但这并不意味着极度不满意的人比满意的人多。一些所谓的满意因素，如卫生条件，尽管会让人们感到满意，但这并不会提高真正内心满意度。而在事情不顺心时，人们倾向于首先表达不满。

美誉度

中立	满意
不满意	关键因素

投诉的可能性

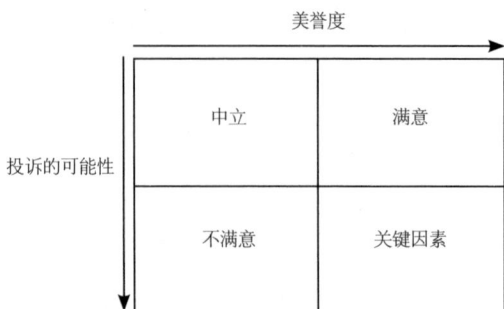

图3-1 关键事件矩阵分析法

博物馆工作人员在收集和分析事件报告方面的作用至关重要。洛克伍德（Lockwood）制定了一个分析投诉事件的简单矩阵，将事件置于四个方框中（Lockwood, 1994）（图3-1）。在这个自我测评的过程中，不同人会有不同理解，正如公说公有理，婆说婆有理一样，取决于由谁来分析评判。这些分析更多的是轶事价值（anecdotal value）*，而不是统计学所体现的有效性。如果将这些游客的反应放到一个有代表性的背景下，那么关键事件分析就能提供一种非常简单直接的改进方法（Johns，2004）。无论哪种方法都很容易让天平倾斜。博物馆工作人员往往不愿意分享细节或结论，甚至在自己的组织内部也是如此。

三、研究对象

本书的研究对象是欧洲的考古露天博物馆，是那些在2008—2011年运营或曾经存在的博物馆。在本项研究中，"欧洲"指的是在2007年被联合国承认，且地理上属于欧洲大陆的国家。仅部分属于欧洲大陆的国家和地区不包括在内，如俄罗斯的亚洲部分以及法国和荷兰的海外地区。本研究中涉及的国家包括：阿尔巴尼亚、安道尔、亚美尼亚、奥地利、阿塞拜疆、白俄罗斯、比利时、波斯尼亚和黑塞哥维那、保加利亚、克罗地亚、塞浦路斯、捷克、丹麦、爱沙尼亚、芬兰、法国、格鲁吉亚、德国、希腊、匈牙利、冰岛、爱尔兰、意大利、哈萨克斯坦、拉脱维亚、列支敦士登、卢森堡、北马其顿、马耳他、摩尔多瓦、摩纳哥、黑山、荷兰、挪威、波兰、葡萄牙、罗

---

* 用来描述基于个人经历或观察得出的结论，因此不具有广泛的统计学意义。——编者注

马尼亚、俄罗斯、圣马力诺、塞尔维亚、斯洛伐克、斯洛文尼亚、西班牙、瑞典、瑞士、土耳其、乌克兰、英国等。尽管塞浦路斯位于西亚，但出于文化、政治和历史原因可与欧洲国家一同讨论。

欧洲是许多考古露天博物馆的聚集地。若将视野放眼至全球，则会面临更多的挑战，例如，关于谁的过去被展示的问题，在北美地区与欧洲地区会有完全不同的观点（Olmert等，1998）。如果把区域范围缩小至北欧和不列颠群岛，就会忽略德国和法国等国家的许多考古露天博物馆。

四、数据收集

（一）参数和实用性

早在2001年世界实验考古学会就建立了考古露天博物馆数据库，为许多欧洲考古露天博物馆提供了在线展示的平台与基础。2007年，该数据库结合本项研究的目的，以更结构化的方式进行了扩展。从第二章的介绍中可以看出，考古露天博物馆的信息来源非常多样化。在本项研究中，最重要的可收集来源是不定期出版物、互联网站和所谓的未公开发表文献，这些材料的获取往往受时间和地理分布的限制。

（二）语言与定义

由于考古露天博物馆不属于一个界定明确的类别（第二章），因此无法轻易列出。博物馆通常只使用所在国家的语言，这是意料之中的事，因为大多数考古露天博物馆只服务于本地游客。英语、德语、荷兰语和丹麦语，这些语言在考古露天博物馆的使用较为广泛，法语和波兰语也有所使用。当知道需要搜索哪些关键词时，通过互联网和文献检索的方式，能够让搜索成功率大大提升。此外，许多工作人员通过提供参考资料、链接和相关信息的方式给予了帮助，并对这些信息进行跟进。

（三）出版物

在1994年出版的实验考古学参考书目（Devermann和Fansa，1994）中，共收录有2078个条目。2000年，笔者将其转化为在线数据库，并运用于世界实验考古学会，截至2011年，该数据库已扩展至9800多个条目。数据库收集的参考条目是本项研究最初的主要参考资料，其中涉及考古露天博物馆的资料有1012条，31%为德文，27%为英文，其他语言所占比例不到10%。这些资料中73%为期刊或集刊的文章；25%为书籍，通常是博物馆指南，几乎没有专著。只有少数考古露天博物馆的工作人员撰写文章，大多数文章都是由考古学家发表的。当工作人员发表文章时，他们通常会通过报纸发表，或采用设计精美、色彩鲜艳的博物馆指南书来满足更多普通读者群体的需求，而不是在《考古科学杂志》（*Jonrnal of Archaeological Science*）等期刊上发表，因为并不是所有博物馆的观众都能通过阅读传统的文献来了解博物馆。

（四）互联网

互联网搜索引擎，是一个丰富的信息来源。然而，欧洲各国的互联网普及率差别很大。例如，2011年瑞典的互联网接入人口比例为92.9%，而在希腊，只有46.9%的人能够使用互联网。这与考古露天博物馆在互联网上的知名度需求有关，同时也反应了博物馆自身对这一传播方式的重视程度。在目前的研究中，许多参考资料来源于网站，因为许多资料都没有使用任何其他方式提供。受一些因素的影响，网站的内容可能会发生变化，导致这些资料在未来几年里可能部分无法被检索到。参考书目中列出了所有参考资料网站的清单，包括检索信息的日期。

（五）未公开发表的资料文献

这些资料包括宣传单、明信片、宣传册、内部报刊上的科普文章、研讨会材料、学校团体使用的书面材料、特定技术的主题宣传单和电子邮件通信。截至2011年11月，共收集有1921件。这些文献不仅见证了一些考古露天博物馆的存在，也使得探索这些博物馆变得更加容易，而且还彰显了考古露天博物馆的特点，以及它们如何面向受众群体。宣传单和宣传册的发行量很小（针对特定群体）或仅在博物馆附近的小范围内发行流通，因此，宣传单和宣传册的影响范围是有限的。尽管宣传单和宣传册属于营销工具的一部分，但吸引的参观人数却很少，如在英国，宣传册的损耗率高达90%（Hodgson，1993）。

五、广域调查研究

在基本数据收集和文献检索完成之后，我们发现一些信息存在空白。为了全面覆盖不同博物馆的信息，广泛收集资料是很重要的任务。填补这些信息空白的最佳方法是直接向博物馆索取信息，这就标志着广域调查研究（broad scale observations）的开始。尽管很多资料并不保密，但它们也不属于公共范畴。例如，一些博物馆在游客数量等信息方面比其他博物馆更加开放。此外，许多博物馆只用自己的语言发布信息，这使外国研究人员比较难以获得这些信息。

为此，我们设计了一项短期的调查，在取得一定反馈后，又进行了第二次长期调查，收集调查数据的工作历时数年。

我们设想在冬季发出第一份调查问卷，这是因为工作人员的数量非常有限，在淡季，他们的响应率可能会比旺季时更好。这恰恰是一个错误的估计，考古露天博物馆夏季的工作人员较多，冬季的工作人员较少，但普遍的共识是博物馆工作人员永远人手不足。经验表明，将不同方法结合使用可以取得最佳效果。例如，在某些情况下，暑假前后是一年中的旺季，因为许多学校团体都会在那段时间进行一年一度的郊游活动，所以那时工作人员会忙得不可开交，无法回答调查问卷，这时就应该在暑假期间尝试进行调查。然而，那些严重依赖游客的博物馆在暑假期间根本没有时间，因此，最佳的调查时间则在暑假前后。

第四章对15个问题进行简单分析后，结合第二章的背景介绍，详细介绍了这些考古露天博物馆的情况。在分析过程中，我们对博物馆的创建时间、它们在欧洲的地理位置和展示的时代主题进行了比较。此外，还比较了参观人数、管理类型、欧盟对博物馆的作用以及考古学的运用。通过这15个简单的问题我们可以对考古露天博物馆的概览有所了解，这也为更深入地研究较小规模的博物馆奠定了基础。

六、深入微观：聚焦探索个案研究

由于我们不可能从欧洲50家、100家或所有考古露天博物馆中收集大量详细信息，因此决定将研究集中在较小的范围内，开展一些详细的案例研究。为了能够更好地理解考古露天博物馆，我们采纳了一种双重视角，即从管理者与游客两个角度来审视案例研究，如果考古露天博物馆既能吸引游客，又能实现其目标，那么它们是成功的。成功不仅关乎受欢迎程度，还关乎博物馆的使命感。

（一）案例的选择、结构与规模

在选择案例研究的博物馆时，结构与规模是考虑的关键因素，我们需要选择符合考古露天博物馆定义的博物馆，同时要体现这些博物馆的多样性，避免选择过于类似的案例。2007年，我们设计了一份用于选择案例研究的变量清单（表3-1），其中许多变量在第五章至第八章都有详细描述。由于很难估计考古露天博物馆的数量，我们认为对六至十座考古露天博物馆的调查是比较合理的范围，倘若将范围扩大到十五座考古露天博物馆，就很难关注细节。对六至十座考古露天博物馆进行研究，即使存在数据不足的现象也没有问题，因为游客调查所反映的真实情况也足以支持我们的研究（第七章）。

表3-1 筛选出2007年八个案例研究中的变量

重要变量	不显著变量
赞助	遗址博物馆
地理位置：居民或度假者可到达；城镇或乡村	传统（室内的、展示的）博物馆
主题：史前时期或历史时期；考古学和历史学等	传统（民族学）露天博物馆（斯堪森）
解释重点、地理框架：区域、国家等	—
公众的性质	—
博物馆参观面积的大小	—
讲解设施：室内展览、语音导游、工作人员等，需要强调的是，并非所有游客都会使用所有的设施	—
工作人员，其职务和可用性：销售门票、在纪念品商店或餐馆、提供事实信息，例如通过一个演绎的角色	—

除了第二章的定义外，博物馆还必须符合以下标准（Underwood，2002）：

（1）明确的目的和有计划的管理方法。这通常体现在前瞻性计划中，或至少通过一项关于宗旨和关键目的的声明。

（2）适合博物馆性质、规模和位置的公共服务。

（3）一定的财务基础以及遵守所有相关的法律、规划和安全要求。

另外一些标准（Gómez Ryan，2002）还包括：

（1）已向公众开放至少两年。

（2）每年至少向公众开放1 000小时（蒙塔莱公园的开放时间较少）。

（3）年度预算至少为20 000欧元。

在2007年底制定标准时，一个名为LiveARCH的项目已经在进行中。笔者监督参与者的选题和项目的申请，并且参与了其中的协调工作。表3-2中概括了几项博物馆的选择描述（selection descriptives）。各博物馆自行定义它们是否位于旅游区，以及它们是位于城市还是乡村。例如，马特里卡博物馆（Matrica Museum）虽然属于布达佩斯，但在经济和旅游方面，它依赖于当地的市政府，而与作为首都的布达佩斯几乎没有任何联系。在博物馆规模方面，通常指的是游客数量，而不是指游客可以访问的博物馆面积。规模较小的博物馆每年的参观人数不超过30 000人，而规模较大的博物馆每年的参观人数超过125 000人。有关博物馆的创办时间，较早创办的博物馆可追溯到1985年之前，而较近成立的博物馆则于2004年开馆。表中的北部、东部等指的是欧洲的不同地区，而"政府或私人"指的是各博物馆的组织结构类型。

表3-2　八个案例研究的选择描述性

选择描述	苏格兰克兰诺格中心	HOME	乌尔丁根木桩博物馆	洛福特维京博物馆	蒙塔莱公园	阿莱西湖博物馆	马特里卡博物馆	福特维肯斯博物馆
更多游客（T）/更多教育（E）访问	T	T	T	T	E	E	E	E
外国游客（YES/NO）	Y	Y	Y	Y	N	N	N	Y
旅游区（YES/NO）	N	Y	Y	Y	N	N	N	N
城市（C）/农村（S）	S	C	C	S	S	S	C	C
中小型（S）/中等（M）/大型（L）	S	M	L	M	S	S	S	M
老年（O）/中年（M）/年轻（Y）	M	O	O	M	Y	M	M	M
北（N）/东（E）/南（S）/西（W）/中（M）	W	W	M	N	S	E	E	N
政府（G）/私人（P）	P	P	P	G	G	P	G	P
会说英语的经理和工作人员（YES/NO）	Y	Y	Y	Y	Y	Y	Y	Y

除了洛福特维京博物馆在2008年进行了三次访问外，其他博物馆都是在LiveARCH项目设立之前的两年内进行访问的。我们进行访问是为了提供实际研究的背景资料。LiveARCH项目从2006年一直持续到2009年（Paardekoper，2010），其中包括一些对考古露天博物馆研究很重要的内容，比如与游客的对话、对技能展示的观察以及博物馆管理的改进。LiveARCH

项目的预算总额为140万欧元。总而言之，LiveARCH项目的八个合作伙伴被证明是很好的案例研究选择，与选择性描述的变量非常相符：最实际的考虑是他们愿意合作。LiveARCH项目的八个案例对象由下列博物馆组成：

（1）苏格兰克兰诺格中心（The Scottish Crannog Centre，Scotland）。

（2）荷兰埃因霍温历史露天博物馆（Historisch Openlucht Museum Eindhoven，The Netherlands，HOME）。

（3）德国乌尔丁根木桩博物馆（Pfahlbaumuseum Unteruhldingen，Germany）。

（4）挪威洛福特维京博物馆（Lofotr Viking Museum）。

（5）意大利蒙塔莱考古公园和露天博物馆（Parco Archeologico e Museo all'Aperto della Terramara di Montale，Italy），简称蒙塔莱公园（Parco Montale）。

（6）拉脱维亚阿莱西湖基金会（Āraišu Ezerpils Fonds，Latvia），简称阿莱西湖博物馆（Āraišu Ezerpils）。

（7）匈牙利马特里卡博物馆和考古公园（Matrica Múzeum and Régészeti Park，Hungary），简称马特里卡博物馆（Matrica Museum）。

（8）瑞典福特维肯博物馆（Fotevikens Museum，Sweden），简称福特维肯斯博物馆（Fotevikens Museum）。

（二）从目标和经验中收集数据

博物馆的目标是一方面，但有一个需要回答的问题是，这些书面目标是否付诸实践？这就是该项目为什么不仅仅停留在案例的书面整理上，而是从案例研究对象涉及的管理部门收集数据，并对游客进行调查，了解他们对博物馆的意见。所有案例研究的博物馆都是在2008年的旺季取样，在同一季节条件下收集了游客数据和管理数据。如此一来，理论目标就能得到充分的体现。在后文讨论品质差距时，将介绍一种用于研究管理目标与游客目标之间差异的特殊工具。

（三）衡量博物馆管理质量的案例研究

1.参数和实际性

博物馆管理还能够为案例研究提供品质衡量标准，从参数和实用性角度出发，我们为考古露天博物馆设计了一项评价计划，借助该计划有条不紊地收集信息。将八家博物馆的表现与同类博物馆的表现进行比较。SWOT是一种简单且古老的内部分析工具，但也有其他方法可供选择（Augustine，1998）。博物馆所提供的服务是主观的，难以衡量。然而，可以通过衡量是产品和过程来评价。对评价结果的分析和改进则超出了本文的研究范围。

评价计划旨在使考古露天博物馆的管理人员能够自行执行。评价过程中所需时间的投入在很大程度上取决于他们的组织程度。例如，在一个案例中，博物馆工作人员用一个上午的时间就回答了所有的问题。而在另一个案例中，管理者和她的员工需要花费几天的时间才回答完所有的问题，这些现象反映了每个博物馆的管理风格。

评价只是反映该博物馆的一个缩影，它基于其他博物馆认证的策略报告，如隶属于国际博物馆协会的国际区域博物馆委员会（International Committee for Regional Museums，ICR）所设计的方案（Manneby等，2002）。这一特点是基于美国博物馆协会（American Association of Museums，AAM）的博物馆评价系统（Hart和Merrit，2005；Gómez Ryan，2002），以及英国（Underwood，2002）和荷兰（Lestraden，2002）的博物馆评价制度。曼内比（Manneby）等人使用的评价系统由以下六项标准组成：

（1）博物馆管理。

（2）藏品。

（3）展示。

（4）教育/交流。

（5）游客服务。

（6）评价、公关和营销。

评价系统的重点是评价和提高绩效质量。博物馆的特征并不意味着打造排他性（决定谁进谁出）。设定门槛是一种认证，而研究只是为了评价（Lestraden，2002）。在研究了国际博物馆协会和美国博物馆协会的策略之后，我们还参考了其他重要的文献资料，用以制定一项最适合所研究博物馆情况的策略（如Andrian，2007；Izquierda等，2005；Kimmel和Schwarzmann，2006）。

考古露天博物馆品质评价的另一个参考来源是丹麦旅游景点系统（Danske Turist Attraktioner）。这一评分标准从2004年运行至2011年，主要评价对象是丹麦旅游景点，以可衡量的价值为基准，见表3-3。这个系统设计得很好，对公众具有很高的参考价值（Wistoft，2006）。

考古露天博物馆的特征描述精准地反映了各个博物馆的情况，并分析了各个博物馆的优点和缺点。我们的目标是使考古露天博物馆具有可比性，但标准化本就是不可能的。为方便比较，管理调查问卷仅使用英文进行。

表3-3 丹麦旅游系统评分示例

分值	适合所有类型的景点 问题：这些设施有保持清洁吗？ 判断依据：观察（游客调查，如果游客调查涉及这项内容），更详细的判断：考虑游客人数、天气和时间等因素
5分	所有设施非常干净，每天会定期清洁。此外，每天都会根据需要进行清洁。游客对设施的满意度非常高
4分	所有设施得到了良好的维护、整理和清洁。此外，全天都要根据需要进行清洁。游客对设施的满意度很高
3分	清洁度总体上很好，但每天只清洁一次，有些地方一天的清洁质量可能会有所不同
2分	卫生条件有些不稳定。某个设施存在没有清洁的情况
1分	设施的清洁度不稳定。有很多清洁不到位的现象
0分	卫生条件差，设施清洁不足

2.管理和财务

管理调查首先要从行政管理开始，需要这些基本信息作为参考。例如，了解组织结构，可以更容易理解为什么博物馆中的某些部门以这样的方式运作。需要收集的数据包括博物馆官方地址、博物馆概况、历史和过去五年的任何重大事件，以及博物馆的说明和基本参考书目。另一部分是从管理者的角度介绍游客概况，例如，询问高峰时期的参观人数或受影响的地理区域。

博物馆管理部门虽然非常开放，但并不太愿意讨论财政问题，即使在许多情况下财政问题并不是绝密信息。由于各博物馆是政府的下辖机构，因此博物馆管理部门也不愿意在第一时间提供这些信息。所以，我们的问题大多数具普遍性，或者只是间接性的提及财务方面，例如，"博物馆是否制定账目和年度预算"，而不是更具针对性的问题，如"您能提供最新的财务报表吗"。根据以下三方面，对博物馆的收入来源进行了较为标准的概括：

（1）获得公共资金（来源1）。

（2）创收活动（来源2）。

（3）其他收入来源（来源3）。

当管理部门列出他们的财务优先事项时，他们就会对自己的组织有更加深入的认识。我们试图确定博物馆是否有适合日常使用的商业计划和行动计划，并就短期或长期目标的规划战略提出问题。有关工作人员数量与游客数量的对比情况，可能会突显出这八家博物馆之间的许多差异。

3.人员管理

洛尔认为（Lohr，1999）博物馆的品质可以通过科学管理和培训博物馆工作人员得以提高。因此，一个高品质的考古露天博物馆的标志之一，是科学管理在多大程度上得到上级组织的支持，以及工作人员最近接受培训的程度。

4.博物馆藏品

第四章的藏品管理包括了与博物馆藏品有关的所有要点。在大多数博物馆里，藏品是博物馆的核心，但考古露天博物馆不同于传统博物馆，因此关于藏品的问题主要涉及从藏品的重构品及复制品中获得的信息种类，以及这些信息的可获取性和文献记录。考古露天博物馆的价值在于它的使用，以及通过研究等方式扩大信息，世界实验考古学会强调了这一点，因为非物质文化遗产是考古露天博物馆的决定性标志之一，这也符合国际博物馆协会对博物馆的定义。

在考古露天博物馆中，非物质文化遗产的收集采用了结构化的叙事方式，强调"参照特定的时间和地点背景解释人们的生活和行为方式"。这种看待藏品的方式是建立在非物质文化遗产理念的基础上。本研究中的八个案例博物馆，虽然大多数赞成这种新办法，但仍选择将其藏品描述为所拥有的技术（重构的技术）设备、后勤、系列丛书、档案等。我们询问了有关藏品登记的问题，以及他们保存文件的实际目的。

考古露天博物馆的建筑按功能可分为公共设施和非公共设施。公共建筑通常是按照考古露天博物馆所展示的时代风格来建造。这些建筑物的问题，涉及真实性、文件信息、规划者和建造者。虽然在较为流行的措辞中，实验考古学经常被提到，但在同行之间，这种情况却较少出现。针对建筑的情况，提出了一个具体的问题，有关考古露天博物馆的建筑以什么为基础提出这一问题及其有关重构建筑的其他问题，是为了预估重构建筑的潜在科学价值，以及获得管理方面的信息。有关这些建筑的其他问题还包括哪种计划是可用的，如维护计划、无障碍计划和安全计划。此外，还涉及健康和安全措施的内容，如建筑是否配备家具。随着八家案例博物馆的研究陆续进行，我们收集到各种不同的答复。

关于藏品的问题，实际上是为了确定博物馆与科学之间的联系。在这方面，了解博物馆工作人员在科学领域中的活跃程度同样重要，如发表文章（参见图6-7）。

对案例研究中的考古露天博物馆重构房屋和建筑结构的调查问卷
您的房屋/建筑结构以什么为基础？
1）一座建筑的结构以考古发掘的某处遗址为基础。
2）一座建筑的结构以考古发掘的多处遗址为基础，甚至是单个结构的考古证据。
3）以考古"结构类型"（type of structure）/考古"传统"（archaeological

tradition）为基础。

4）以历史文献资料为基础。

5.市场营销

公关和市场营销是博物馆的交流和宣传工具，目的是让人们了解博物馆的存在，并提供足够的信息，使游客得到更好的体验。对于一些博物馆来说，会面临一个重要的问题，即博物馆在几年内可能会组织一场很好的活动，但却可能没有足够的游客来参加，这时就需要运用公关的介入，公关工具包括博物馆的宣传单、宣传册和官方网站。

在LiveARCH项目涉及的八家案例博物馆中，挪威洛福特维京博物馆设计了一个可供八家博物馆使用的营销计划模板。得益于这种方式，本项研究获得了2008年各博物馆的营销计划（见第六章），这些计划具有一定的比较价值。我在2008年参观期间，收集了各博物馆当年的营销资料。这些资料可以同它们过去的资料（能够获得的）以及其他博物馆的材料进行比较。当拥有这些材料后，就能更容易理解游客对这些资料的评价。

6.博物馆讲解

博物馆的核心宗旨始终是"探索、理解与学习"（Žmuc，2002）。在教育与传播的领域内，学者们已经提出了关于如何在使命宣言与博物馆环境之间寻求平衡的问题，以及如何选择用于知识传播与教育的工具。尽管如此，在本项研究中，这些议题并未得到深入探讨，因为研究的主要关注点在于游客体验，而非正规的教育组织。然而，这些议题仍有潜力成为未来研究的宝贵方向。展示和阐释作为第六章管理调查的主题是一个非常宽泛的概念，通常有不同的解释。然而，如果一座博物馆不展示其藏品及其背后的故事，其价值就会大打折扣，因此，本项研究非常重视讲解。考虑到不同国家对于真实性的解释不同以及研究现状的差异等因素，无法客观地对这些博物馆的有关展示内容进行评价，因此，我们并不关注博物馆展示了什么。从另一方面来说，本项研究的重点是如何准确地呈现事物：研究"如何"（how）比起研究"是什么"（what），"如何"更容易进行比较分析。

讲解的问题包括内容、展览设计、后勤、阐释、工具、现场讲解和讲解培训。有关阐释存在一个重要的问题，即八家博物馆能否带给游客更好的体验感，与走进历史触摸文物的真实感。

还有一个问题是博物馆适用何种类型的活态历史呈现：

（1）战斗。

（2）生活方式、手工艺，包括烹饪。

（3）音乐、舞蹈、戏剧。

（4）作为背景，例如常驻博物馆。

（5）其他类型。

我们还询问了博物馆使用特定方法的频率。通过了解各博物馆在多大程度上应用这些不同类型的活态历史及其使用次数，就可以推测出博物馆在展示时对每种类型的依赖程度。尽管博物馆向公众提供讲解的方式可能存在差异，基本活动或演示存在多样性，但大致相同，正如班哈德（Banghard）所提出的："没有人提出异议，即使使用长期相似的投掷长矛和烤面包活动，游客也会蜂拥而至"。

有关博物馆人员配置方面，可能会存在一些疑问，例如，除博物馆的工作人员外，博物馆是否还聘请其他专家、学生或志愿者。关于这个问题，我们可以展开更深入的研究，特别是对志愿者和活态历史演员的使用情况，可以为博物馆带来新的研究视角。

捐赠者和志愿者参与博物馆的方式发生了变化，捐赠者希望亲眼看到捐款的去向，而不仅仅是"简单写一张支票"。新一代的志愿者则更难挽留。志愿者的参与愈发成为一种要经过深思熟虑的选择。除了给博物馆带来好处外，志愿者还想了解自己在参与过程中能收获什么，例如，发展技能，积累经验，结识人脉。此外，青少年志愿者的占比也远高于成年志愿者。

7.游客服务

游客服务对于考古露天博物馆来说并不是独一无二的。游客服务包括：游客是否能够轻松地找到博物馆，是否具备足够的卫生间等。游客对这些方面的要求越来越高。由于游客服务的问题同样存在于餐馆、酒店等地方，因此可以广泛获取相关建议。如果服务较好，游客将能够更好地获取博物馆的信息和体验。国际区域博物馆委员会的指导手册为如何在八家博物馆调查这一主题提供了一个非常好的结构。（Prasch，2000）。

　　管理调查中的游客服务章节是一份包括34个问题的问卷。这些都是按照参观的时间顺序进行排序。问卷从参观前的服务开始（包括标志、广告材料、网站），接着是参观期间的服务状态（包括导览系统、参观路线、游乐场、卫生间），最后是离开博物馆的服务状态（包括纪念品商店、文创纪念品、其他服务）。期望这八家博物馆都能够给予游客良好的参观体验，并帮助他们找到通往博物馆的路线，这一点掌握在博物馆管理者手中。

　　有关参观前博物馆服务的调查问卷

　　吸引游客注意。

　　1）您是否经常与旅游咨询中心、学校、纪念品商店、餐馆、酒店和旅行社合作?

　　2）您是否在公共场所张贴您的特别活动?

　　帮助找到博物馆的线路。

　　1）城市或地区地图上是否显示博物馆的标识?

　　2）博物馆附近是否有停车位，搭乘自驾车/长途汽车的游客的比例有多少?

　　让游客拥有宾至如归的感觉。

　　1）您的员工是否接受过友好和健谈的培训?

　　2）您是否提供欢迎礼品（如精美的宣传单或杂志）?

　　3）您是否在第一时间介绍了现有的服务设施（清晰的后勤服务）?

　　参观期间有关游客服务的问题主要包括：博物馆信息是否清晰，设施是否容易被找到和使用，是否具有足够的休闲和娱乐场所，以及这些场所的品质如何；此外，我们还向工作人员询问了书面资料的多语言问题。

游客喜欢把一些纪念品带回家，来纪念他们的参观。为此，我们提出了关于博物馆纪念品商店的问题，探索博物馆如何了解游客的情况。在第六章介绍了博物馆提供的服务，在第七章介绍了游客对于博物馆的看法。

8.评价环节

评价包括内部评价、外部评价和比较评价。例如，是否具备游客反馈程序：

（1）在哪里可以提出好评和差评？

（2）如何处理这些评价？

（3）能否向游客进行反馈？

伯恩克劳特（Birnkraut）撰写了相关的文章，这是一篇很好的范例，遗憾的是只有德语版本，但仍具有重要的研究意义，文章解释了文化圈的内部评价和外部评价机制，列举了四个不同的欧洲国家的案例（Birnkraut，2011）。

使用SWOT分析是为了保持整体视角，而不是对考古露天博物馆进行调整，因为这会致使调查结果产生偏差。

最后，博物馆的工作人员可以与其他人分享他们的建议、推荐和存在问题。但由于大多数意见已在前面提及，因此并没有采用这个选项。

（四）衡量案例中的博物馆参观者的参观体验

1.参数和实际性

游客的参观体验品质也对聚焦更小范围的案例研究起到帮助，因此我们需要进行更有针对性的研究。除了评估考古露天博物馆管理层面所提供的品质外，还对游客体验的品质水平进行了考察。但研究结果只能通过主观术语进行阐释。例如，游客对到访的期望值因人而异，并且是基于感觉而产生的，而非事实（Johns和Tyas，1997）。在设计游客体验研究时，在内容和策略两方面都借鉴了有关博物馆游客的研究（例如Andrian，2007；Countryside Commission，1978；Masriera i Esquerra，2007）。本研究采取了一般游客调查的形式，如罗斯纳（Reussner）的博物馆公共研究策略（Reussner，2010）。一个重要的前提条件是，这八家博物馆能够利用为本项研究设计的游客调查作为2008年游客调查的一部分（附录6）。因此，许多问题源自博物馆的标准调查，其中一些问题在前几年一直在进行。新增的调查内容是游客可以对博物馆的参观要素进行评分。此外，填写调查问卷的时间通常不超过10分钟。

我们最初的计划是让这项调查在线上进行，因为这八家博物馆都可以通过互联网访问，但事实证明，这很难实现。尽管线上调查节省了数据录入的时间，但并非所有博物馆都有宽带连接，可以方便地转接到博物馆的参观区，而且在某些情况下根本没有空间。此外，在考古露天博物馆中，利用计算机系统为数百名游客提供服务很困难，未来一个可行的方法是使用易于操作的平板电脑。

2. 游客调查的目标

在考古露天博物馆的游客群体中，可以分为不同的类型（例如公众和教育团体）。由于增加其他类型的游客将超出本研究的时间、组织和资金的限制，因此只有游客属于本项研究的范围。

游客调查问卷

本研究的重点是评估考古露天博物馆的游客体验，特别是这些体验如何增进游客的相关知识，以及他们对参观的满意度。与调查有关的四个可衡量因素包括（Countryside Commission，1978）：

（1）游客对相关博物馆主题时期的既往参观经历和兴趣。

（2）游客短期知识的增加，这可作为一个变量，反映他们对博物馆的理解程度。

（3）游客在博物馆内外的享受程度。

（4）游客对博物馆体验的兴趣持续程度，这可作为产生未来参观动机的指标。

深入了解关于游客短期知识的增长以及享受程度太过复杂，这些都是今后研究的推荐课题。福尔克（Falk）和迪尔金（Dierking）对游客的旅游体验如何转化为博物馆学习进行了很好地描述，以及如何记录这一过程，这本身就是一项研究（Falk和Dierking，2000）。

我们决定不对少数游客进行频繁地调查和询问，而是对更多的游客进行抽样调查，以集中了解他们在短时间内实际参观博物馆的效果。我们的目标是，即使提出的问题看似简单，也能获得足够的数据来了解游客及其在博物馆的停留情况。虽然对游客进行深入的访谈将是本项研究一个很好的延伸，但把这种方法纳入当前研究中显得有些仓促。

游客对于开放式问题的回答可能会存在偏差。情绪反应与语言表达之间的关系是复杂的，尤其是在本项研究中，不同语言背景的游客对这个关系的影响不容忽视。因此，这种定性的回答不一定可以得到精确地回馈。相较之下，封闭式问题提供了一种定量方法。调查时，我们以最初参观时收集的信息以及从评价中获得的信息作为基础，这些信息涉及游客对特定展品内容的理解与评价，而这些内容在博物馆之间必然存在差异。调查的目的是获得游客对博物馆的既定印象，并通过游客对事实性问题的回答来衡量他们的理解能力。

3.游客画像

预计参观本项研究的八家博物馆的访客中，大多数都是带着孩子的家庭，而最难接触到的群体是5岁至9岁的儿童和18岁至24岁的年轻人（参见表7-2）。这会对这些博物馆提供的项目产生很大影响。至于是否有许多游客重复参观，目前只做了比较初步的调查：这是一个值得继续深入研究的领域，因为这一群体具有促进博物馆开发更多特殊活动的潜力。

我们投入了大量的精力来了解更多关于游客的信息，比如他们来自哪里，以及他们到达所要参观的博物馆的距离，预计这八家博物馆的答案会存在很大的差异。关于游客在博物馆停留时间的问题，是为了进一步了解当地整体的旅游潜力，预计这八家博物馆的情况不仅存在巨大差异，而且它们所在的区域也很难进行比较。

4.游客到访原因调查

在八家博物馆中，有几座博物馆的管理人员迫切希望了解人们参观他们博物馆的真正原因。因此，调查增加了这一问题。这与博物馆的营销工作紧密相关，可以评估其有效性。了解博物馆的方法日新月异，但了解博物馆很重要，因为（Wicks和Schuett，1991）：

（1）旅游是一种高风险的购买行为。

（2）消费者无法实际观察到潜在的购买行为。

（3）度假者往往会去新的、相对陌生的目的地。

在游客的调查中增加了"对过去感兴趣"和"对当地感兴趣"的选项，可能是由于这些原因非常直接，以至于从来没有人想过要对此进行调查。鉴于许多博物馆的教育性质和游客类型（主要带着孩子的家庭），预测教育目的将是决定是否参观的重要因素。最后，我们决定将外国游客纳入调查对象（尽管在大多数情况下属于少数群体），他们的参观原因是否有别于本地和本国游客。如果情况属实，可以调整针对这一目标群体的活动类型和信息类型。

5.在博物馆停留时长

游客在八家博物馆中的停留时间长短可以说明参观的体验价值。如果博物馆不好的话，游客很快就会离开并另寻他处。博物馆的规模、所提供的活动的性质以及可参观的内容都会对游客的体验产生影响。此外，在主要活动的当天或几天后参观也会产生不同的反响。重要的是要了解不满意的人是否会停留较短的时间。游客的期望值或他们期望的服务水平和质量标准之间存在差异。例如，位于德国的博物馆，与位于拉脱维亚、普遍质量标准较低的博物馆相比，人们的期望值较高，因此游客往往不太容易满意。此外，在其他国家，游客会比在本国更容易满意，这是一种礼貌的表现。

6.参观评价

最初，这八家博物馆的管理部门希望游客可以对大量项目进行评分。如果在未来的几年里或者在其他的考古露天博物馆中，询问同样的问题，那么有关游客调查的这部分信息将会变得更加充实和有趣。目前，世界实验考古学会正在小范围内努力进行这项活动。

参观评价的重要项目包括重构建筑、导游、纪念品商店和餐厅。同样重要的还有总体评价，以及这些评价如何与游客最初的期望进行比较（参见表7-19）。博物馆的季节性可能会对游客的满意度产生影响。游客满意度还与游客对博物馆的了解程度进行了比较（参见表7-18），这对各博物馆的营销工作具有重要意义。在调查问卷的最后，游客被问及他们是否觉得门票与他们的参观体验相匹配。由于博物馆和游客的情况各不相同，所以预计欧洲各地的信息不会完全一致（参见表7-22）。我们试图通过定义中间变量来定义因果关系，从而定义变量之间的关联性（参见图7-18）。

之所以选择这八家案例来研究考古露天博物馆，是因为它们的便利性和多样性。八家博物馆分别位于不同的国家。它们的合作方既有政府组织，也有私人基金会。就每年参观人数而言（2005年），八家博物馆之间存在较大差异，每年参观人数范围从24 000人至267 000人不等，第五章将进一步讨论八家博物馆之间存在的更多差异。

七、品质差距

品质的研究主要是针对考古露天博物馆的管理层，而不是他们的游客（Johns，2004）。布罗戈维奇（Brogowicz）等人概述了服务提供周期（service-provision-cycle）和服务消费周期（service-consumption cycle）的差距理论（图3-2）（Brogowicz等，1990）。这与提供的品质和体验品质有着明确的关系。因此，我们将用这种方法评估调查与评价的综合数据。

差距一，即定位差距（the positioning gap），是指管理人员对游客预计期望和实际期望之间的差距。如果收集并考虑足够多的游客反馈，这一差距就可以缩小。此外，应该提出正确的问题，可以采用一种所谓的"剖面累积技术"（profile accumulation technique）（Johns和Lee-Ross，1996）。这是一项简单的练习，要求游客写下他们经历的最好的和最坏的方面及其原因。虽然这些都不是封闭式的问题，但仍然可以使用关键词对答案进行编码，从而进行量化。

差距二为规格差距（the sepcification gap），即管理人员对游客期望的看法和具体规定的实际吸引品质之间的差距。关键事件分析（critical incident）可以深入揭示这一差距，以及指出需要采取哪些措施来根据游客的期望调整景点品质。

差距三为交付差距（the deliver gap），是指具体规定和实际交付之间的差距。这涉及服务设计者或规划者与一线员工之间的问题。例如，协调员可能设计了一项有关巫术的活动并收集了信息，但由于一线工作人员缺乏对相关知识的了解，他们所呈现的效果可能与协调员的设想大相径庭。

差距四为服务提供周期和服务消费周期之间的差距，称为交流隔阂（the communication gap）。这是向游客传达内容与交付内容之间的差距。考古露天博物馆往往在公共关系中呈现出一个美好的形象，但如果工作人员无法兑现承诺，交流隔阂就会导致游客的不满。例如，如果游客在活动结束后才到

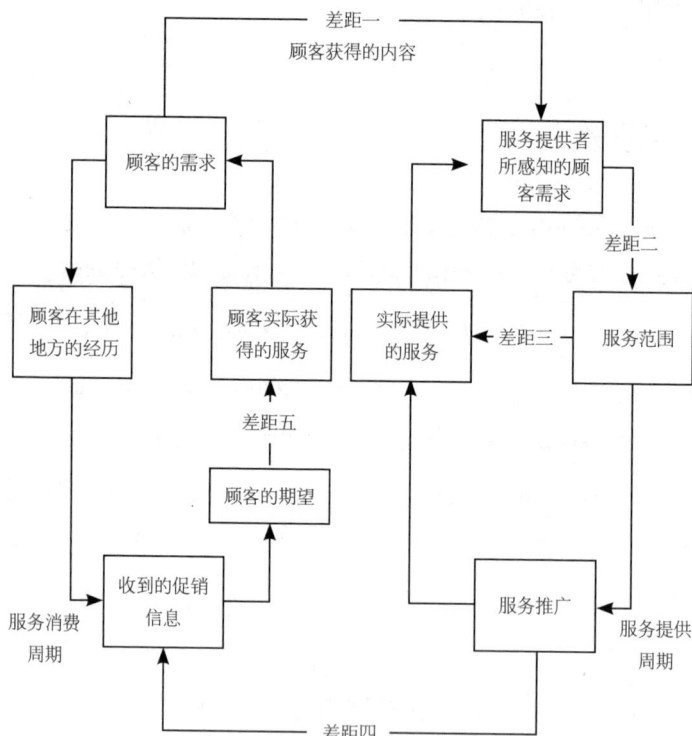

图3-2　双循环模式

访，就很难传达出在活动中承诺的内容。

最后，差距五是指游客期望品质和他们实际得到的品质之间的差距。这种差距最容易被认别，但也最难缩小，因为它需要缩小前面提到的所有其他差距。当试图缩小这些差距时，管理人员将面临难以解决的问题：如果出了问题，博物馆的口碑将会持续下滑。例如，1995 年夏初，在荷兰的阿奇恩（Acheon），两座新石器时代的房屋被意外烧毁（Flamman，1997），晚间新闻对此进行了报道。即使在多年以后，人们仍然认为阿奇恩整个都被烧毁，这可能影响了它的旅游吸引力（J. Flamman，2002）。

八、小结

如果所有的博物馆都遵循完全相同的理念，那就没有可比性而言。然而，设定最低标准并不一定意味着所有考古露天博物馆都会变得标准化，呈现出更多的相同之处（Banghard，2002）。在数据分析中，以及在研究的每个阶段，一些机构因为不符合定义而被排除在外。例如，这些机构不再使用重构建筑，或作为主题公园而与考古露天博物馆的定义相差太大，从而无法纳入研究范围。

八家考古露天博物馆展示了自己独特的风格，每家博物馆都融合了博物馆自身特色和当地考古特色。指定一项维持标准的计划可以为这些博物馆争取更多的支持，并提高它们的质量。但标准计划可能会带来大量额外的文书工作（Legget，2002）。设定最低标准可能会很有效，但很难做到：不仅因为博物馆的多样化，欧洲各个国家的情况也各不相同。由于本研究的性质，我们无法对参观考古露天博物馆的长期影响作出解释，对游客的研究也不能揭示游客从博物馆的讲解中获得的真正理解。

第四章

广域调查研究

　　随着考古露天博物馆研究的深入，现存的有关考古露天博物馆的非结构化文献集亟待更新。隆德（Lund）基于这些文献集和互联网的相关信息，构建了一个以基本实例为基础的数据库（Lund，1988）（表4-1）。截至2011年11月，该数据库已有426个记录，其中有250个记录与考古露天博物馆有关。据估计，还存在其他与考古露天博物馆有关的50个记录，但在进行本研究时尚未发现。每个记录记载了约40种不同的具体情况，除了考古露天博物馆，可能还有多达200个不对公众开放的考古教育中心。这些中心由于几乎不对公众开放，因此很难找到相关的数据。对于本项研究而言，检索这些数据既不高效，也没有必要。

表4-1　丹麦考古露天博物馆重构史前房屋的情况

序号	机构名称	成立时间	管理机构	科学合作伙伴	新石器时代	青铜时代	铁器时代早期	铁器时代晚期	维京时代
1	勒耶尔历史考古中心（Historisk-Arkæologisk Forsøgscenter, Lejre）	1964	独立	博物馆/大学	村庄	—	村庄	—	—
2	铁器时代巴格斯韦尔德（Jernalderen Bagsværd）	1969	学校/休闲协会	？	—	—	一座长屋	—	—
3	奈斯比/欧登塞铁器时代村（Jernalderlandsbyen Næsby / Odense）	1973	文化/休闲协会	博物馆	—	—	两座长屋和五座小房子	一座地穴式房屋（pit-house）	—

续表

序号	机构名称	成立时间	管理机构	科学合作伙伴	新石器时代	青铜时代	铁器时代早期	铁器时代晚期	维京时代
4	霍洛夫加德佛罗伦萨博物馆（Fyns Stiftsmuseum Hollufgård）	1983	博物馆	博物馆/大学	—	一座长屋	—	—	一厅，一座地穴式房屋
5	温斯特德历史工作室（Vingsted historiske værksted）	1976	AMT/Kommune政府	博物馆/大学	—	—	一座农庄	四座地穴式房屋，一座长屋	—
6	古尔达格/埃斯比约铁器时代村（Jernalderlandsbyen Guldager / Esbjerg）	1971	学校管理	博物馆	—	—	一座农庄	两座地穴式房屋	—
7	韦德斯特德历史工坊（里伯）（Historisk værksted V. Vedsted / Ribe）	1967	独立	博物馆	—	—	一座长屋	—	—
8	森讷堡历史工坊（Sønderborg historiske værksted）	1976	学校管理	?	—	—	一座长屋	—	—
9	雷夫巴肯公园（奥尔堡）（Rævebakken Aalborg）	1982	学校管理	博物馆	—	—	—	三座地穴式房屋	
10	赫耶尔赫德斯露天博物馆交流（Hjerl Hedes Frilandsmuseum Formidlingen）	1981/1982	博物馆	博物馆	一座长屋	一座长屋	一座长屋（span house）	—	
11	奥胡斯大学重构部门（莫斯加德）（Rekonstruktions-afdelingen Moesgård / Aarhus Univ.）	1969	博物馆/大学	博物馆/大学	一座宗教场所		一座长屋	—	两座城市住宅，两座地穴式房屋
12	特雷勒堡大厅（Trelleborg-hallen）	1942	国家博物馆	博物馆	—	—	—	—	一厅
13	菲尔卡特大厅（Fyrkat-hallen）	1984/1985	独立	博物馆	—	—	—	—	一厅

一、调查

（一）第一次调查

2005年12月，我们分发了第一份调查问卷，其中包括4个简单的问题。考虑到考古露天博物馆的工作人员能力有限，为了得到尽可能多的答复，调查问卷的问题比较简单，包括：

（1）机构的正式名称（使用本国语言，并翻译成英文）。

（2）机构的类型（协会、基金会、公司、纪念馆、博物馆、政府）。

（3）机构的成立时间。

（4）贵机构的官方目标是什么？您的使命是什么（用英文）?

前两个问题的答案显而易见：我们需要通过这两个问题来确定博物馆的名称，因为这些博物馆往往有多个名称。例如，位于德国南部的费德湖博物馆（Federseemuseum）有时被称为巴特布豪（Bad Buchau）博物馆，因为巴特布豪正是其所在地村庄的名称。同样的情况还有HOME，它在当地被称为史前村落（Prehistorisch Dorp）。要求博物馆工作人员填写使命是为了了解不同国家之间以及新老考古露天博物馆之间是否存在差异。第一次与第二次的调查结果将会一并介绍。

（二）第二次调查

2006年5月，随着研究的深入，我们向第一次调查过的考古露天博物馆提出了更详细的问题，见下页。由于收到的答复太少，在2008年1月，我们决定由一名母语人士将第二份调查问卷翻译成德语和法语，并由一名专业翻译人员将调查问卷再翻译成丹麦语，通过传统邮寄的方式派送给各博物馆，而不是发送电子邮件。截至2011年11月，我们共联系到50家博物馆，其中182家博物馆对调查问卷做出了答复。我们还收集到一些未作答复博物馆的公开数据，但这些数据只能作为轶事引用。由于并非所有管理人员都回答了所有问题，因此在统计不同问题的回答数量时会出现波动。

在问卷的设计上，我们以2005年的第一次调查问卷为基础，添加了关于邮寄地址的问题。基于此，又增加了4个部分，共计11个问题。

考古露天博物馆及类似机构的调查问卷

我是一名埃塞克特大学（Exeter University）的博士研究生，我的研究课题是聚焦于考古露天博物馆及其类似的机构。我正在收集位于欧洲地区大约200个机构的数据。这些数据将用于我的博士论文研究，我的研究成果也将分享给那些为我提供信息的机构。如果您对我研究的过程或结果感兴趣，请与我联系，我很高兴告诉您更多细节。

非常感谢。

罗兰德·帕尔德库珀（Roeland Paardekooper）

第一次调查问卷

1.机构的正式名称（使用本国语言，并翻译成英文）。

2.机构的类型（协会、基金会、公司、纪念馆、博物馆、政府）。

3.机构的成立时间。

4.贵机构的官方目标是什么？您的使命是什么（用英文)?

A

1.如果你们的年度报告是公开的，你能把最近的年度报告寄给我吗？我愿意支付这笔费用。只需附上一张正确的银行信息的票据。

2.在2005年，您所在机构大约有多少游客，教育团体和其他类型游客各有多少？2005年与5年前的参观数量相比，参观人数是增加还是减少了？

3.请问您有所在机构最近出版的刊物清单吗？

B

1.重构建筑的基础是什么：一般信息还是特定遗址地点的信息（specific site）?

2.你们是如何开展的?（从财务和组织的角度）这是政府的倡议吗？是否

有赞助商？赞助商是谁？为什么赞助？

3.您所在的机构现在在财政上和组织上是否独立于政府？在您所在机构的年度预算中，机构利润占比为多少？

C

1.考古学家是否参与了博物馆的创建？

2.考古学家是否仍参与其中（作为研究人员、导游、主任……）？

3.您的博物馆有开展实验吗？如果有的话，是谁开展的，每隔多久开展一次实验？这些是长期实验（如种植作物和比较它们多年来的产量）、主题实验（如开展为期5年的炼铁计划）还是其他。您有相关的实例吗？

D

1.在您看来，机构建立的目的是什么？

2.请写出下列关键词的重要性（0～100%），总和必须达到100%。如果您的想法不包括这些关键词，请提供其他信息。

旅游业（tourism）	
教育（Education）	
研究（Research）	
区域认同（Regional identity）	
活态历史，生活场景（Ling history, living tableau）	
实验（Experiment）	
区域发展（Regional development）	
自然环境（Natural environment）	
总计（Total）	100%

A部分

调查所涉及的机构对游客数量的问题给予了详细的回答。2005年，我们共收集到132份答复，在其他年份，我们共收到683份答复。关于博物馆参考资料的问题，尽管有时会被机构理解为只要求提供学术性的相关资料，但还是得到了许多真诚的回复。

B部分

虽然调查问卷不是研究重构建筑的常用方式（如科米斯，Comis 对意大利北部的研究），但房屋重构的研究过程和参考资料通常都有相关记录，尽管这些资料并不一定符合学术规范的要求，B部分已经对这一现象进行了研究。博物馆的历史和起源同样是调查关注的重点。考古露天博物馆通常是由一个人或几个人发起的，创始人可能为发掘博物馆所在遗址的考古学家，如西班牙加泰罗尼亚自治区的埃斯奎拉（l'Esquerda）或土耳其的阿希克利·霍尤克（Aşikli Höyük）。一开始的活动规模很小，仅在发掘现场举办开放日，后来人们意识到建立考古露天博物馆可以长期举办更多活动，如俄罗斯的克里奥（Kilio）、意大利的莱德罗湖帕拉菲特博物馆（Museo delle Palafitte del lago di Ledro）。博物馆启动资金一般来自当地政府、欧盟资助以及当地赞助，在表4-2可以找到一些相关例子。有关财务问题的回复，普遍没有达到我们的预期，虽然一些机构提供了非常详细的答案，但仍有许多机构含糊其词，即便这些机构是政府机构。

表4-2　部分管理者介绍博物馆的建立缘由

主要原因是想将其用于宣传，内托利斯城堡（castle Netolice）是南波希米亚（South Bohemia）的政治中心和权力中心，它在意识形态上与当前的区域政策相关。 ——内托利斯考古公园（Archeopark Netolice），捷克
我们机构发掘了这个古老的村庄，然后决定并设计了重构方案。地方政府和一些赞助者资助了这一想法。 ——奇基花园酒店（Csiki Pihenőkert），匈牙利
为子孙后代提供经济上的帮助，也是为了保护和维护城堡。 ——香农遗产有限公司（Shannon Heritage Ltd），爱尔兰
我开始这个项目是因为这是我儿时的梦想。 ——乌尔迪文斯（Uldevens），拉脱维亚
2000 年，博物馆在该镇和一个欧盟当地团体的资助下建成。 ——费德湖博物馆，德国
该机构主要由英国考古学会（The Council of British Archaeology）、英国社会科学院（The British Academy）以及其他赞助者发起的一个项目。资金只持续了几年。 ——布瑟，英国

续表

我们最初是当地政府发起的，在一个小拖车里为工作人员提供了两项夏季服务。 ——阿尔贝茨隆德的维京村庄（Vikingelandsbyen Albertslund），丹麦
这项倡议来自科学研究，考古学家也在施工阶段主持了这个项目。它是由公共资金资助的。 ——格霍夫特·埃尔萨恩自由博物馆（Freilichtmuseum Germanisches Gehöft Elsarn），奥地利

C 部分

这一部分涉及考古学家的参与和实验考古学的应用。虽然考古露天博物馆不是纯粹的考古机构，但它包括考古的内容，因此在许多情况下，尽管考古学家扮演着多种角色，但他们也会参与其中。从传统上意义来说，实验考古学被视为这类博物馆的标志，因此，这个问题也在讨论范围内。

D 部分

此部分包括关于博物馆的目标和方法的问题。这部分的问卷设计存在缺陷。关于博物馆使命的问题与之前的博物馆目标的问题存在过多的重叠。此外，D 部分的答案也难以进行分析。表4-3、表4-4 展示了使用关键词进行分析的方法，包含7个经常提及关键词和4个较少提及的关键词。表4-5 列出了一些反映博物馆工作人员依据关键词延伸的使命和目标。

表4-3　经常提及的关键词方法

关键词（经常提及）	示例	提到这个关键词的博物馆
教育（Education）	教育和激励，特别是针对儿童和青年学习	比利时加利什霍夫（Gallische Hoeve），英国 ESAMP，瑞典埃克哈根（Ekehagen），荷兰斯威夫特坎（Swifterkamp）
实验考古学（Experimental Archaeology）	通过实验考古学及相关研究项目获得新知识	德国基希海姆巴朱瓦伦霍夫酒店（Bajuwarenhof Kirchheim），丹麦勒耶尔传奇之地，（塞浦路 Lemba 试验村）
科学普及（Popularisation of science）	将考古知识带给人们，保护和展示考古遗存	费德湖博物馆，奥地利阿斯帕（Asparn），斯洛伐克的利普托夫斯卡马拉 - 哈夫拉诺克（Liptovska Mara–Havránok）
社会目标（Social goals）	社会目标：作为一个面向失业者的项目，支持那些难以参与社会生活的弱势群体	德国石器时代的库索村（Steinzeitdorf Kussow），英国 ESAMP，丹麦鱼维京中心（Ribe Vikingecenter）

续表

关键词（经常提及）	示例	提到这个关键词的博物馆
展示过去的日常生活（Showing everyday life of the past）	为了公众、学术界和教育部门的利益，阐释过去的日常生活	比利时马拉涅（Malagne），英国考古链接（Archaeolink），瑞典啤酒维京农场（Ale Vikingegård）
强化身份（Strengthening identity）	帮助人们接近或找到他们的根源，促进身份认同	比利时马拉涅（Malagne），拉脱维亚乌尔迪文斯，挪威阿瓦尔德斯内斯（Avaldsnes）
刺激文化旅游（Stimulating cultural tourism）	提供一个放松的地方、高强度的体验和文化活动，刺激文化旅游	瑞士奥古斯塔劳里卡（Augusta Raurica），塞浦路斯乔洛科伊蒂亚（Choirokoitia），丹麦博恩霍尔姆中世纪中心（Middelaldercenter Bornholm）

注 资料来源于第二次调查。

表4-4 较少提及的关键词方法

关键词（较少提及）	示例	提到这个关键词的博物馆
自然环境（Natural environment）	探讨人与自然环境的关系	英国泥炭沼泽中心，丹麦斯克林埃格瓦德博物馆（Skjern Egvad Museum），荷兰斯霍斯特酒店（De Schothorst）
古代技术（Ancient technology）	体验古代技术，展示并对其进行研究	捷克沃坦堡（Wothanburg），比利时马拉涅（Malagne），丹麦中世纪中心尼克宾（Middelaldercentret Nykøbing）
活态历史（Living history）	塑造活态历史场景并加以利用	捷克沃坦堡（Wothanburg），英国布拉斯山（Bullace Hill），法国马尔博物馆（Musée de Marle）
盈利（Earn money）	为了盈利	芬兰基里基（Kierikki），（波兰克尔泽米奥基（Krzemionki），奥地利哈莱因盐矿（Salzwelten Hallein）

注 资料来源于第二次调查。

表4-5 部分考古露天博物馆的使命和目标

我们的目标是研究，尽管它现在也发展成为一个旅游景点。
　　　　　　　　——伦巴实验村（Lemba Experimental Village），塞浦路斯

"奥里提湖要塞（Āraišu Ezerpils Lake Fortress）是一个受欢迎的休闲和教育场所，其卓越品质源自拉脱维亚古代历史的考古发现、以科学为基础的历史环境重构、美丽的文化历史景观和满足各种受众需求的发达基础设施"。
　　　　　　　　——奥里提（Arisi），拉脱维亚

续表

"这样，阿瓦尔德斯内斯就可以确保其作为国家背景下的合法地位"。 ——阿瓦尔德斯内斯，挪威
"使命：用游客能够理解的语言对游客进行无声的考古展示"。 ——卡尔帕特罗亚（Karpacka Troja），波兰
"使博物馆［戈托夫城堡和维京人海塔布博物馆（Schloss Gottorf and Wikinger Museum Haithabu）]更有趣、更深刻和更突出"。 ——维京人海塔布博物馆，德国
创造和维持一个世界级的旅游景点，通过高质量的研究、阐释和推广罗马遗址及其周边地区的遗产，让游客得到娱乐和教育。 ——安德莱姆（Segedunum），英国
"我们试图证明，我们能够从过去汲取经验，我们的祖先拥有（独特的）精神，而失去这种精神将是一个巨大的错误。一座考古博物馆的建造源于当地人民保护并捍卫自身文化的意愿"。 ——族群之城（Ethni'Cité），法国
"我们对体力劳动和脑力劳动同样重视"。 ——阿尔贝茨隆德的维京村庄（Vikingelandsbyen Albertslund），丹麦

注 资料来源于第二次调查。

几家博物馆在市场营销过程中使用了一句话宣传语。表4-6列出了几个例子。考古露天博物馆的发展可以从宣传语的变化看出来。例如阿肯博物馆，早年（1994年）的宣传语是："在阿肯博物馆，接近过去"；2004年其发展为："活态历史主题公园"；2011年，宣传语变更为"充满娱乐和消遣的一天"。值得注意的是，后面使用的宣传语在荷兰语中有古老的含义，从宣传语的变化，可以十分明显地感受到它从严肃到娱乐的转变。

表4-6　部分考古露天博物馆的宣传语

唤醒你内心的原始。 ——普雷西索斯德拉米乌尔（Préhistosite de Ramioul），比利时
"惊讶、理解和参与"。 ——巴赫里特堡坎扎赫（Bachritterburg Kanzach），德国
"惊喜、惊奇和迷人"。 ——盖德隆（Guédelon），法国
"体验考古学，而不是通过互联网感受"。 ——玛姆穆特姆酒店（Mammutheum），德国
"展现卓越的考古成果，供所有人欣赏和享受"。 ——弗拉格沼泽遗址（Flag Fen），英国

"我听到了，我忘记了，我看到了，我记得，我知道，我理解"。 ——英国约克郡农业博物馆（Yorkshire Museum of Farming），勒耶尔传奇之地
"在未来使用过去"。 ——阿尔贝茨隆德的维京村庄，丹麦
"换个时间，换个速度"。 ——赫沃里斯杰纳尔德村（Hvolris Jernalderlandsby）

注　资料来源于第二次调查。

另一个例子是丹麦的勒耶尔传奇之地，2005年的宣传语还是"现在，未来与过去"（资料来源：第一次调查），2009年更改名称后，宣传语变成了"你可能/应该发现的国家"，通过这种变化，博物馆将游客的体验置于其关注的核心，而非单纯侧重于展示勒耶尔传奇之地所期望传达的知识内容。

二、博物馆分类

考古露天博物馆的类别如图4-1所示。

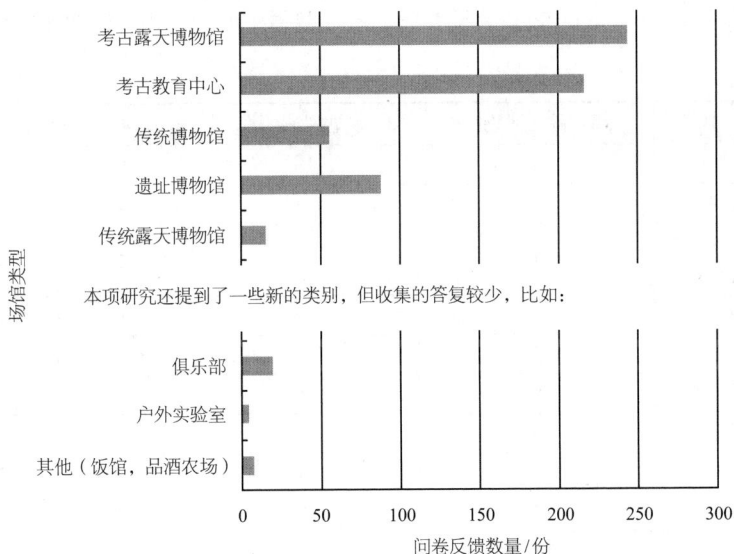

图4-1　博物馆展示的类别（资料来源于第二次调查）

　　第二章考古露天博物馆多角色扮演部分中提到的一些博物馆类别在问卷调查中被遗漏了，因为直到深入研究时才发现，但案例研究中使用了这些类别（见第六章）。遗漏的类别有：自然公园/文化景观、重构的舟/船、活态历史博物馆、动物农场和主题公园，这些博物馆类别发展得很快。与过去相比，如今的考古露天博物馆更多地把室内展示区包括在内。例如，荷兰的阿肯博物馆在2011年8月创办了一个展览馆。而在挪威的洛福特维京博物馆，一座新的展览馆即将落成。这些室内建筑设施使得考古露天博物馆在天气恶劣的淡季更具吸引力。

　　比较一个国家（或地区）的考古露天博物馆与考古教育中心及其组合的数量（表4-7），可以看到，瑞典、丹麦和荷兰的考古教育中心数量相对较多，而捷克和德国等国的考古露天博物馆的数量则相对较多。不过，如上文所述，除荷兰和丹麦外，其他国家很难找到考古教育中心，因为荷兰和丹麦这些国家的考古教育中心大多数为国家协会的成员。这种情况的出现可能是由于不同的国家趋势导致的。但是，一些国家存在国家协会这一事实本身就表明，规定上的差异可能是真实存在的。

表4-7　欧洲的考古露天博物馆、考古教育中心及其组合的数量那位

单位（个）

国家/地区	考古露天博物馆	考古教育中心	组合	总计
奥地利	4	—	11	15
比利时	1	—	4	5
西班牙加泰罗尼亚自治区	1	1	2	4
捷克	5	—	9	14
丹麦	2	9	15	26
英格兰（英）	8	6	8	22
芬兰	3	—	2	5
法国	6	4	16	26
德国	22	7	27	56
匈牙利	1	—	3	4
意大利	1	2	11	14
挪威	—	1	8	9

续表

国家 / 地区	考古露天博物馆	考古教育中心	组合	总计
波兰	2	1	10	13
西班牙	2	—	2	4
瑞典	6	12	15	33
荷兰	1	5	5	11
威尔士（英）	—	—	4	4

尽管传统露天博物馆在维护仿古建筑方面有着丰富的经验，但有些博物馆则更进一步，在考古的基础上重构了房屋的建筑。表4-8展示了16座传统露天博物馆的考古建筑重构实例，实际上还有更多的例子（参照Baumeier和Wassmann，1995）。由于传统露天博物馆中的大部分房屋都是迁移过来的，部分房屋被重构，同时考虑到这些房屋需要不断修缮，因此其原有的内部构造也在逐渐消失，这使得传统露天博物馆与考古露天博物馆之间的界限可能会变得越来越模糊。伦佐格认为活态历史在民族学露天博物馆中发挥着重要作用（Rentzhog，2007），表明这两类博物馆在使用方法方面也越来越相同。

表4-8　存在考古建筑重构的欧洲民族学露天博物馆示例

名称	国家 / 地区
阿瓦尔德斯内斯，挪威历史最悠久的王座（Avaldsnes，Norway's oldest throne）	挪威
别提博物馆，须德海博物馆（Buitenmuseum，Zuiderzeemuseum Enkhuizen）	荷兰
奇尔顿露天博物馆（Chiltern Open Air Museum）	英格兰（英）
法兰克露天博物馆，巴特温茨海姆（Fränkisches Freilandmuseum Bad Windsheim）	德国
赫德尔赫德弗里兰兹博物馆（Hjerl Hede Frilandsmuseum）	丹麦
伊锡尼村	英格兰（英）
卡利什皮亚斯特城堡（Kaliski Gród Piastów）	波兰
库拉拉村山（Kuralan Kylämäki）	芬兰
卢尼地区博物馆 – 斯坎森布雷兹诺（Okresní muzeum Louny – Skansen Brezno）	捷克
史前公园（Prehistoparc）	法国
拉伊代尔民俗博物馆（Ryedale Folk Museum）	英格兰（英）
圣法根国家历史博物馆（St Fagans National History Museum）	威尔士（英）
斯蒂克斯塔德国家文化中心（Stiklestad Nasjonale Kultursenter）	挪威

续表

名称	国家 / 地区
图尔特的法院（Toulcův–dvůr）	捷克
文多兰达罗马陆军博物馆（Vindolanda Roman Army Museum）	英格兰（英）
维恩丹博物馆（Veenkoloniaal Museum Veendam）	荷兰

三、年代

就目前已登记的225座考古露天博物馆来看，其中大部分是1980年后所创办的。部分博物馆的创办原因可能与1980年以来人们休闲时间的增加和旅游景点的增多有关（McKercher和du Cross，2002）。20世纪80年代，旅游业已经开始与遗产部门（考古露天博物馆属于遗产部门）合作，将其作为实践教育和体验旅游的一部分（Smith，1979）。在现存的考古露天博物馆中，图4-2汇总了这些博物馆的首批重构建筑的建造时间。如果加上已倒闭博物馆的相关数据，总趋势大概会保持不变：20世纪70年代末之前为早期探索阶

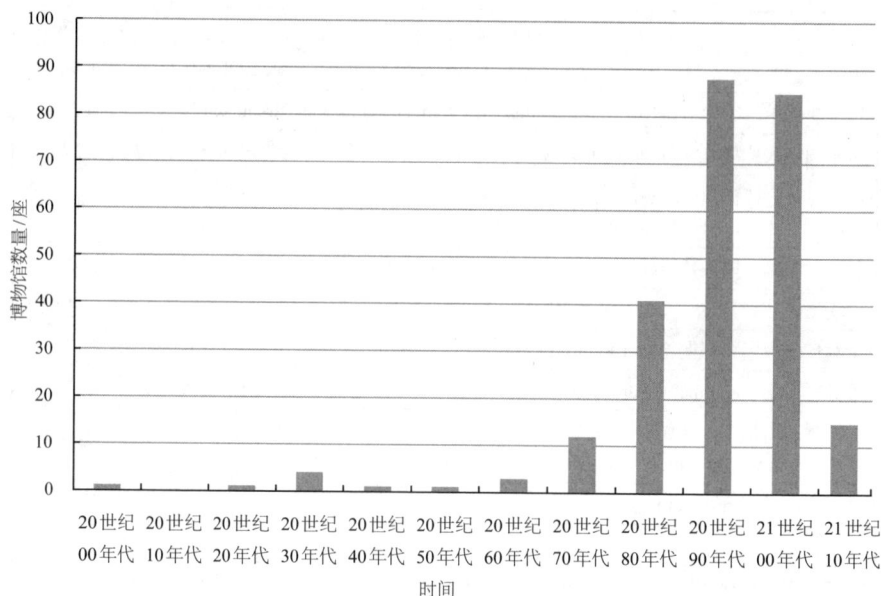

图4-2　225座考古露天博物馆的首批重构建筑的建造时间

段，之后大幅增加。现在已经消失的早期考古露天博物馆和最近新建的博物馆在列表中都不具有很好的代表性。创办时间较长的博物馆可能会传授给我们关于考古露天博物馆的成功经验以及长期生存的必要条件。但那些创办时间较短的博物馆也可能会展示一些有趣的新方法来处理考古露天博物馆面临的问题，其中一些方法可能比那些拥有20年或更长时间经验的博物馆更具创新性。

博物馆的演变，并不总是体现在建筑的变化上，而是在叙事方式的转变上。能够适应变化的博物馆比以往任何时候都更具有可能性（Rentzhog，2007）。尽管博物馆需要管理人员来维持复杂的组织运转，但同时也需要领导力来应对变化（Janes，2009）。不能适应变化的博物馆已无法生存，如法国的勃艮第建筑博物馆（Archéodrome Bourgogne）（Frére–Sautot）等。苏格兰的考古链接博物馆（Archaeolink）在获得建设资金后，前五年内的参观人数超过了30 000人，但在接下来的5年里，参观人数徘徊在20 000人左右，而在最后3年里，参观人数没有超过16 500人。最近危机重创，管理部门未能扭转局面，最后一笔公共资金也没有获得，考古链接博物馆也随之关闭。

不少历史悠久的博物馆在经营期间曾多次调整策略，以适应社会需求的变化。乌尔丁根木桩博物馆便是一个出色的例证，它改变了博物馆自身的宣传方式（图4–3）。

| 领袖之家 | 元首之家 | 村长之家 |

图4–3 乌尔丁根木桩博物馆重构布豪护城河城堡（Wasserburg Buchau）的第16号房屋
注 从左往右，第一张图为1931年印刷，图名为 "领袖之家"；第二张图为1938年印刷，图名为 "元首之家"；第三张图为1951年印刷，图名为 "村长之家"（Schöbel 2001）

四、地理分布

从考古露天博物馆数量的增长情况（表4-9）可以看出，直到20世纪80年代，北欧、不列颠群岛、德国、奥地利和瑞士的考古露天博物馆数量一直在增长，而其他地区几乎没有增长。表4-10给出了欧洲所在六个区域的所包含的国家/地区。近年来，德国、奥地利和瑞士以及东欧的发展最为迅速，北欧和不列颠群岛的发展有所放缓。

表4-9　欧洲考古露天博物馆的成立时间及其数量　　　　单位（个）

成立时间	北欧	不列颠群岛	德国、奥地利和瑞士	比荷卢*	南欧	东欧	共计
1900—1979 年	7	5	9	0	0	1	22
1980—1989 年	7	6	10	5	8	3	39
1990—1999 年	26	7	18	3	18	10	82
2000—2010 年	12	6	29	3	13	19	82
共计	52	24	66	11	39	33	225

注　按欧洲区域划分，深灰色代表每个区域考古露天博物馆成立最多的数量，而浅灰色代表每个区域考古露天博物馆成立第二高的数量，只有数字≥9才会被标记。

表4-10　欧洲国家/地区在六个区域的划分

区域	国家/地区
比荷卢	比利时、卢森堡、荷兰
不列颠群岛	爱尔兰、英国（英格兰、苏格兰、北爱尔兰、威尔士）
东欧	保加利亚、捷克、匈牙利、北马其顿、摩尔多瓦、波兰、罗马尼亚、俄罗斯、斯洛伐克、斯洛文尼亚、乌克兰
德国、奥地利和瑞士	奥地利、德国、瑞士
北欧	丹麦、芬兰、格陵兰、冰岛、挪威、瑞典
南欧	西班牙加泰罗尼亚自治区、塞浦路斯、法国、希腊、意大利、葡萄牙、西班牙、土耳其

---

*　指比利时、荷兰、卢森堡组成的经济联盟，该联盟成立于1944年，旨在促进成员国之间的经济合作与一体化。——编者注

北欧和不列颠群岛新建考古露天博物馆数量增长放缓可能是多种因素共同作用的结果。在斯堪的纳维亚半岛，考古露天博物馆和露天考古教育中心有着悠久的发展历史，但现如今可能已经到了没有地方来新建博物馆的阶段，表4-11显示了丹麦和瑞典每10万居民拥有考古露天博物馆的数量。就英国而言，自20世纪80年代初以来，新的考古露天博物馆呈现缓慢增长的趋势可能存在以下几个原因。与欧洲大陆相比，英国较少考虑欧盟的资助。20世纪80年代，英国正处于危机之中，筹集足够的资金来新建考古露天博物馆，对于当时的英国来说尤为困难（D. Freeman，2011）。在这一时期，能够维持经营的考古露天博物馆都是私人经营的，其运营成本的主要来源并非政府，例如布瑟古农场。

表4-11　欧洲考古露天博物馆的数量

国家/地区	考古露天博物馆数量（座）	居民人数（人）（来源：EuroStat）	每10万居民中所拥有的考古露天博物馆的数量（座）	国家面积（平方千米）（资料来源：EuroSta）	每1 000平方千米的考古露天博物馆数量（座）
奥地利	15	8 210 281	0.18	83 858	0.18
比利时	5	10 839 905	0.05	30 528	0.16
加泰罗尼亚自治区	3	7 512 381	0.04	32 113	0.09
捷克	14	10 211 904	0.14	78 866	0.18
丹麦	17	5 500 510	0.31	43 094	0.39
英格兰（英）	16	51 000 000	0.03	130 395	0.12
芬兰	5	5 250 275	0.10	338 145	0.01
法国	22	62 150 775	0.04	551 500	0.04
德国	49	82 329 758	0.06	357 022	0.14
匈牙利	4	9 905 596	0.04	93 032	0.04
意大利	12	58 126 212	0.02	301 318	0.04
挪威	8	4 660 539	0.17	385 155	0.02
波兰	12	38 482 919	0.03	312 685	0.04
葡萄牙	3	10 707 924	0.03	91 982	0.03
俄罗斯	3	140 041 247	0.00	17 098 242	0.00
苏格兰（英）	3	5 062 011	0.06	78 772	0.04

续表

国家/地区	考古露天博物馆数量（座）	居民人数（人）（来源：EuroStat）	每10万居民中所拥有的考古露天博物馆的数量（座）	国家面积（平方千米）（资料来源：EuroSta）	每1 000平方千米的考古露天博物馆数量（座）
西班牙（不包括加泰罗尼亚自治区）	4	46 661 950	0.01	9 905 596	0.00
瑞典	21	9 059 651	0.23	449 964	0.05
瑞士	3	7 604 467	0.04	41 284	0.07
荷兰	6	16 669 112	0.04	41 528	0.14
威尔士（英）	4	2 921 100	0.14	20 761	0.19
共计	229	592 908 517	0.04	30 465 840	0.01

注　一列中最高的数值用灰色标记。资料来源于EuroStat。

此外，由于位于波兰（Malinowska–Sypek等，2010年）和西班牙（Lopéz Menchero Bendicho，2011）的考古露天博物馆的知名度较低，因此将它们纳入数据库中并进行分析时，已为时已晚。近年来，在波兰和西班牙新建的露天考古重构建筑比以往了解到的数量更多，这与后文表4–12所示的情况相符。

东欧国家加入欧盟的时间相对较晚，这意味着，只有从那时起，它们才能完全获得欧盟的资助。再加上东欧地区迅速发展为旅游目的地，促使东欧地区的考古露天博物馆繁荣发展。在南欧，这两个促进因素早在21世纪初就已出现，这也解释了为什么这些国家新建博物馆的热潮要早于东欧。在东欧国家出现博物馆兴盛热潮的现象受政治因素、生活水平的提高以及更广泛地了解欧洲其他地区发生情况的影响。在20世纪中后期，东欧的主题公园和其他旅游景点寥寥无几。例如在波兰，比斯库平遗址景点并没有竞争对手，尽管对于其他露天博物馆和保护区并没有严格的禁令，但政府认为一个综合性的建筑群就足以满足国家的需求（W. Piotrowski，2011）。

在捷克，许多考古露天博物馆都是由考古爱好者创办的，由于几乎没有政府的资金与支持，虽然它们现在仍在营业，但其运营状况并不稳定（Tichý

和Tichovský，2003），而且创办考古露天博物馆要比维持其运转容易得多。

1992年之前的考古露天博物馆都是以科学为重心，但比斯库平的情况则表明博物馆的重心已转向公众。自1985年以来，比斯库平一直在举办考古节（Archaeological Festival），这个为期9天的庆祝活动中有许多活态历史演员表演和手工艺品展示（Piotrowski，1997）。最近，考古节的规模越来越大，但由于激烈的行业竞争，游客人数呈下降趋势，而这种情况在20世纪80年代是不会发生的（W. Piotrowski，2011）。

总体而言，斯堪的纳维亚半岛、奥地利和捷克所在的考古露天博物馆得分较高，尤其是与居民人数和国土面积相比，这些地区的博物馆密度更高（表4-10）。在斯堪的纳维亚半岛，考古露天博物馆和考古教育中心的概念联系紧密，这并不奇怪，因为考古露天博物馆有一部分就是在此基础上发展起来的。在奥地利，大多数考古露天博物馆都由政府管理（14座考古露天博物馆中有10座，其历史可追溯到近代。奥地利几乎没有考古教育中心，具有相似性质的机构，也仅面向学校团体开放。维也纳考古研究所（VIAS）既是设在维也纳的一个研究所，也是一所大学的一部分，负责协调大部分考古教育中心的建设工作。20世纪70年代至20世纪80年代初，奥地利考古学家汉佩尔（Hampel）和温德尔（Windl）与其他国家的实验考古学家科尔斯（Coles）、汉森（Hansen）、雷诺兹（Reynolds）和普莱纳（Pleiner）进行了交流，这促使温德尔于1982年在维也纳大学开设了实验考古学课程，该课程的学生通常都受过良好的手工艺培训。与此同时，奥地利史前与早期历史学会（ÖGUF）也成立了一个实验考古工作组，进而培养一代对实验考古感兴趣并具有相关经验的年轻考古学家（Windl，2001）。

奥地利考古露天博物馆的蓬勃发展得益于奥地利的联邦制结构，也得益于大量有能力的可实际建造这些博物馆的考古技术人员，这些考古技术人员通常是来自由沃尔夫冈·洛比瑟（Wolfgang Lobisser）指导的维也纳考古科学研究所的一个团队（W. Lobisser，2011）。

总体而言，比荷卢地区（Benelux）新建的考古露天博物馆并不多

（表4-9）。比利时几乎没有考古露天博物馆（表4-10），它们大部分位于瓦隆大区（Wallonia），佛兰德斯（Flanders）只有一家，这主要是因为市政府的保守态度，不允许开展相关项目和新建此类博物馆（D.Willaert，2011）。

1995年，荷兰的综合性考古机构阿肯破产，并于1996年重新开业，但规模缩小很多，这次失败给荷兰考古学造成了沉重的打击。直到2004年，荷兰才建立了新的考古露天博物馆（Paardekooper，2012）。但这类博物馆的规模很小，如栋恩、卡尔德博尔（Kaardebol）和莫尔维尔德（Moerveld）。

时间深度（Time deph）是许多考古露天博物馆所面临的一个问题。如果在一座博物馆中展示不同时期的藏品，游客往往感觉不到这种差异："对普通游客来说，新石器时代、青铜时代甚至中世纪早期的房子几乎没有区别"（M. Schmidt, 1994）。即使只展示一个时期的藏品，有时也会有跨时期的艺术品或理念来进行贯彻和结合，如在维京时代（Viking Age）环境中展示中世纪晚期（Late Medieval）藏品，或将凯尔特拉特胸针与青铜时代金丝饰品相结合（Sturm和Bayer，2008）。这种跨时期的结合有时是出于无奈，如资金的短缺，或者仅仅因为这样做更容易，又或者因为博物馆工作人员存在"谁会在乎物品是否有问题，反正游客无法识别"的想法（Sturm和Bayer，2008）。这就产生了一系列的连锁反应，致使游客对于过去的刻板印象进一步加深，而不是让游客想了解过去可能是什么样子。

欧洲不同地区对考古时期的描述差异大到令人震惊，为了方便比较，书中提及的铁器时代和中石器时代等考古时期都是广义的，指的是大的时间范围。需要强调的是，就绝对年代而言，铁器时代在欧洲不同地区有不同的时间跨度。例如，在丹麦，铁器时代的时间跨度从公元前500年一直延续到公元1050—1100年（Hedeager和Kristiansen，1985），而在荷兰，铁器时代指的是公元前800—公元12年（van den Broeke，2005）。

不同国家对考古时期的关注点、讨论与呈现方式各不相同，如在英国，对于铁器时代的讨论相对较多，其中很多都提到了凯尔特人（Celts）。对考古露天博物馆而言，这仍然是一个值得关注的问题，即游客认为的凯尔特人是否与考古露天博物馆中所展示的铁器时代的凯尔特人有很多相似之处。例如，在威尔士（Mytum，2004）和苏格兰（Andrian和Dixon，2007），这种对凯尔特人的民族认同非常重要。同样的凯尔特民族主义内涵可能也解释了铁器时代在欧洲德语区的流行，特别是在奥地利。然而，与欧洲其他地方相比，该地区重构了相对较多的中石器时代和旧石器时代场景。在南欧地区，考古露天博物馆重点关注新石器时代至铁器时代。铁器时代之后的时期，仍有大量的原始资料可以看到，包括考古遗址和仍在矗立的建筑，其中很多都可以在没有重构的情况下得到阐释。这与史前遗址形成鲜明对比，史前遗址往往需要大量的想象和重构才能被理解（Lopéz-Menchero Bendicho，2011）。

在斯堪的纳维亚半岛，最有可能展示的是中世纪的场景，包括维京时代。显然，这一时期在斯堪的纳维亚半岛最受欢迎，因为它被人们视为最引以为豪的"史诗"时期。在斯堪的纳维亚半岛，人们通常从民族主义的角度看待这段历史，这也是这些国家建构身份认同的一部分。在冰岛，尽管有足够多的中世纪或史前考古遗址，但没有一个考古露天博物馆展示维京时代以外的时期。

总体而言，就欧洲考古露天博物馆所涉及的时期来说，有关铁器时代（96次）和中世纪早期（78次）的展示是最多的（表4-12）。

表4-12 欧洲不同地区的考古露天博物馆展示不同考古时期的次数

单位（次）

时代	北欧	不列颠群岛	德国、奥地利和瑞士	比荷卢	南欧	东欧	共计
旧石器时代	1	0	5	2	6	1	15
中石器时代	3	1	4	3	3	1	15
新石器时代	3	1	13	5	22	4	48
铜石并用时代	1	1	5	1	7	4	19
青铜时代	5	3	9	3	12	8	40
铁器时代	14	15	27	7	21	12	96
罗马时代	3	7	14	2	6	4	36
中世纪早期	30	6	16	3	7	16	78
中世纪晚期	13	4	7	3	6	7	40
后中世纪	2	4	0	0	0	0	6
共计	75	42	100	29	90	57	393

纵观各个考古露天博物馆所呈现的时期，并按时间顺序排列，可以发现人们对新石器时代和铁器时代的兴趣正在减弱。从表4–12中可以看到，考古露天博物馆对于新石器时代和铁器时代的关注在下降，而对于青铜时代的关注处于回升的状态，对于中世纪早期的关注正处在蓬勃发展的阶段。从表4–13中，还可以发现：

1900—1979年：开始出现对中石器时代至后中世纪的重构尝试。

1980—1989年：新建的考古露天博物馆通常涵盖旧石器时代、青铜时代和铁器时代的展示。

1990—1999年：新石器时代、铁器时代和中世纪晚期在这一阶段很受欢迎。

2000—2009年：中世纪早期（包括维京时代）在考古露天博物馆流行。大多数以旧石器时代为主题。

表4–13　现存考古露天博物馆所涉及各时期的次数　　单位（次）

时代	1900—1979年	1980—1989年	1990—1999年	2000—2009年	共计
旧石器时代	2	2	4	6	14
中石器时代	3	1	6	5	15
新石器时代	5	9	17	13	44
铜石并用时代	2	7	5	4	18
青铜时代	5	12	9	13	39
铁器时代	9	23	34	25	91
罗马时代	6	7	12	8	33
中世纪早期	7	12	25	33	77
中世纪晚期	5	8	15	12	40
后中世纪	2	3	1	0	6
总计	46	84	128	119	377
博物馆数目	22	40	82	81	225

注　灰色代表这一时期的最高次数。

多年来，维京时代已成为一个非常响亮的品牌，吸引了许多游客，各种活动和产品都冠以该品牌之名。而且该品牌的知名度仍在不断提高，因此得到越来越多的应用，尤其是在斯堪的纳维亚半岛。虽然民族情绪在考古时期的展示中起着重要作用，但由于考古露天博物馆的数量太少，无法辨别每十年的发展趋势。

有关表4-13需要补充说明的是，每座考古露天博物馆只记录了首次建造的日期。这就忽略了现有博物馆的新发展，如HOME于1982年以铁器时代为起点，但在2002年又以中世纪为背景进行了扩展。

中世纪晚期的展示，直到2010年左右才在考古露天博物馆中占据重要地位（表4-13），而在斯堪的纳维亚半岛，中世纪晚期的展示在考古露天博物馆中的作用相当大（表4-12）。从20世纪80年代末开始，一些考古露天博物馆开始积极参与中世纪的展示和重构工作。1989年，在丹麦的奈克宾法尔斯特（Nykøbing Falster），人们建造了一座投石机，对公众产生了巨大的影响，以至于很快又建造了一座考古露天博物馆，该做法与英国中世纪晚期的高水平的重现风格有关（P. Vemming Hansen，2011）。10年后，传统的博物馆举办了中世纪年（medieval year），公众和历史学家对斯堪的纳维亚的中世纪时期兴趣大增。突然间，中世纪开始流行起来。这与20世纪80年代由雅克·勒高夫（Jacques le Golf）到安伯托·艾柯（Umberto Eco）等学者掀起的中世纪热潮有关（Groebner，2008）。自20世纪末，学术界对中世纪的关注空前高涨。"从来没有像现在这样，在德国以及欧洲其他国家出版了如此多有关中世纪的学术著作"（Groebner，2008）。

五、参观人数

1980年以前的博物馆与后来的博物馆在参观人数方面存在明显差异（表4-14）。即使忽略那些吸引游客的博物馆（2005年吸引了超过20万名观众），创办时间较长的博物馆平均参观人数也更多。此外，创办时间较长的博物馆与创办时间较短的博物馆相比，它们所关注的主题也不同。这种情况可能意味着大型博物馆持续运营下来，而小型博物馆则倒闭了，有关这一现象，需要进一步研究。

表4-14　2005年考古露天博物馆平均参观人数（按年龄分类）

时期	获取数据的博物馆数量（个）	博物馆总数（个）	包含热门场馆的平均参观人数（万人）	不包含热门场馆的平均参观人数（万人）	热门场馆举例
1900—1979年的博物馆	22	37	69.803	33.625	比斯库平（Biskupin）乌尔丁根木桩博物馆（Pfahlbaumuseum）
1980—1999年的博物馆	55	110	28.557	20.304	阿肯（Archeon），盖德隆（Guédelon）
2000—2008年的博物馆	26	52	22.498	22.498	—
共计	**103**	**199**	**35.837**	**17.500**	—

必须强调的是，我们只考虑了仍在运营的考古露天博物馆，而没有考虑已经关闭的博物馆。在概述中，像威尔士的圣费根（St Fagans，民族学露天博物馆，有一些重构建筑）和靠近奥地利萨尔茨堡（Salzburg）的哈莱因盐矿（Salzwelten，主题公园）等机构被排除在外。

六、关键词

管理者在运营博物馆的同时，会围绕8个关键词进行打分（表4-15）。但有意识地省略了几个关键词，如真实性、重构、考古学和科学。

表4-15　考古露天博物馆的关键词频次

关键词	数量（次）
教育	102
旅游	88
活态历史	39
研究	33

续表

关键词	数量（次）
实验	24
区域认同	15
区域发展	15
环境	12
总计	328
博物馆总数	129

注 资料来源于第二次调查。

教育比旅游更常被提及，尽管露天博物馆的大多数访客都是游客。显然，考古露天博物馆通过游客赚取了更多的收入，但其中许多博物馆把教育作为主要目标之一。数据并未显示创办时间较久的博物馆更重视教育，而创办时间较短的博物馆更重视旅游。

按受欢迎程度排列的第二批关键词是活态历史、研究和实验。它们的得分只在20%～40%。

在众多应用考古学实验的案例中，博物馆更多地将其视为一种向公众展示考古实践的方式，而非过于关注学术化的定义。若未对考古露天博物馆的功能进行明确界定，那么对于其研究和实验的角色便难以明确答案。在大多数情形下，所指的研究并非纯粹的学术研究，而是更倾向于应用型研究，例如为重建历史场景而开展的调研或旨在增强项目和活动真实性的研究。要求博物馆同时精确界定研究与实验考古学的角色，可能会揭示出一种更受大众欢迎的实验考古学（通常体现为示范性活动，不必基于考古露天博物馆自身的研究）与一种更为劳动密集型的研究之间的差异。然而，实际情况并非如此二元，实验和研究均未被排除在外。当考古露天博物馆被询问是否在其机构内进行实验或是否近期有出版清单时，常见的回答是"尚未"或"遗憾地没有"，这些回应清晰地反映出博物馆对于实验考古学研究的态度和展望。

与实验考古相比，活态历史是一种更现代的方式，但总体而言，两者的关系并不是非此即彼的关系，在57家使用活态历史或实验考古方法的博物馆中，有39家使用活态历史方法，24家使用实验考古方法，有7家同时使用两种方法。

由于抽取的样本较少，无法判断考古露天博物馆是否因使用实验考古方法的失败，从而转为使用活态历史的方法，有些学者认为这是科学与商业之间的对抗，但这需要更深入的研究。例如，德国许多在20世纪90年代末创办的考古露天博物馆宣传自己是从实验考古学中发展起来的，但从事实上来看，这些博物馆从建立之初就与实验考古学毫无关联（Goldmann，2001）。这一发展也被称为"史前之光"（Banghard），因为在这些情况下似乎很少有人关注科学依据。

就现存考古露天博物馆而言，斯堪的纳维亚半岛、不列颠群岛和荷兰更广泛地采用了活态历史的方法，而东欧和南欧则较少使用，由于后者的考古露天博物馆数量较少，因此这些结论的有效性是有限的。

七、管理

从考古露天博物馆的组织结构可以看出，德国有许多私人协会管理此类博物馆，总共有25个（表4-16）。在德国，协会可以是一种由政府负责的基金会，进而承担对博物馆的管理。通常情况下（由于公共预算的财政原因），社区或国家往往不可能建立新的博物馆。因此，我们需要私人参与，当然，也存在许多私人协会（由于税收原因，这些协会也具有慈善机构的优势）（R. Kelm，2006）。

表4-16　按区域划分的不同管理类型的考古露天博物馆的数量

单位（个）

地区	政府	协会	公司	博物馆	基金	其他	总计
奥地利	10	2	2	0			14
比利时		4		1			5
加泰罗尼亚自治区	3						3
塞浦路斯	1						1

续表

地区	政府	协会	公司	博物馆	基金	其他	总计
捷克	3	7		1			11
丹麦	9		1	3	1	2	16
英格兰（英）	6		4	4	1		15
芬兰	2	1	1				4
法国	8	9	2				19
德国	18	25			5		48
希腊	1						1
格陵兰				1			1
匈牙利	2	1	1				4
冰岛	2						2
爱尔兰	1		1				2
意大利	3	3	2	3			11
拉脱维亚	1		1				2
北马其顿	2						2
挪威	3	1	3				7
波兰	6	5	1				12
葡萄牙	3						3
俄罗斯	1	2					3
苏格兰（英）		1				2	3
斯洛文尼亚	1						1
斯洛伐克	1						1
西班牙	1	1				1	3
瑞典	6	5	3	1	3		18
瑞士	2				1		3
荷兰	1	1	1		3		6
土耳其	1						1
乌克兰		1					1
威尔士（英）	3						3
总计	**101**	**69**	**23**	**19**	**9**	**5**	**226**
比例	**45%**	**31%**	**10%**	**8%**	**4%**	**2%**	**100%**

注 灰色标记为书中所提及的。

在法国，很难区分政府博物馆和私人博物馆。博物馆可以是政府的，由政府部门或市政当局管理。还有一些是非营利性协会或私人协会。第三类博物馆属于混合经济协会（mixed management）。这意味着，博物馆的场地属于公共机构，但设备则由这些公共机构控制下的协会或私人社团管理和使用（C. Daval，2007）。

由于欧洲各国的政府扶持形式各异，我们只能估计有多少博物馆是真正独立的。在研究所涉及考古露天博物馆中，大概有60%属于当地政府机构的一部分，或者在很大程度上得到了政府机构的扶持。

在法律上，很难确定博物馆的隶属关系（私人或非私人），确定其财政隶属关系则更加困难（表4-17）。许多考古露天博物馆在组织上隶属于政府，但大部分收入需要靠自己赚取。本项研究显示，37%的博物馆的自有收入份额比例超50%。但对于许多传统博物馆来说，其自有收入份额比例通常低于20%。例如，2006年，荷兰国家考古博物馆（The national archaeological museum in the Netherlands）80%的预算来自政府资助（Rijksmuseum van Oudheden，2006）。调查结果表明，一些国家的政府创造了一些机会，如东欧和奥地利，而在德国和法国等其他国家，则设计了不同的解决方案，旨在建立考古露天博物馆的组织结构。

表4-17　考古露天博物馆的第三方财务独立情况

机构自我收入占总预算的比例（%）	博物馆数量（座）
81 ~ 100	35
51 ~ 80	22
0 ~ 50	97
共计	**154**

八、欧盟的资金资助

随着时间的推移，不同行政级别的政府及其部门都在考古露天博物馆中扮演着不同的角色。在某些情况下，其目标聚焦于经济方面，如促进乡村地区的旅游业。而在其他情况下他们的目标可能是培养共同遗产或身份认同意识。在过去，许多露天博物馆的背后是政府部门，现如今，大多数露天博物馆仍然属于政府的管辖范围中，或被政府所接纳。欧盟就像是一个赞助博物馆的机构。

一些考古露天博物馆指出，它们成立之初的主要资金来源是欧盟或其前身欧共体（the EEC）（表4-18）。有33家博物馆提到了这一点，其中有79%的博物馆在2000—2010年期间获得了此类资助。还有一些机构提到利用欧盟的资金进行了大规模的实体扩张。基于这些情况，我们可以思考未来可能的研究提议，因为欧盟资金的分配在一定程度上取决于申请机构如何融入当前的政治和组织结构，以及欧盟对申请组织的信赖程度，以及申请组织如何实现欧洲目标。

表4-18　不同时期欧盟/欧共体资助（没有资助）考古露天博物馆的情况

时期	欧盟/欧共体提供资金（亿欧元）	欧盟/欧共体没有提供资金（亿欧元）
1900—1979年	1	27
1980—1989年	1	42
1990—1999年	5	79
2000—2010年	26	58
共计	**33**	**206**

欧盟"里斯本战略"（The Lisbon Strategy）是2000—2010年期间欧盟推出的经济行动和发展计划，在2010—2020年期间被"欧盟2020"（EU 2020）计划所取代。"里斯本战略"的目标是到2010年，让欧洲成为世界上最具竞争力和活力的知识经济体（European Council，2000）。这在很大程度上是一种促进经济发展的方法，实现经济、社会和环境等主领域的复兴和可持续性。其基础是作为经济变革动力的创新、学习型经济以及社会和环境的复兴。因此，与其他资金来源相比，文化项目或以遗产旅游为主题的项目很少受到关注：文化项目的7年预算为4亿欧元，仅占第七次框架计划*

_____

* 指欧盟在2007—2013年期间实施的一项重大科技合作计划。——编者注

（7th Framework Programme，总预算为510亿欧元）的0.8%（Paardekooper，2011）。文化项目的资助重点并不是资助文化本身，而是促进文化多样性和文化间对话，文化是创造力的催化剂，文化是国际关系的重要组成部分。一体化是文化项目最重要的目标之一，但考古露天博物馆很难得到优先资助，因此，它们通常以其他方式提交资助申请计划。欧盟通过INTERREG、"终身学习计划"（The Lifelong Learning Programme）、LEADER+和CULTURE等计划为考古露天博物馆提供资金。这些项目包括"维京目的地"（Destination Viking）、"时代精神"（Zeitgeist）等。这里有许多项目可供选择，只要考古露天博物馆符合欧盟制定的优先事项，通常都能成功获得项目资金。

自20世纪80年代以来，许多考古露天博物馆都是在欧洲资助下创立或扩建的（Goldmann，2001）。例如，荷兰的斯威夫特坎普于1997年迁移新址，重新建造了以新石器时代为主的一系列建筑。荷兰的HOME于2001年在其博物馆内增加了一个中世纪区域，使博物馆的面积扩大了一倍。法国蛮荒时代博物馆（Musee Des Temps Barbares）也在2004年进行了扩建，增添了一组由10多间房屋组成的中世纪早期系列展示。

最开始，欧盟的项目是为了解决长期失业的问题，后来将重点转向了乡村地区的发展，例如促进可持续旅游业（European Commission，2003）。德国南部的巴赫里特堡坎扎赫就是一个很好的例子。他们的宣传语为"惊讶、理解和参与"，这个项目的特别之处在于，巴赫里特堡坎扎赫的建设几乎完全依靠欧洲和其他国家的政府资助。然而，由于没有经费来维持博物馆的运转，像巴赫里特堡这样的博物馆，自己的工作人员数量非常有限，并且在活动期间严重依赖活态历史小组的志愿者来参与博物馆的展示。2005年，该博物馆接待了超过25000名游客，但无论游客人数有多少，都没有足够的收入来支付工作人员的工资（R. Obert，2011）。如果项目资金被用于考古露天博物馆的建立或进行大型基础设施的投入，那么通常就会缺乏运营和维护这些考古露天博物馆的资金。

九、与考古相关

在154个考古露天博物馆的案例中，有84%的重构建筑都参考了特定的考古发掘情况。在许多情况下，补充信息是从其他考古发掘中获取的。而在其他16%的案例中，重构的灵感来自多种考古发掘成果或通用知识的启发。在19%的案例中，考古露天博物馆的建设过程没有考古学家的参与。在这种情况下，以通用知识（而非考古发掘情况）为来源的考古露天博物馆所占比例较大。在130个考古露天博物馆中，90%的博物馆在创办之初有考古学家参与，68%的博物馆的考古学家目前仍在参与。23%的博物馆有考古学家担任顾问。5%的博物馆从未有过考古学家的参与。在129个考古露天博物馆中，共有53%的博物馆有关于博物馆或博物馆具体活动的相关资料。另一半博物馆可能有博物馆指南，但仅此而已。

考古学家在考古露天博物馆中所谓的专业参与有不同的定义，专业参与对博物馆质量的影响也不尽相同。彼得森（Petersson，1999）以克拉姆普马肯沉船项目（Krampmacken ship project）为例，认为即使考古学家参与项目，也不能确保博物馆的展览质量。施密特也明确指出："科学家参与此类项目绝非等于质量保证"（M. Schmidt，2000）。考古学家诺尔特曼（Nortmann）参与了位于本登巴赫（Bundenbach）的阿尔特堡考古露天博物馆的建设。尽管他认为博物馆是成功的，但他清楚地指出了需要改进的地方，考古学家无法提供一劳永逸的解决方案，或者在某种情况下，建造者偏离了考古学的观点（Nortmann，1987）。

20世纪80年代，在威尔士的卡斯特尔亨利斯，企业家福斯特建造了一座考古露天博物馆，该博物馆明确强调威尔士特征，并将其与铁器时代的辉煌全盛时期联系起来。但大多数的内部细节都无法通过考古证实（Mytum，2004）。尽管考古学家迈图姆（Mytum）从一开始就参与了现场的发掘工作，并一直参与考古露天博物馆的建设和运营。但福斯特明确表示，博物馆的持有者是负责人，而迈图姆自身的影响力有限。迈图姆指出："在这里，福斯特的诠释占据了主导地位，他希望创造的过去也变得更加明显"（Mytum，2004）。即使在福斯特去世后，该遗址仍在"创造自己的亚文化，在考古学家、公园管理或规划当局的严格控制范围之内或之外开展工作"（Mytum，2004）。

在大多数情况下，目的和动机是交织的，不能说是纯粹的科学或纯粹的教育项目。专业人员的参与可以有多种形式，但归根结底要看其在实践中的内容。专家咨询会在名义上可能看起来不错，但实际可能每年只有一次象征性的会议。

即使没有这样的专家咨询会，当地的考古学家也可以通过每周访问考古露天博物馆，对工作人员产生影响，以防止无根据的猜测和天马行空的想象。要确定是否有考古的专业参与，以及参与的程度，不仅仅要看一份年度报告或书籍出版物。考古露天博物馆存在"考古"一词必然有其独特的内涵，考古露天博物馆的定义中指出"主要基于考古资料"，这意味着博物馆与科学之间有着必然的联系，这种联系不会因为博物馆的建成而中断。

十、小结

从广泛的调研中收集到的数据，为深入研究八家博物馆案例提供了详细的资料支撑。

欧洲大约有300家考古露天博物馆（Pelillo等，2009），我们从书籍、小册子、互联网和实地考察中收集了大量的详细信息。在这些资料的基础上，我们对博物馆进行了多次调查，许多博物馆都做出了回应。除了调查数据外，还需要对许多轶事进行分析和比较。

大多数博物馆将考古露天博物馆和考古教育中心的角色结合起来。有三分之一的博物馆与考古遗址相结合。将露天博物馆与室内陈列展览结合起来的博物馆数量较少，但这一趋势正在迅速增长，室内陈列展览也被视为博物馆成功的关键之一。

大多数考古露天博物馆位于德国、瑞典、法国和丹麦。绝大多数都是最近30年创立的，但也存在100年前创立的例子。在北欧和英国，博物馆繁荣发展的速度正在放缓，而在东欧和德语国家，我们可能还没有看到真正的高峰。在丹麦、威尔士（英）、奥地利、捷克和比利时，此类博物馆的分布密度相对最高。

在一个地区，某个考古时期比其他考古时期更常见，而其他地区则以其他考古时期为主。这意味着不同时期在不同国家，具有不同的意义和相关性。总体而言，铁器时代最受青睐，其次是维京时代和新石器时代。维京时代一直是一个非常受欢迎的时期，而且受欢迎程度仍在不断提高。

考古露天博物馆平均每年吸引约17 500名游客，但也有几个博物馆每年吸引多达20万甚至更多的游客。历史更悠久、规模更大的考古露天博物馆往往能吸引到更多的游客。

教育是比旅游更重要的关键词。这对于一个以正式和非正式方式开展教育的博物馆来说不足为奇。但是，不能说活态历史越来越受欢迎，就意味着实验考古的作用在减弱。一座优秀的考古露天博物馆能够很好地将两者结合起来。

几乎一半的博物馆由地方或地区政府管理，只有10%是私营公司管理。政府通常利用协会来分担博物馆的经营风险，尽管有三分之一的博物馆存在自有收入占总预算的50%或更多的情况。资金通常用于博物馆最初的规划和建设，但博物馆的维护和运营却没有资金支持，即使维护费用在博物馆创办的几年后就会开始出现，而且博物馆的收入也往往无法支付员工的工资。

考古学家的参与并不能保证博物馆质量，没有考古学家的参与也不意味着博物馆的失败。考古露天博物馆的目标和动机是各异化的。考古学是其灵感的源泉，博物馆与科学之间的对话应贯穿考古露天博物馆的始终。

第五章

案例研究：以八家考古露天博物馆为例

在本章中，我们首先介绍所涉及的八家考古露天博物馆的概况，这也是后续深入研究的前提。虽然收集的数据来自各种渠道，但这些数据已被提炼并整合为一个完整的表达。通常情况下，每种资料都有文献来源和网站，但个人观察也至关重要。

案例研究的参考资料源于博物馆管理层、游客、我自己的观察以及博物馆的公开资料。本章介绍了八家考古露天博物馆的起源，以及它们的教育计划。感谢这八家考古露天博物馆的工作人员和管理部门不遗余力地帮助我们收集相关信息，在此再次表达对这八家考古露天博物馆的真挚感谢：感谢他们提供如此详尽的信息。

关于八家博物馆的起源，虽然有一家博物馆可追溯至20世纪20年代，但其余的博物馆的历史均在10～15年，且仍为创始人所掌管。这八家博物馆分别位于不同的国家。有关博物馆的管理和基本信息方面，将在每家博物馆的各自的概览中详细介绍。这些博物馆的目标、愿景和使命多种多样。至于工作人员情况，有的博物馆只有几个员工，有的则多达四五十人，尽管他们其中许多人只在夏季工作。苏格兰克兰诺格中心只有1座重构房屋，而福特维肯斯博物馆则有22座重构房屋，且目前仍在不断扩展面积。

本章探讨了八个案例研究的详细结果。对八家博物馆的管理与财务、藏品、讲解以及游客服务等方面进行了比较分析。为了解每家博物馆的游客，本章将介绍游客的特征、参观动机，以及他们对参观过程中几个不同方面的评价。此外，在介绍各博物馆情况的同时，都会附有几张在2008年拍摄的现场照片，以反映本研究的进展和现场情况。

虽然本研究揭示了这八家博物馆的共通之处，但它们之间更多的差异反映了考古露天博物馆的多样性。

2011年3月，我们与八家考古露天博物馆的管理人员进行了交流，请他们回答了2008—2011年的一些工作。这些回复与2008年收集的调查问卷数据所得出的结论相辅相成。

一、苏格兰克兰诺格中心

苏格兰克兰诺格中心	
地址	英国苏格兰佩思都（Perthshire）肯莫尔（Kenmore）泰湖（Loch Tay），邮编PH15 2HY
电话	（+44）1887830583
邮箱地址	info@crannog.co.uk

相关信息	
机构类型	非营利机构
管理者（2008年）	巴里·安德里安（Barrie Andrian）
成立时间	1997年
员工数量	全职人员6.5人（其中0.5是非全日员工）

2001—2008年的参观人数

呈现的时期/区域/重构房屋的数量

基于一次考古发掘，重构以铁器时代为主题的一个圆顶屋。

目标

在不损害中心真实性的情况下，通过娱乐的方式提供知识、教育和鼓励。

继续进行水下考古研究和实验考古研究，为公众提供培训，让公众了解新动态。

在游客参与和环境管理方面，以身作则。通过水下考古发现，让考古学和历史学走进人们的生活。我们的目标是成为英国克兰诺研究最前沿的中心和文化旅游的主导者。我们的使命是尽可能多地面向广大群体宣传克兰诺及其居民的生活方式（B. Andrian, 2008）。

参考资料

Andrian 和 Dixon，2007
Dixon，2004
Dixon 和 Andrian，1996

（一）概览

苏格兰克兰诺格中心是一个以苏格兰古代湖居建筑为基础的考古露天博物馆，位于苏格兰中心地带佩思郡泰湖，那里保留着18处古代湖居遗迹（Andrian和Dixon，2007）。

苏格兰克兰诺格中心的湖居重构建筑是由苏格兰水下考古信托基金（Scottish Trust for Underwater Archaeology）支持并建造的。该信托基金旨在促进苏格兰水下遗产的研究、记录和保护。奥克班克克兰诺（Oakbank Crannog）遗址的保存状态相对完整，为房屋的重构提供基础（Andrian和Dixon，2007）（图5-1）。重构克兰诺的目的是解决在奥克班克克兰诺遗址发掘过程存在的问题，使得古代技术得以重现，并将其作为公众考古的参考和共享平台（Andrian和Dixon，2007）。

图5-1　苏格兰克兰诺格中心的克兰诺建筑

苏格兰克兰诺格中心的主要特点是根据水下考古发掘成果重构克兰诺建筑。该中心包含一个展厅，展厅内放置有藏品、视频和解说板，游客可以在导游的带领下参观重构的克兰诺建筑，观看古代技术和工艺技能的展示并参与其中。各年龄段游客可以通过身着古代服饰的导游和定期举办的各种活动了解到生动的过去。

苏格兰克兰诺格中心的入口区域并不大，但所有现代建筑都被涂成了瑞典红色（Swedish red）（图5-2），因此游客可以很清楚地分辨出哪些是重构建筑，哪些是现代建筑。大约一半的体验活动在室内进行，其室内区域包括展览、圆形大厅和一半的活动区。

图5-2　苏格兰克兰诺格中心入口处

（二）教育

学校团体除了可以正常参观室内展览，还能获得额外的时间（图5-3）。与游客相比，他们可以选择做更多的事情，停留的时间更长。以前有教师教育包发放（teacher education pack），但从2008年起就没有了。现在需要新的教育包，以为孩子们提供教科书和其他资料，但仅有这些资料还不够，他们还计划制作DVD，作为教育包的一部分。

图5-3　苏格兰克兰诺格中心陈列柜中的展品

（三）游览图

图5-4为苏格兰克兰诺格中心（Scottish Crannog Centre）的鸟瞰图。

图5-4   苏格兰克兰诺格中心上空的鸟瞰图（资料来源于苏格兰克兰诺格中心）

（四）管理与财务状况

苏格兰克兰诺格中心既有商业计划，也有行动计划。博物馆自1997年成立以来，管理层一直没有变动，他们依靠自己丰富的经验进行管理，尽管有员工培训手册，但由于员工人数较少，需要以书面形式明确的规定并不多。工作人员身兼数职，包括在纪念品商店前台服务、提供导游讲解、手工艺演示、维修、管理教育小组和从事部分行政工作。除了导游、清洁、售票等普遍工作外，一些员工还被分配了特殊任务。这样的分配方式，存在一定的劣势。即每个工作人员，包括管理人员，都需要奔波于各项工作之间，对突发事件作出迅速反应，没有时间来提前规划和确定自己的优先事项。此外，由于财务限制，需要尽量减少全职工作人员的数量，雇用季节性兼职员工，这导致许多任务成为工作人员共同承担的责任。

员工是博物馆重要的组成部分，但如果只能应季节性需求进行短期聘用，就很难留住他们。由于博物馆的财政状况，使得很难常年聘用长期制的全职员工，即使在博物馆参观旺季，员工人数也必须保持在最低水平。这些现象会导致大多数员工在博物馆新的旅游季度不会返回，这一问题不仅是苏格兰的旅游产业，也是世界范围内很多其他产业面临的共同问题。

苏格兰克兰诺格中心与大学、商业网络等存在一定程度的合作关系，但其与旅游网络的合作尤为出色。尽管苏格兰克兰诺格中心的面积、员工和游客数量并不占优势，但其影响力却不容小觑。它已成为苏格兰的地区标志，在许多苏格兰旅游手册中，你都能看到有关克兰诺格中心的图片。在这方面，苏格兰克兰诺格中心的情况与乌尔丁根木桩博物馆和洛福特维京博物馆非常相似。但苏格兰克兰诺格中心提供的财务信息却不如案例研究中的其他博物馆提供的信息详细。

苏格兰克兰诺格中心正在致力于获得和保持苏格兰旅游局（Visit Scotland）下发的最高等级的质量认证，他们还获得了绿色旅游企业计划（Green Tourism Business Scheme）*的金奖和其他奖项。这些荣誉不仅是吸引游客的重要营销工具，还能提高企业信誉，鼓舞员工士气，以此带来的连锁效应有助于苏格兰克兰诺格中心从公共部门获得资金和业务支持。

（五）博物馆藏品

场地空间面积较小是苏格兰克兰诺格中心存在的一个主要问题：它是本次案例研究的八家博物馆中面积最小的一个。这种情况意味着不可能在此中心举办大型活动。2008年，有关重构克兰诺建筑及其内容和活动中需要使用设备的文件已经下发。苏格兰水下考古信托基金除了经营苏格兰克兰诺格中心外，还从事大量的水下考古调查工作。克兰诺中心的馆藏藏品是为了支持研究而收集的，并非旨在向公众开放展示。

---

* 是一项国际认可的可持续旅游认证计划，旨在表彰和支持旅游业的环保实践。——编者注

苏格兰克兰诺格中心主要以奥克班克克兰诺遗址为基础进行修建（Dixon，2004）。参与发掘的几位人员还参与了克兰诺中心的重构工作，施工过程没有现代承包商的介入。结合考古发掘情况和过往学者研究，圆顶屋的重构可视为一次实验。克兰诺格圆顶屋本身就像一座传统的露天博物馆一样——所有的物品都在原位，但这些东西就像从未使用过一样。尽管屋内设施只完成了一部分，仍有一部分设施并没有完成，如床和梯子等细节尚未完全到位，但游客似乎并不介意（图5-5）。苏格兰克兰诺格中心的工作人员所发表的出版物中有一半与博物馆直接相关。他们发表的考古研究成果，能够作为博物馆的背景资料。

图5-5 苏格兰克兰诺格中心克兰诺建筑的内部情况

（六）讲解服务

苏格兰克兰诺格中心接待公众的工作人员是很好辨认的。在苏格兰克兰诺格中心参观，没有工作人员或志愿者的讲解是很困难的。工作人员或志愿者的大多数讲解活动都采用第三人称的叙述方式，只有极少数讲解活动采用第一人称讲解（Tilden，1957）。该中心不提供需要很大空间的活动，如制作和烧制陶器或冶铁技术。一般的金属加工活动，除了铸造青铜器外，大多数都没有需要用火的情况。如果采用活态历史方式进行讲解，更多的用于演绎手工艺或音乐等方面。由于活动空间面积太小，一些需要背景框架的活态历史演员无法在这里进行演绎。此外，格斗演绎也需要更多的活动空间。

（七）游客服务能力

苏格兰克兰诺格中心在附近地区设有路标。该中心会在公共场所张贴特别活动的海报，并定期与旅游信息中心、酒店等机构合作。在克兰诺中心的入口处，所有的信息都一目了然，而且整个场地都是无障碍的，可以畅通无阻的进行游览。游客通常先参观展览（15分钟），然后在导游的带领下游览（30分钟），接着在活动区（图5-6）观看15～20分钟的演示，然后工作人员会邀请游客亲自体验活动。对于成人群体，例如老年人，则没有量身定制的项目。中心的活动除英语外，还可以提供其他语种的服务，尽管这在英国并不常见。不过，直到2008年，克兰诺格中心还不能保证一直提供这种服务，因此没有对外进行宣传。2011年，克兰诺格中心已经确定有3种语言可供游客选择。

图5-6　苏格兰克兰诺格中心活动区

（八）对游客参观行为的调研

1.游客特征

苏格兰克兰诺格中心平均每天有57名游客，游客访问量并不大，与阿莱西湖博物馆和马特里卡博物馆的情况类似。然而，由于克兰诺中心的员工人数较少，每名带薪员工承接的游客数量相对较多。苏格兰克兰诺格中心附近的当地人口密度远低于HOME等博物馆，但是值得注意的是，苏格兰克兰诺格中心对当地影响力是HOME博物馆两倍多。苏格兰克兰诺格中心的游客特征调查情况最为详细，这得益于大量回访游客的调查问卷，共计2322份。然而，为了与调查数量较少的博物馆进行比较，我们需要进行更全面的了解。此外，苏格兰克兰诺格中心还可以反复进行调查，将新的结果与之前的结果进行更详细的比较。

在苏格兰克兰诺格中心，很难划清旺季和平季*之间的界限。换句话说，这个情况可以反映出克兰诺中心很好地保持了博物馆的活力，使其在平季也有一定的访客量。事实上，旺季（5个月内有55%的人前来参观）与平季（2个月内有38%的人前来参观）相比，平季的参观人数更多。与苏格兰旅游业的总体趋势相比，克兰诺中心还有更多可以挖掘的潜力。例如，学校团体利用假期在旺季进行参观。苏格兰克兰诺格中心在旺季和部分平季的接待能力已经达到饱和。真正的发展机会可能集中在平季，比如克兰诺中心可以举办一些活动，针对多次到访（当地）的游客。在这样一个限制如此之多的地方，管理部门已经尽其所能。

苏格兰克兰诺格中心的本地游客、国内游客和国际游客的游客比例接近八个博物馆的平均水平。其中一个很明显的原因是，仅克兰诺中心就承担了50%以上的调查任务。此外，尽管苏格兰克兰诺格中心是家庭友好型博物馆，但并没有做这样的宣传，因为这样做会让老年人认为博物馆遍地都是小孩，从而感到不安。

---

* 介于旺季与淡季之间，此时的旅游价格和游客数量都相对适中。——编者注

从统计的数据来看，苏格兰克兰诺格中心的网站是八家博物馆中最小的一个，而英国以80%的占比，位居互联网网页使用次数最多国家的前三名，因此苏格兰克兰诺格中心的网站是否能很好地实现其目标仍然是个问题。接受调查的游客中只有4%在参观之前看过博物馆网站。2011年，苏格兰克兰诺格中心得到了更好的网络反馈，但它仍然没有预算来改造网站。

2.宣传营销渠道和方式

对八家博物馆的其中四家而言，宣传册是重要且昂贵的工具。良好的分销网络（distribution network）是投资的一部分。与互联网宣传相比，苏格兰克兰诺格中心在使用宣传单和宣传册方面最为成功（34.7%）（表7-9）。与马特里卡博物馆（40.5%）和洛福特维京博物馆（38.4%）相比，苏格兰克兰诺格中心的游客（39.5%）对过去的兴趣明显高于其他五家博物馆，有关游客的回访率方面，尽管数据显示的数字略低，但前三名仍由这三家博物馆组成。除了马特里卡博物馆之外，天气对于其他七家博物馆的影响较小。苏格兰的大多数游客都能接受当地天气的不可预测性。相较于初次到访的游客，重复参观的游客更注重家庭友好度，这在一定程度上是因为博物馆并没有做这样的宣传。由于该中心规模较小，尽管游客对参观非常满意，但停留时间仍然很短。如果苏格兰克兰诺格中心能够扩大规模，也许就能延长游客的停留时间。当然，这还需要对服务设施进行相应投资。

3.对博物馆设施、服务和体验的评价

在"导游评分"（rate the tour guide）（图5-7）"手工艺活动评分""实践活动评分""纪念品商店评分"这几项中，苏格兰克兰诺格中心的游客满意度普遍高于其他地方。对重构建筑的评分为97.3%，略低于蒙塔莱公园，对藏品的评分为90.9%，略低于马特里卡博物馆的91.2%。

在室内展览中，克兰诺格中心使用了多种不同大小的比例模型。它们服务于不同的群体，例如儿童和有特殊需要的游客。在八家博物馆中，只有乌尔丁根木桩博物馆也使用了比例模型，但与苏格兰克兰诺格中心通过一个简单的圆屋顶的三维拼图（图5-8），达到互动的效果的互动方式不同。

图5-7　苏格兰克兰诺格中心的导游

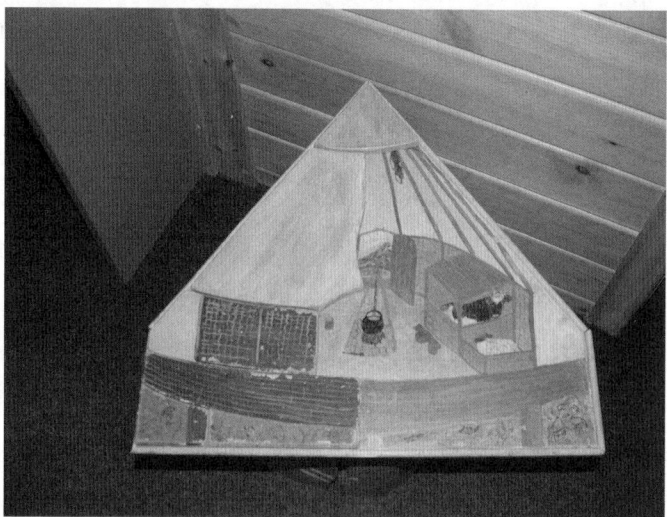

图5-8　苏格兰克兰诺格中心展出的一座克兰诺格圆屋的三维拼图

　　苏格兰克兰诺格中心的手工艺活动也很受欢迎，工作人员会演示各种技术，参观结束后，游客还有机会亲自尝试，从简单的碾磨谷物到复杂的钻木取火。像苏格兰克兰诺格中心这样的亲身体验活动要比游客站在警戒线后观看手工艺演绎活动更受欢迎。

　　相对而言，苏格兰克兰诺格中心的纪念品商店最受欢迎（图5-9）。纪念品商店提供书籍、明信片、小型礼品和大型礼品（环保礼品或当地生产的礼品），种类非常多。

图5-9　苏格兰克兰诺格中心的纪念品商店

纪念品商店内几乎所有的纪念品都与博物馆或其主题有直接联系；只有少数商品是普通的苏格兰商品。游客到达时会看到纪念品商店，离开时需要经过纪念品商店。虽然没有明确的路线指引游客前往，但这是由于博物馆太小的原因。

苏格兰克兰诺格中心的咖啡厅，只是在简单的桌子上为游客提供咖啡和茶，这一点有待改进。苏格兰克兰诺格中心负责50%以上的调查问卷，他们在游客调查中取消了对咖啡厅的评分，因为他们已经知道咖啡和茶的相关服务需要改进。向游客询问有关餐厅设施的问题，会给游客留下不好的印象，博物馆不想让游客带着潜在的负面印象离开。2011年，苏格兰克兰诺格中心明确表示，根据租约规定，他们实际上不能经营咖啡厅。他们只能出售主题饮料和饼干，但可以（到目前为止）提供野餐设施，他们也开始宣传这些设施。只是他们已经好几年没有经营咖啡厅了。但在2010—2011年开设了咖啡厅，游客的满意度也随之上升。

总体而言，游客在苏格兰克兰诺格中心的体验超出预期，游客比例明显高于其他地方。在平季，游客满意度更高，可能是因为博物馆参观人数比较少，体验感更好。

（九）优势和面临的挑战

在充分的调研后，我们总结出苏格兰克兰诺格中心的运营特点，在研究开展的最后阶段（即2011年），苏格兰克兰诺格中心管理人员回顾了2008年以来的工作，并为其未来发展提出了一些建议，见第129页。

1.苏格兰克兰诺格中心

·管理和财政

不接受政府或其他机构的定期或核心资金。

通过门票、纪念品商店和咖啡销售、捐赠和赠款维持运营。

·工作人员

员工依赖自己的经验和内部培训，而不是其他资源。

员工需要处理多项任务，并对突发事件做出反应，而不是提前计划。

2.整体解析

苏格兰克兰诺格中心的场地很小，限制了可举办的活动类型。游客在平季的满意程度更高，可能是因为他们有更多的游览空间。

圆顶屋的建造过程得到很好的记录，能够进行适当的实验。

圆顶屋装饰得很好，尽管兽皮和蕨类植物很受欢迎，但感觉还有闲置的空间，也许可以引入香氛盒来增强沉浸式体验。

尽管纪念品商店是八家博物馆中最受欢迎的，但他们的咖啡厅需要改进。

3.营销

苏格兰克兰诺格中心有非常好的公关，使它成为苏格兰的标志性建筑。

它在地图上和附近地区都有清晰的显示和标记。与旅游局的合作备受关注。令人惊讶的是,由于财政拮据,该网站规模相对较小。

获得苏格兰地区的最高奖项可以作为一个重要的营销工具。

4.关于游客

身临其境的体验是在导游带领游客参观之后形成的,当展示的技术可以让游客自己尝试时,导游和游客之间就有了互动。

每个带薪员工都接待了许多游客,游客回访率也很高。

在平季期间,尽管游客数量不少,但通过在学校假期推出更多活动,有望进一步吸引游客。

家庭友好并没有得到很好的宣传,但很多人还是会因为这个特点进行回访。

一般来说,在苏格兰克兰诺格中心,游客比在其他任何地方都更满意。

5. 2008—2011年工作回顾

2008—2011年,苏格兰克兰诺格中心最重要的变化是2008年和2010年游客人数急剧下降,以及迫切需要翻修克兰诺重构建筑。参观人数因外部因素而减少。苏格兰克兰诺格中心翻修是必要的,主要是因为内部资金短缺的原因(无法支付所需的维修费用)。

由于苏格兰克兰诺格中心新增了活动且延长了非季节性的开放时间,为此他们针对游客提供的服务进行了调整。包括原木船的出租服务,也有为游客提供特定时代的服装,扩大快餐店服务设施和增设工艺示范区。

苏格兰克兰诺格中心的游客来源没有变化,它仍然几乎是相同的游客情况,还吸引了一些欧洲其他地区和北美地区的游客。

在不久的将来,苏格兰克兰诺格中心的管理层期望建立一支优秀的团队致力于该中心的发展和可持续性。

苏格兰克兰诺格中心管理层的最后一项建议是不断地进行评估。强调对实验工作和市场营销进行更多的研究的必要性。

二、埃因霍温历史露天博物馆（HOME）

<table>
<tr><td colspan="2" align="center">埃因霍温历史露天博物馆</td></tr>
<tr><td>地址</td><td>荷兰埃因霍温市（Eindhoven）
布滕斯拉恩街（Bouten Slaan）
161B 号，邮编 5644　TV</td></tr>
<tr><td>电话</td><td>（+31）402522281</td></tr>
<tr><td>邮箱</td><td>info@homeindhoven.nl</td></tr>
</table>

相关信息	
机构类型	私营
管理者（2008 年）	多琳·普林森（Dorine Prinsen）
成立时间	1982 年
员工数量	全职员工 23 人（43 人兼职员工）
夏季	约 40 人
冬季	约 30 人

呈现的时期/区域/重构房屋的数量

位于荷兰南部 3 座铁器时代房屋。
位于荷兰埃因霍温市的 4 座以中世纪为主题的房屋。

目标

给予游客历史文化体验，通过参与体验，游客可以更好地了解史前时期（铁器时代）和中世纪的先民生活（Prinsen，2009）。

参考资料

Boonstra，2004
Boonstra 和 Callebert，1991
Boonstra 等，1997
Boonstra 和 Paardekooper，2001

2001—2008 年的参观人数

（一）概览

20 世纪 70 年代，荷兰的一些地区建立了户外活动中心，这些中心将自然环境教育与史前人类与其环境关系的教育相结合。受到其他国家的启发，如丹麦的勒耶尔传奇之地，在埃因霍温基础教育学院（Eindhoven Pedagogische Academie voor het Basisonderwijs，"PABO"）的在校师生的共同努力下，利用在阿姆斯特丹的弗洛里亚德博览会帮助建造青铜时代农场的经验，1982年成立了埃因霍温史前房屋基金会（SPHE），即现在的埃因霍温历史露天博物馆（Boonstra，1991）。这一博物馆成为荷兰的第一座考古露天博物馆，后来又有阿肯等其他考古露天博物馆相继成立。

HOME于1982年开始建造，并在同年向公众开放，先是建造了一个棚屋，然后修建了馆内的第一家农舍（图5-10）。直至1987年左右，博物馆才开始向游客收取门票。21世纪初，博物馆增加了以中世纪为主题的建筑部分（图5-11、图5-12）。

图5-10　HOME重构的铁器时代农场

图5-11　工匠房屋外部情况

图5-12　工匠房屋内部情况

（二）教育

HOME将附加教育价值称为"学校游学+"（School Excursion Plus），是学校课程的延伸课程，具有很高的体验价值。2008年，由HOME的1名教育协调员、1名产品开发人员和8名教育工作者负责管理这些课程。博物馆有13项不同规格的学校课程。

HOME的工作人员在开发新课程时，还会进行自主研究，然后由外部专家进行评估和审查。这些课程主要面向年龄较小的儿童，是一种体验活动，而不是扩充具体知识和了解最新实况。以铁器时代为主题的课程主要基于日常活动。而中世纪的活动大多围绕一个主题。HOME会根据具体情况定制课程，例如，针对停留时间更长的群体、年龄更小的群体、人数较多的群体（如250名儿童同时参加活动）或有特殊需要的群体定制课程。

博物馆推出的教育出版物和有声读物，有教师教学包、教科书和DVD。博物馆有4种不同的教学包，3种主题宣传海报（铁器制作、羊毛、亚麻制作），以及2个主题网站。

多年来，HOME的教育计划没有太大变化，但游客需求更倾向于两小时的活动课程，而不是更长的3小时课程，因此这些项目得到了更好的发展。中世纪课程可追溯到2002年（中世纪房屋建造时间），并在2007年和2008年进行了内容的更新。相比之下，史前时期的课程已经很久没有更新了，因为尽管主流教学目标和课程已经发生了变化，但这些课程仍然是有意义的。除了教学大纲，博物馆工作人员在制定教育计划时，还需要考虑博物馆的可能性和不可预见性。此外，即使课程发生变化，在购买新教材之前，基于过往版本课程的旧教学方法也会沿用很长时间，并且能够在教学大纲中找到新的教学目标，但有些目标只是间接引入的（N. Schoeren，2010）。

（三）游览图

2008年HOME的游览图如图5-13所示。该地图在《博物馆指南》（Boonstra，2004）中向游客展示，并用荷兰语、英语、法语和德语做了标注。图5-13是未标注的地图以及不同房屋和其他景点的中文说明。

（四）管理与财务状况

在八家博物馆中，HOME在稳定性因素（stability factors）方面得分最高。这里许多事情都在发生变化，但因为荷兰北布拉邦省（Northeast Brabant）不是旅游区，博物馆在没有竞争对手的情况下保持领先。在过去的10年中，HOME已经换了五任馆长。此外，在2002年，博物馆面积扩大了一倍，2006年博物馆发生火灾，2008年博物馆的管理层开始进行内部重组。内部沟通是一个在HOME反复出现的问题，该问题出现的原因主要有两方面，一是因为大多数工作人员都是兼职工作，二是因为大量工作人员需要分担责任。

来自莱顿大学（Leiden University）的考古学家仅仅在HOME成立的初期为其提供咨询服务，此后博物馆管理层从未聘用过考古学家，因此HOME所体现的考古学作用在八家博物馆中是最有限的。只有在必要时（如平面设计、制定自己的营销计划或考古咨询），博物馆才会聘请外部专家。博物

概况
A. 自行车停放处
B. 信息展示
C. 入口、接待处和商店
D. 残疾人厕所
E. 公厕
F. 通向铁器时代的桥梁
G. 通向中世纪的大门

穿越中世纪的平面图与步行路线
21. 10世纪的船形农舍
22. 公墓（关于疾病、死亡率和宗教）
23. 中世纪的药草园
24. 啤酒花田和啤酒
25. 13世纪工匠之家
26. 市场

穿越铁器时代的平面图与步行路线
1. 动物
2a. 绵羊农场
2b. 玉米磨坊
3. 水井
4. 皮革鞣制处
5. 面包烤炉
6. 社区
7. 工棚
8a, 8b, 8c. 植被
9a. 圣橡树与宗教
9b. 音乐
10. 农场
11. 纺纱、织布和绘画
12. 用挖空的树干制作的独木舟
13. 熏制屋棚
14. 黏土坑
15. 物品和工具
16. 铁匠铺与焊接处
17. 木炭与焦油生产处
18. 炼铁处
19. 制陶处
20. 大门

图5-13　HOME的游览图

成立了1个顾问委员会，但自2006年博物馆成立以来从未使用过。2008年，HOME又成立了一个由自己的员工组成的鉴定委员会，负责根据要求进行博物馆自身研究。

就本研究所涉及的博物馆而言，HOME是员工人数最多的博物馆，有40人，其中23名全职员工。根据算法，相当于每个全职员工能够接待1 607名游客。HOME的营业利润似乎不高（员工平均接待2 000人或更多似乎更好），但也要将博物馆视为一个社会工作室（social workshop）。博物馆在政府计划中扮演着重要角色，为那些找不到工作的人或想要保留工作的人提供工作机会。在举办活动时，由于博物馆招募了很多的志愿者，一天可以接待多达2 500名游客。令人惊讶的是，尽管HOME具备社会工作室的功能，但与当地社区的联系却不如案例中涉及的其他博物馆紧密。HOME在参与附近地区的文化遗产或自然公园的方面可以做得更好。

在八家博物馆中，HOME的工资支出占比最高。然而，与其他七家博物馆相比，HOME的公关费用相当低（R. Sandnes，2008）。

HOME是LiveARCH项目的主导者，八家博物馆都参加了该项目，得益于欧盟的支持，他们能够从当地政府获得一些帮助。虽然博物馆的大部分收入来自自身收入和公共资金，但他们可以在获得第三方资金方面做更多的工作。HOME的管理层比其他任何团队都更了解如何确定财务优先事项。

（五）博物馆藏品

博物馆展示了埃因霍温地区铁器时代（图5-14）和中世纪（图5-15）的日常生活。铁器时代和中世纪的建筑和布局在年代上存在差异，但游客可能感受不到这样的差异，如在以13世纪为主题的房屋内布置一张16世纪主题的床；13世纪主题的房屋和16世纪主题的房屋之间距离很近（2米）。对于旅游和教育方案来说，在同一时代使用不同的展示方式会带来一些问题。这就是为什么要强调其他差异的原因，如10世纪的乡村与15世纪的城市之间的差异。同样的问题，在阿莱西湖博物馆也存在。

图5-14　一名员工在演示钻木取火

图5-15　一名活态历史志愿者

　　HOME通过教育设施配备和设计，致力于打造成为一个有特色的考古露天博物馆，而其他同类博物馆则通过提供更多元化的服务来降低经营风险。HOME附近没有考古遗址，也没有可供室内展览的藏品。HOME是唯一一家不在博物馆内展示任何时代主题下的藏品的博物馆。直到2005年左右，HOME才有户外展览柜，但这些展览柜里只摆放复原的物品。2005—2006年，HOME租借了20件来自当地发掘的考古文物在这里展出。2011年，HOME与肯彭兰博物馆（museum Kempenland）合并，在此之前，肯彭兰博物馆几乎从未展出过当地的考古文物。

　　HOME的房屋并不是为了实验而建造的，也没有相关实验的记录，但是，确实有些资料和计划来描述房屋的发掘、建造过程和使用（N. Arts，2006）。

　　在藏品登记方面，除了HOME，其他博物馆似乎都做得很好。2008年，HOME启动了藏品登记程序。HOME认为通过登记藏品副本，能够记录下与之相关的故事，以及每件藏品和每个故事的背景。HOME工作人员表示，他们收集藏品信息的方式不够有条理，因此不能称为研究。HOME发表了许多关于自己博物馆活动的文章，但其中较少为博物馆工作人员发表的，且大多数内容与考古露天博物馆无关。

最重要的参考资料来源于埃因霍温考古机构（Eindhoven Archaeological Service）的发掘记录和出版物。博物馆的馆藏分为几个类别，每个类别包含许多的藏品，内容广泛且十分具有深度，但不包括宗教和社会阶层方面的展示。

HOME会制作不同时代主题的服饰。2009年，纺织品部门统计了约5 000件服饰（Prinsen，2010）。这些服饰的灵感来源于欧洲各地。按照用途，可将这些服饰分为以下几类：

（1）正式员工的日常服饰。

（2）（偶尔）生日派对团体的服饰。

（3）供游客使用的优质仿制服饰。

尽管HOME位于城市中心，但遭受的破坏并不多。这可能要归功于全天候的守卫工作，且夜间值班人员就住在场馆内。

（六）讲解服务

HOME根据不同的情况和负责讲解的员工，采用多种的讲解方法。HOME全年都提供各种活动，在八家博物馆中，只有洛福特维京博物馆比HOME的活动次数多。

HOME不提供任何形式的讲座。除了新兴的博物馆剧场的展示方式外，活态历史成为HOME较为重要的形式（B. van Lingen，2008）（图5-14、图5-15）。这两类活动都由博物馆工作人员和志愿者扮演。HOME开展的活动大多面向儿童，面向成人的活动较少。HOME有充足的场地，可以开展定期的活态历史格斗训练展示，通过活态历史的演绎方式，HOME对于活态历史的利用能够与洛福特维京博物馆和福特维肯两家博物馆相比较。经过多次的演绎，HOME建立了坚实的活态历史演绎基础，这一形式除活动中使用外，也会定期向游客呈现。

对于游客来说，这里有多种活动。特别是在学校假期期间，还针对许多前来参观的儿童提供各种活动。一般来说，大多数活动都是以儿童及其父母（祖父母）为目标群体。学习能够同博物馆活动较为自然地结合，博物馆举办活动是为了向游客传授知识。博物馆向人们提供了大量的信息，但人们是否从中学习到了知识还有待观察。

　　针对成人团体有专门定制的非正式节目，主要以娱乐为主，同时也在一定程度上包含学习内容。中世纪餐厅可为聚会提供预订服务（图5-16）。

图5-16　HOME的餐厅

（七）游客服务能力

　　在交通方面，很难通过公共交通工具直达HOME，对于自驾前往HOME的人来说，博物馆的路标标识还不够清晰。在博物馆举办活动期间，停车位紧张是个很大的问题。HOME附近的非官方停车场仅可容纳175辆车，虽然官方停车场可容纳更多车辆，但需要游客步行20分钟才能从停车场走到博物馆，因此很少有人使用。

门票费用与所提供的服务相符，有时在不同的时间会收取不同的费用。有特殊需求的游客可以得到更多的关照，例如，他们的卫生间并不像其他家那样设在餐厅里，而是在入口处。在案例研究的八家博物馆中，HOME的餐厅服务设施非常全面，HOME没有单独的游乐场，但从某种意义上说，整个博物馆都注重儿童的参与和体验，因此这个占地两公顷的博物馆就像是一个游乐场。

在举办活动时，游客入场后不久就会有一名主持人迎上来，向他们讲解当天的规则和所涉及的历史背景。这一点与乌尔丁根木桩博物馆有点类似，都是由主持人接待游客。

（八）对游客参观行为的调研

1. HOME的游客构成

以带着儿童的夫妇群体为主，占78.5%。个人参观博物馆的比例在八家博物馆中最高，占7.3%。与许多其他博物馆一样，带着12岁以上孩子的家庭群体和年轻人占比较小。

在HOME，超过95%的游客讲荷兰语（J. Schuitert，2011）。其中32.8%的游客回访率非常高，与乌尔丁根木桩博物馆相似。HOME是位于非旅游区内为数不多的景点之一。与预期相比，HOME拥有更多的本地游客，而国内（荷兰）其他地方和国际游客则较少，因此它只是一个本地旅游景点。就游客来源而言，它还有着一定的增长空间。HOME的游客比例在平季最高，春季、秋季和圣诞假期等旺季次之。他们对报纸和杂志免费宣传的利用率高于平均水平。对HOME而言，在考虑到其自身网站以外的其他网站时，互联网是比其他博物馆更重要的接触潜在游客的途径。这种免费的宣传方式凸显了HOME以互联网为基础的宣传策略。

2. 宣传营销渠道和方式

从2001年起，HOME与根内佩尔公园（Genneper Parken）开展了密切合作，根内佩尔公园是埃因霍温市政府的一个项目，拥有很多的设施，如游泳池、室内运动中心和滑冰场。HOME恰好就在其附近，否则也不会成为根内佩尔公园战略的一部分。与其他市政机构不同，HOME是一个非官方文化组织。根内佩尔公园的品牌推广重点放在对体育和休闲感兴趣的本地居民，而博物馆则应面向对文化感兴趣的非本地游客。因此根内佩尔公园的战略目标并不符合博物馆的宗旨。

2006年的游客调查显示，当被问及人们是如何了解到HOME时，9%的人指出是通过宣传册，1.8%的人是通过博物馆网站，22%的人是通过朋友或同事了解到博物馆（L. Staals，2007）。

虽然游客首次参观的首要原因通常是对过去感兴趣，但在HOME，这个比例低于其他博物馆（不包括蒙塔莱公园，其占比20.9%），占比为25.8%，这可能与博物馆位于非旅游区有关。教育价值在HOME显得尤为突出，因为这原本就是博物馆的重点。

由于某种原因，博物馆的入口并不在街道上，而是隐藏在根内佩尔公园内部的一条100米泥路的深处（图5-17）。此外，两扇厚重的大门中通常有一扇处于紧闭的状态，给人留下博物馆半开的印象。由于没有适当的路标，游

图5-17　HOME的入口

客无法确定自己是否已经到达博物馆。此外，因一时冲动而决定参观博物馆的游客寥寥无几。在HOME，天气的状况对游客首次参观和重复参观的影响都比其他博物馆更明显。

3.对博物馆设施、服务和体验的评价

尽管考古露天博物馆的游客历来都对重构的房屋感到满意，但在HOME博物馆，这种满意度却相对较低。这可能与重构房屋的展示方式和质量有关，因为这些房屋并不总是有人值班，而且它们主要是为教育目的而设计的，并不是为了旅游。尽管博物馆的工作人员表示：为一些房屋配备了家具是"因为想展示日常生活"。但如果游客没有在入馆时阅读收到的导览，那么房屋展示的效果将大大削弱，只能依托游客的想象力进行解读。

在HOME，最受游客欢迎的是导游服务。手工艺品（占比11.1%）、餐厅（占比10.9%）和纪念品商店（占比10.4%）（图5-18）是人们最不满意的服务与设施。虽然手工艺品并不是随时都有，但餐厅和纪念品商店在博物馆开放时都会营业。纪念品商店和餐厅是博物馆的重要额外收入来源，因此应更多地利用它们。

图5-18 HOME的纪念品商店

图5-19 HOME的标识牌

图5-20 游客在2008年积极参与HOME的"骑士与女士"活动

虽然工作人员努力保持博物馆形象，但在所有八家博物馆中，HOME的标识、宣传册和指南书是其中最差的（图5-19）。然而，令人惊讶的是游客对HOME的期望总体上得到了满足（62.0%），但这一比例低于八家博物馆中平均有69.4%的游客的体验超出预期的比例。这一数据意味着，HOME并没有像其他许多博物馆那样取得突出的成果。有关游客停留时间方面，HOME比其他博物馆的游客停留时间（3小时及以上）更长，占比为40.8%，而八家博物馆的平均值为7.3%。一方面，可能是因为博物馆的营销得当，游客可能只是知道该期待什么，并且很高兴得到了他们期待的内容。另一方面，可能是由于餐厅位于博物馆内部，与博物馆的出口存在一定的距离。此外，停留时间可能还与在2008年举办的大量小型和大型活动有关（图5-20）。

（九）优势和面临的挑战

通过对HOME的充分调研，

以及对管理层和游客的了解，我们发现了HOME的主要优势和面临的挑战。在这项研究的最后阶段，即2011年，HOME的新管理层回顾了2008年以来的工作，并提出了一些建议。

笔者自1982年该博物馆成立以来就一直参与其中，并于2002—2006年受聘于此，目前是HOME的顾问之一。因此，我对HOME比本研究中的任何其他博物馆都更加熟悉。我们试图将先前的判断搁置，不让内部信息过多地影响目前的研究。

1.埃因霍温历史露天博物馆概况

· 管理和财政

该博物馆是2008年调查的博物馆中情况最不稳定的。

考古学的作用并不像其他地方突出。

HOME主要是一座考古露天博物馆，是一个重要教育部门。附近没有考古遗址，也没有室内展览馆或其他博物馆所涉及的模块。

该博物馆几乎没有第三方资助。

· 工作人员

大多数员工都是兼职的，导致内部沟通变得困难。这是雇用员工人数最多的博物馆。

该博物馆有许多志愿者，但与当地社区的联系有限。

工作人员很少发表文章。

2.整体解析

中世纪展示主题包括11世纪、13世纪、15世纪、16世纪。

2008年，博物馆藏品的登记工作还处于起步阶段。

HOME有许多不同时代的服饰，并且能够很好地利用它们。

博物馆的路标不够清晰；活动期间停车是个问题，正门是隐蔽的，不太吸引人。

具备能够提供完整服务的餐厅（八家博物馆中仅有的几座之一），可以让游客得到更好的服务，从而获得更高的满意度。

3.营销

博物馆位于国家的非旅游区，因此没有其他旅游景点的竞争：吸引更多的国内和国际游客是一个挑战。

公关投资非常低，部分投入是通过名为根内佩尔公园的当地品牌进行的，这完全不符合博物馆定位。互联网和免费宣传（如报纸）对博物馆非常重要。

4.关于游客

博物馆主要关注儿童与陪同参观的成年人，因此有可能被认为其主要群体为儿童。参观这个博物馆的人对历史的兴趣比一般人少。

游客的停留时间很长，但满意度不如其他地方那么突出。

博物馆善于在学校假期期间的平季吸引游客。

5. 2008—2011年工作回顾

自2008年以来最重要的变化是2011年的管理层重组，其中包括裁员和重新调整博物馆的定位，使其更加商业化。这些变化是由外部因素引起的：在2010年秋季当地的资金意外减少。

博物馆已经改变了它为游客提供的服务，制定了一个广泛的展览计划，更多地强调当地的历史和在周末举办更多的活态历史活动。

博物馆依据人群特点把散客和学校团体做了细分，平日和周末高峰期采取不同的定价策略，如周末门票价格较高，而工作日门票价格就低。在工作日期间，博物馆的大部分游客都是跟随学校参加活动的学生。这种定价方式与游客无关，与参观时间存在密切联系。参观人数总数保持不变，但好处是，在工作日期间参观的散客可以享受较低的门票待遇，不再抱怨学校团体的存在。

游客的情况略有变化，因为现在学校团体访问人数减少了，而普通游客数量增加。

期望在不久的将来，作为一座地方博物馆，能在国家和专业层面得到更好的宣传。

三、乌尔丁根木桩博物馆

乌尔丁根木桩博物馆	
地址	德国巴登—符腾堡州（Baden-Württemberg）乌尔丁根–米尔霍芬市（Uhldingen–Mühlhofen）湖滨大道（Strandpromenade）6号，邮编88690

相关信息	
机构类型	非营利组织
管理者（2008年）	冈特·舍贝尔（Gunter Schöbel）
成立时间	1922年
员工数量	全职员工55人
夏季	约55（人）
冬季	约17（人）

呈现的时期/区域/重构房屋的数量
来自高原地区的10座石器时代房屋。来自高原地区的13座青铜时代房屋。

目标
博物馆的目标是支持对史前时期和早期历史时期的探索，特别是对阿尔卑斯山脉史前湖居和聚落的探索，还有发挥对公众的教育功能，向公众传播史前知识。

参考资料
Reinerth，1973 Schöbel，2004，2005 Schöbel 和 Walter，2001

2001—2008 年的参观人数

（一）概览

1854—1940年，在阿尔卑斯山附近的博登湖周围的史前湖居遗址受到了广泛关注（Schöbel，2001；Keefer，2006）。这些考古发现提供了大量有关新石器时代和青铜时代生活在湖泊旁先民的详细资料。

1922年，基于德国博登湖的乌尔丁根考古资料，重构了第一座史前湖居，是一个虚构的村落（Keefer，2006）。无论是出于对考古感兴趣的贵族，还是作为该地区蓬勃发展的旅游业的一部分（图5-21），这些重构的史前湖居都非常受欢迎。

图5-21 乌尔丁根木桩博物馆重构的青铜时代房屋

（二）教育

乌尔丁根村有一名教育官员、博物馆工作人员和教师负责这方面的工作（Kinsky和Schöbel，2005）。教学内容与博物馆的主题完全吻合。教育计划并不局限于学校的学生，还包括为其他任何群体提供非正式的学习机会。为了确保使用最新的专业见解，他们与博物馆工作人员合作。博物馆与考古部门、教师、学校和州立学校管理部门有着密切的关系。大多数教育活动都在博物馆的一个指定区域进行，包括重构的两座房屋，以及从2009年起建造的石器时代工作坊区域。这些区域与游客参观区相隔离。这里也是公共活动的举办地，例如LiveARCH项目曾在这里举办活动（图5-22）。博物馆所提供的活动更像是重现过去的日常活动（或受其启发），而不是特别的主题活动。如果有特殊需要或愿望，也可以定制活动。只有极少数情况下，工作人员才会在博物馆外开展教育活动，例如在学校。在某些季节，由于游客较多，无法开展教育活动。就在我们调研期间博物馆还制作有教育出版物，包括一本教科书和一张DVD光盘，其中包含《石器时代的实验》（*Stone Age the*

Experiment），这是一部SWR*电视台制作的系列影片（图5-23）。

图5-22 工作人员与观众进行互动

注 2009年，LiveARCH项目在乌尔丁根木桩博物馆举办活动期间，苏格兰克兰诺格中心的工作人员与公众进行互动。

图5-23 系列影片《石器时代的实验》中的一处房屋被搬至博物馆内

---

* Südwestrundfunk，德国西南广播电视台，它提供多种类型的节目，还涉及音乐和文化活动的推广，支持艺术和科学项目。——编者注

（三）游览图

图5-24是乌尔丁根木桩博物馆的游览图。它描述了在导游带领下，博物馆中展示了6个村庄样本。除一个SWR村庄外，其他的村庄均以其考古遗址命名：

（1）石器时代阿尔本和霍恩斯塔德房屋（The Stone Age houses Arbon- and Hornstaad）。

（2）石器时代SWR村庄（The SWR Stone Age Village）。

（3）石器时代的西普林根村庄（The Stone Age village Sipplingen）。

（4）青铜时代的乌尔丁根村庄（The Bronze Age village Unteruhldingen）。

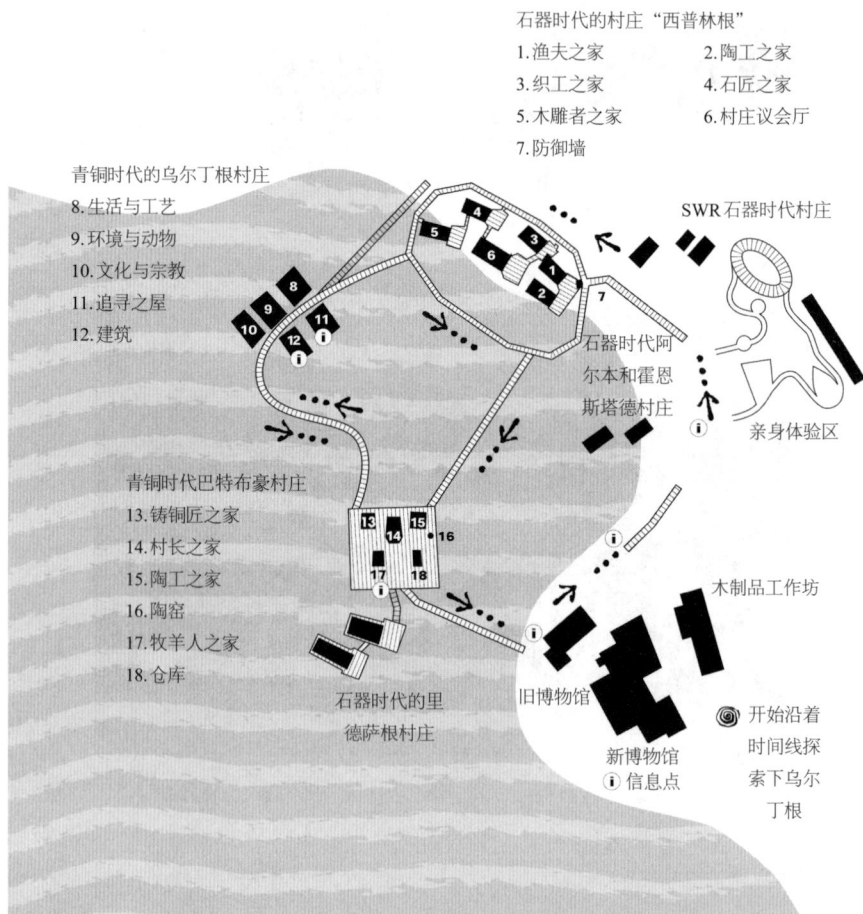

图5-24　乌尔丁根木桩博物馆游览图（资料来源于乌尔丁根木桩博物馆）

（5）青铜时代的巴特布豪村庄（The Bronze Age village Bad Buchau）。

（6）石器时代的里德萨根村庄（The Stone Age houses Riedsachen）。

在博物馆内部还有3座建筑，包括新、旧博物馆和木制品工作坊。

（四）管理与财务状况

乌尔丁根木桩博物馆与苏格兰克兰诺格中心一样，都有日常计划，但乌尔丁根木桩博物馆缺少商业计划。它制订的大部分计划都是短期计划，这种情况在考古露天博物馆中很常见。值得注意的是，博物馆核心人员的规模非常小。截止到2008年，乌尔丁根木桩博物馆与许多专业组织建立了联系，但没有与任何大学建立联系。在2008年，乌尔丁根木桩博物馆才计划与大学建立联系，以拓展与考古研究有关的新途径（G. Schöbel，2008），但直到2011年，这一计划才得到落实。

乌尔丁根木桩博物馆在德国民众中享有较高的知名度，并在促进国家文化认同中发挥着重要作用。然而博物馆的竞争也很激烈，从世界范围看，同样的实例包括波兰的比斯库平、丹麦的勒耶尔传说之地和英国苏格兰地区的克兰诺格中心。乌尔丁根木桩博物馆是德国最早建立的考古露天博物馆，同时也是参观人数最多的考古露天博物馆之一。此外，2011年，阿尔卑斯地区的111处考古遗址被联合国教科文组织列为世界遗产。

乌尔丁根木桩博物馆作为乌尔丁根湖居村庄的主要景点，极大地促进了该地区的旅游业。在繁忙的日子里，博物馆工作人员会引导游客到村边的大型停车场停车。在轮渡码头，立有一座青铜时代的木桩建筑人（湖居人）铜像，这是埃姆伯尔顿（Embleton）在2005年左右铸造的。在村子里较为瞩目的地方，立有与乌尔丁根木桩博物馆相关的大型指示牌。在旅游旺季，附近的餐厅会推出9.80欧元的特别优惠，这显然是受博物馆的启发（图5-25）。此外在平日，还会有两名年轻学生打扮成奥茨（Ötzi）*的样子，在附近的渡轮和公交车上吸引游客前往博物馆参观。

---

* 也称冰人奥茨，是一具距今约5200—5300年的木乃伊，于1909年在意大利的阿尔卑斯山脉被人发现。它的保存状况非常好，为科学家提供了关于欧洲铜器时代人类生活的宝贵信息。——编者注

图5-25　位于乌尔丁根木桩博物馆旁的林荫大道上的餐厅

（五）博物馆藏品

基本上，乌尔丁根木桩博物馆所展示的主要是石器时代和青铜时代湖泊民居的最新技术，重点是博登湖地区石器时代和青铜时代的藏品，约有13万件。沿着通往博物馆区域的道路上，介绍了自冰河时期结束以来的地貌发展。

这些藏品是自19世纪末开始收集的，具有普遍性和重要性。藏品涉及的范围很广，涵盖了风格、技术和材料使用等多个不同类别。同时，藏品也很有深度，这意味着每个类别都包含更多的藏品。从地理和时间角度上，每个类别中的不同藏品相互联系，从而支持它们所属的类别。此外，某些藏品本身就具有独特性。

藏品的规模突破了博物馆主题的限制，但其所呈现的故事从立意角度来说，是完整的。藏品的质量，包括其背后的信息，都通过研究、出版、保护和展览工作的开展而得以保证。通过战略性购买现有藏品，确保了藏品的独特性。博物馆还会定期举办展览（图5-26）。

图5-26　乌尔丁根木桩博物馆举办的室内展览

乌尔丁根木桩博物馆的优势是像传统露天博物馆一样展示户外藏品，尽管它无法重构景观，且由于不同的房屋的距离很近，游客很难形成对时代深度的直观感受。此外，博物馆的活态历史演绎方面较为缺乏。

在博物馆工作人员出版物发表方面，乌尔丁根木桩博物馆的工作人员不仅在本馆创办的*Plattform*期刊上发表，还在馆长担任主席的EXAR协会所创办的*Bilanz*上发表大量文章。此外，还存在在其他渠道发表文章的情况。工作人员经常参与以德语为主要语言的会议，随后发表会议论文。工作人员往往对于20世纪20年代至20世纪50年代的乌尔丁根木桩博物馆历史特别感兴趣（Schöbel，2001）。

（六）讲解服务

乌尔丁根木桩博物馆没有成文的讲解计划，它是少数在展览过程中使用多媒体工具的博物馆之一，该博物馆允许教师组织学生进行参观。目前，乌尔丁根木桩博物馆尚未采用语音导览系统，这可能与参观方式有关，即通过导游带队的方式进行，这种方式有助于控制场地内游客的最大数量。博物馆的工作人员很好辨认识别，因为他们都穿着统一的制服。只有在极少数情况下，工作人员才会身着带有时代特色的服饰。讲解方式通常不使用活态历史，而是以第三人称进行演绎。

尽管空间的大小会影响博物馆的参观人数，但乌尔丁根木桩博物馆参观人数仍然很多。整个博物馆的标志尚未标准化，不同主题的标志随处可见，部分原因可能与博物馆所展示的多样化主题有关，还有一部分原因是这些标志是临时制作的，但使用时间却超出了预期时长。不过，到2011年，这一问题已经得到解决。

（七）游客服务能力

在游客服务方面，博物馆入口处的外观并不吸引人，因为人们无法看到内部的实际情况；湖边民居的特征也并没有得到清晰地重现（图5-27）。

图5-27　乌尔丁根木桩博物馆的入口处

通常情况下，博物馆非常忙碌，所有游客都要在导游的带领下参观。就像在苏格兰克兰诺格中心一样，游客一到博物馆就会被指引前往现代室内展览厅，一旦人数足够就会组成一个小组，在导游的带领下进行参观，包括重构的房屋，以及对过去历史的展示（图5-28）。大约1个小时，游客会参观完室内展览厅和重构房屋，并前往出入口区域，这些区域还会举办一些临时展览，如关于SWR的展览或关于移动性的展览。此外，博物馆还会组织各种活动来延长游客在博物馆的停留时间，如考古日和假日活动。与其他考古露天博物馆相比，乌尔丁根木桩博物馆的空间较小，因此游客停留时间相对较长。参观乌尔丁根木桩博物馆大约需要两三小时，而参观乌尔丁根村庄则需要一天的时间，包括在海滩附近用餐或休息的时间。在八家博物馆中，乌尔丁根木桩博物馆拥有最长的全年开放时长和最多的日参观人数，其中全年开放时长为365天，日参观人数为521人。此外，乌尔丁根木桩博物馆也是拥有全职员工最多的博物馆。

图5-28　乌尔丁根木桩博物馆重构房屋内的展示

　　通往博物馆的交通道路有明确的路标并且是一条单行道。乌尔丁根木桩博物馆是少数几家游客不提供意见箱供游客留言的博物馆。与英国等国相比，这种现象在德国并不普遍。近年来，博物馆已根据残疾人的需求对基础设施进行了调整。故意破坏行为或其他与游客有关的问题相对较少，主要包括污物、垃圾，有时还包括建筑或设施的损坏。

　　与其他七家博物馆相比，乌尔丁根木桩博物馆的情况比较特殊，面临停车的问题。与其他博物馆一样，大多数游客都是乘汽车或大巴车前来参观的。然而，除了当地居民，任何人不允许自驾进入村庄，必须将车停在村庄附近，然后步行进入村庄。博物馆位于村庄的最远处，有600米的距离，步行约8分钟。当遇到的博物馆繁忙的日子，尤其是旺季（五月的两周，八月的三周），停车场人满为患，导致游客不得不到其他地方碰运气。公共停车场归市政府所有，但为市民提供停车位并不是政府财政的当务之急。

　　长途汽车（通常搭载退休人员）不能进入村庄，而在博物馆附近没有方便的下车点和停车点，这阻碍了这些群体前往乌尔丁根木桩博物馆。但这些群体特别受欢迎，因为他们往往在一年中的任何时间都会有空，而且无论天气如何，他们都会来。如果当地市政府能够放宽淡季对旅游巴士将游客送到博物馆的限制，这可能会给博物馆及附近纪念品商店和餐厅带来额外的收入，因为这是一年中最受大家欢迎的时刻。

（八）对游客参观行为的调研

1.游客特征

　　为了了解乌尔丁根木桩博物馆的游客情况，1997年，乌尔丁根木桩博物馆进行了一次游客调查，其中的一些问题与本项研究涉及的问题相类似（Baumhauer，1998）。不过，当时接受调查的游客为2821人，远高于2008年的400人。此外，2008年的调查范围只包括旺季，而1997年的调查范围则跨越了一年中的五个月。1997年，64%游客是博登湖地区的度假者。大多数游客来自法兰克福（Frankfurt）和博登湖之间直径约350千米的地区。很少有国际游客，即使有，也是来自周边邻国的游客。为了到达博物馆，大多数游客都需要走10千米或更远的路程，这意味着他们没有办法在附近的酒店居住。60%的游客是开车到达博物馆的。前文提到的公园入口问题在1997年就已经出现了。不过，指向博物馆的指示牌受到了很多人的赞赏。

在游客中，有44%的人是通过朋友或家人推荐后决定来参观的，这意味着他们并不过多依赖于宣传单、报纸文章或网站。在许多情况下，广告是促进人们下决定的第二推动力，因为在此之前游客已经有想要去参观的意愿了。1997年，在所有接受调查的游客中，2%的人表示不满意（Baumhauer，1998）。此外，游客还会前往附近的齐柏林博物馆（Zeppelinmuseum）、迈瑙和梅尔斯堡（Mainau and Meersburg，附近的一个岛屿和城市），而其他考古博物馆几乎无人问津。

三分之二的游客希望购买纪念品，但这种需求在这座博物馆里几乎不可能得到满足。乌尔丁根木桩博物馆的游客并不是传统意义上的博物馆游客。他们对于考古的兴趣并不是很多，而更多地将乌尔丁根木桩博物馆看作一个具有较高休闲价值的体验场所，在这里，历史事实会以一种完整且容易理解的方式向游客阐释（Baumhauer，1998）。

乌尔丁根木桩博物馆在秋季、冬季和春季假期时，其活动和游客并不多。乌尔丁根木桩博物馆对参加企业对企业的活动并不积极，特别是针对公司提供服务。针对成人游客提供的服务，通常被视为博物馆环境中一个普遍存在的挑战。

乌尔丁根木桩博物馆的游客回访率比例相当高，达到了31.2%，远远高于旅游景点25%的平均水平。这可能与该地的标志性特征有关。1997年，这一比例为26%（Baumhauer，1998）。

占到很高比例的游客（26.4%）当天需要旅行100多千米的路程来参观博物馆。在洛福特维京博物馆和阿莱西湖博物馆，这一比例甚至更高，但试想一下，乌尔丁根木桩博物馆位于人口稠密、旅游区密集的地区，但在阿莱西湖博物馆，情况并非如此。在洛福特维京博物馆地区，许多游客都是徒步旅行，并会在该地区停留两到三天，而在博登湖周围，停留一周或更长时间的游客比例高于其他任何地方。

博登湖沿岸的景点都在与乌尔丁根木桩博物馆竞争。使用博登湖旅游优惠卡，可以在距离乌尔丁根木桩博物馆附近约180个景点享受优惠门票。有些竞争者并没有那么夸张，比如桑拿湖居（Pafhlbausauna），他们在网站上这样介绍自己"坐落在一个设计精美的桑拿花园中，有三座历史悠久的桑拿湖居，花园内有'感官之路'，可以将博登湖和瑞士阿尔卑斯山的美景尽收眼底"。

2.宣传营销渠道和方式

乌尔丁根木桩博物馆的相关影视作品在电视上的收视率很高，部分原因是系列影片《石器时代实验》为博物馆带来了巨大的宣传效应。2007年5月至6月，ARD（全球最大的公共广播公司）首次播出了这一节目（ARD，2005），截至2010年，观众人数约为1284万。播出后，这些房屋被迁至博物馆内（图5-23）。

乌尔丁根木桩博物馆将5%的预算用于公共关系方面，这是一个不错的平均值（R. Sandnes，2008）。尽管只有15%的游客是本地人，但乌尔丁根木桩博物馆还是将很大一部分预算用于本地广告，因为只有在附近的游客才会首先获取信息。对许多人来说，博物馆在过去就已经为人所知，要么已经参观过，要么在不久前就听说过。互联网似乎并不是那么重要。与案例研究中的其他博物馆相比，该博物馆的门票价格更让游客满意。此外，与环境的联系也很重要。与其他博物馆相比，该馆的特别活动更能吸引游客参观。

3.对博物馆设施、服务和体验的评价

数据显示，乌尔丁根木桩博物馆的游客并不太看重参观的教育意义。部分原因可能是由于博物馆所处的环境所致：该博物馆位于一个游客密集的旅游区，附近有300多个旅游景点。也许这也是门票成为重要因素的原因。与其他博物馆的回访者相比，乌尔丁根木桩博物馆的回访者对该地区更感兴趣。几乎在整个季节中，所有游客都会在导游的带领下参观博物馆，这是体验博物馆的唯一方式。但这并不意味着人们在被迫参加导游游览会对导游服务更满意：在乌尔丁根木桩博物馆，导游服务的得分只有84.8%，与其他博物馆相比偏低。

总体而言，在大多数游客可以给出评分的项目中，乌尔丁根木桩博物馆的得分都属于中等水平。由于实践活动很少，因此得分较低。与案例研究中的其他博物馆相比，乌尔丁根木桩博物馆可以让游客从参与动手活动中收获更多的知识，尽管每年有25万游客，但这一目标也很难实现。不过，这是博物馆所能提供的最可行的措施（图5-29）。

由于其非营利性，乌尔丁根木桩博物馆没有任何内部餐厅设施，游客需要离开博物馆外出就餐。这可能就是博物馆附近的餐厅得分如此之低的原因：

（1）这些游客是来吃午餐而不是晚餐的：附近的午餐只有快餐（沙滩酒吧和提供披萨的冰吧），其他的餐厅都只适合晚餐。

（2）这些游客还没有使用过这些餐厅，他们只是根据在博物馆附近看到的餐厅形成了自己的观点：不是基于酒店/餐厅，而是前面提到的两家酒吧。

乌尔丁根木桩博物馆的纪念品商店规模较小，游客认为这样的规模是不够的，68.4%的得分在案例涉及的八家博物馆中是最低的。然而，这也是由于该博物馆的非营利性质；如果他们拥有一家成功的纪念品商店，他们就会失去非营利的性质，并需要缴纳增值税。无论是将纪念品商店的利润再投资于改进或研究支持，都不是一种可行的选择。一个值得探讨的方案是，是否可以通过周边的邻里设施建立共生伙伴关

图5-29 乌尔丁根木桩博物馆的工艺品制作展示

图5-30   自动售货机售卖的明信片和指南书

系来填补这一空白。但令人惊讶的是，博物馆附近也没有一家很好的纪念品商店。这可能是因为乌尔丁根木桩博物馆对他们的品牌和湖居一词拥有版权（G. Schöbel，2008）。如果他们允许任何人使用该词，这将意味着能再次获得商业收入。

值得特别一提的是乌尔丁根木桩博物馆的明信片自动售货机和博物馆指南（图5-30）。一些游客（45.2%）认为博物馆门票价格昂贵，是八家博物馆中比例最高的。

（九）优势和面临的挑战

在对乌尔丁根木桩博物馆的管理和游客进行描述之后，一些关键的优势和挑战逐渐清晰地显现出来。2011年，在本研究的最后阶段，乌尔丁根木桩博物馆管理层回顾了2008年以来的情况，并提出了一些建议。

1.乌尔丁根木桩博物馆

·管理和财政。

大部分都是短期计划。

·工作人员。

博物馆的核心工作人员非常少。

博物馆工作人员经常发表文章并积极参与科学讨论。

2.整体解析

·停车问题。

·博物馆的藏品是完整且独特的。

·博物馆入口处没有吸引力，也没有传达博物馆的真正立意。

·博物馆内没有餐厅。博物馆与附近餐馆的共生关系很好，但人们会提早离开博物馆去外出就餐，因而没有办法在同一天返回博物馆进行第二次访问。

·博物馆内部或旁边没有好的纪念品商店，如果能在这一领域开展合作，将为游客带来更多的价值。

3. 营销

·博物馆在德国国内广为人知。

·周边景点多，竞争很激烈。

·博物馆以一种传统的民族志露天博物馆的方式呈现。

·大部分广告都是面向本地游客的。

4. 关于游客

·空间非常有限，但游客人数很多，工作人员也是在案例研究涉及的博物馆中最多的。

·回访者的数量是所有八个博物馆中最高的。

·游客对博物馆可能具有的教育价值不太感兴趣。

·尽管许多游客选择了导游的服务，但是导游的得分相对较低。

5. 2008—2011年工作回顾

2008—2011年，乌尔丁根木桩博物馆标志性事件是与国际实验考古协会EXAR的合作。乌尔丁根木桩博物馆的馆长是该协会的主席。

博物馆通过为学校团体制定新的教育计划、举办新的展览，以及申请到联合国教科文组织（UNESCO）世界遗产席位的原始湖畔住宅，提升了为游客提供的服务。

该博物馆的游客情况没有改变。

在不久的将来，博物馆希望举办更多的展览，并继续作为世界遗产——湖居遗址的一部分，在联合国教科文组织的框架下开展工作。

乌尔丁根木桩博物馆管理层的最后一个目标是照顾好利益相关者，并在当地和区域社会进程中确立坚实的地位。

四、洛福特维京博物馆

洛福特维京博物馆	
地址	挪威博斯塔德镇德普雷加
电话	（+47）76084900
邮箱	vikingmuseet@LofotrViking Museum.no

相关信息	
机构类型	非营利性国有有限责任公司
管理者（2008 年）	盖尔·约翰森 （Geir Are Johansen）
成立时间	1994 年
员工数量	18.5 名全职员工

呈现的时期/区域/重构房屋的数量

3 座维京时代的房子（酋长农场，一个船屋和一个铁匠铺）。

目标

洛福特维京博物馆要成为研究和展示维京时代主题的国家博物馆。该博物馆致力于成为挪威最有趣、最特别的博物馆，并成为挪威 20 个最佳旅游景点之一。此外，洛福特维京博物馆还要成为一个具有高质量、高信息价值、高体验价值、高服务水平和较高安全性的文化交流场所（Hammer，2009）。

2001—2008 年的参观人数

参考资料

Hammer，2009
Johansen，2009

（一）概览

在铁器时代，挪威北部约有 10～15 个酋邦（chiefdoms），广泛分布于诺尔兰郡（Nordland）沿海和特罗姆斯郡（Troms Countie）一带。其中的一个酋邦位于罗弗敦群岛（Lofoten Islands）境内（公元 500 年至公元 1000 年）。该遗址的发掘工作始于 20 世纪 80 年代。考古发掘工作结束后，由考古学家、当地居民和当地政府共同提出了重构和重建的想法。考虑到当地文化和旅游价值，当地政府想要将这一想法付诸实践。首先，在1991年建造了一艘维京船（图5-31），其次，在1994年建造了酋长宅邸。最后，在1995年6月向公众开放了洛福特维京博物馆。

图5-31　洛福特维京博物馆重建的维京船

遗址的历史是展示的重点，并与许多主题都有关联：维京历史、贸易和交流、权力和宗教、日常生活和区域资源管理。酋长宅邸与该地区存在密切的联系，因为酋长享有地区权力，能够将邻近的酋邦联系在一起（图5-32，酋长宅邸；图5-33，宅邸内部）。

图5-32　洛福特维京博物馆重构的酋长宅邸

图5-33　洛福特维京博物馆重构的酋长宅邸内部

（二）教育

与研究中涉及的其他七家博物馆相比，洛福特维京博物馆的参观对象很少有学校群体，这一情况主要是由于博物馆所在地区人迹罕至，每平方千米内仅有6个人居住或生活。洛福特维京博物馆的大部分教学活动都是在博物馆内进行的，学校可以订购教育箱、在线资料和DVD。博物馆没有专门负责教育活动的员工。教育活动以博物馆自身开展的活动和其他学者的研究作为基础。为教育群体提供类似于旅游方案的规划，包括但不限于导游带领的游览，与往常不同的是，洛福特维京博物馆提供的教育活动更加丰富。教育活动既包括日常的体验活动（例如烹饪），也包括为特定日程所开展的活动。调查结果显示，参加博物馆活动的夏令营儿童群体年龄通常是12岁，但该博物馆活动仍适用于任何年龄段的群体。活动场地由当地的维京营地学校（Viking Camp School）负责协调。在某些情况下，博物馆需要为盲童等特殊儿童量身定制活动规划。值得注意的是，洛福特维京博物馆的学校参观活动几乎只在平季（春季和秋季）开展。

（三）游览图

洛福特维京博物馆通过图5-34所示的宣传单向游客展示了周边环境。该地图显示了该地区的考古遗址和重构的景观建筑。其中，博物馆最具特色的房屋和维京船在地图所示下方的图片。洛福特维京博物馆位于岛上的主要公路旁，交通十分便利。由于该遗址面积很大，游客需要在不同景点之间穿梭，徒步时间需要两小时。

（四）管理与财务状况

近年来，洛福特维京博物馆所面临的竞争日趋激烈。它还经历了一次重大的组织结构调整，目前正在规划建造一家新的博物馆建筑。2008年，洛福特维京博物馆还存在大量的不稳定因素，为此，该博物馆制定了详细的商业

博物馆区域

A. 咖啡馆、售票处和博物馆商店

B. 重构的酋长房屋和铁器时代聚落区

C. 1930 自铁器时代/中世纪时期至约 1930 年的持续聚落区

D. 自 1930 年起的神职楼，现今用作博物馆管理处

E. 根据文献资料，建于 1335 年中世纪时期的基督教墓地，铁器时代墓冢和教堂遗址

F. 重构的铁器时代晚期的聚落遗址和中世纪时期的铁匠铺

G. 重构的维克斯船（1：1 还原高克斯塔号）和铁器时代的船屋

H. 一座中世纪和四座铁器时代船屋遗迹

博格附近的史前遗迹

1. 15 处早期铁器时代墓冢

2. 从石器时代至中世纪时期的聚落区

3. 约公元 200 年的卡庭遗址，以及铁器时代船屋遗迹和墓葬

4. 铁器时代船屋遗迹

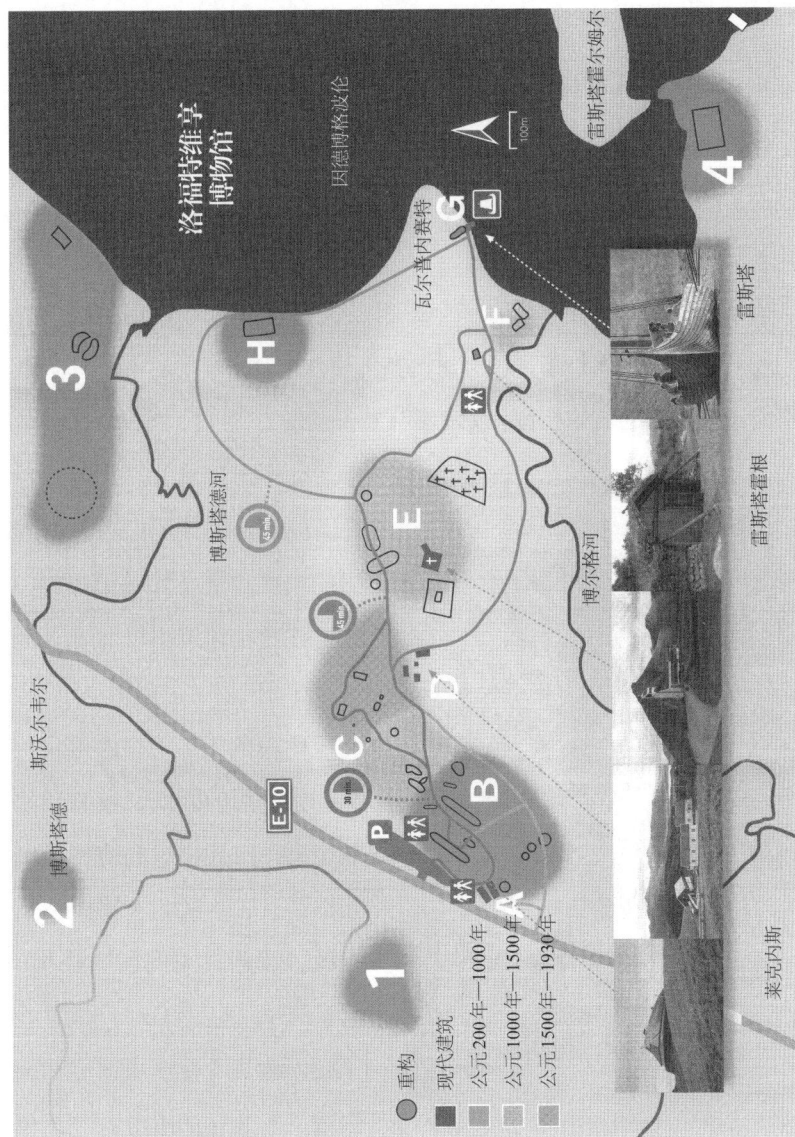

图 5-34　洛福特维京博物馆平面图（资料来源于洛福特维京博物馆的宣传单）

计划、行动计划及其他计划（Hammer，2009）。洛福特维京博物馆在该地区具有很强的影响力，并致力于在国家层面上发挥更重要的作用。这将是一项重大的目标，但在一个竞争日益激烈的环境却很难实现。洛福特维京博物馆将大部分营业额投资在本地供应商，估计其价值相当于提供了20个全职工作岗位，除了那些在博物馆兼职工作的人之外（G. Johansen，2010）。

（五）博物馆藏品

洛福特维京博物馆除了是一家考古露天博物馆，博物馆内还存在考古遗址（archaeological site）、历史遗迹（historical site）、文化景观（cultural landscape）等。尽管这些资源分散了管理的注意力，但它们为洛福特维京博物馆的未来发展提供了巨大的机遇。

洛福特维京博物馆由一座酋长宅邸组成，周边的建筑还包括法庭遗址、船屋和坟丘等。有些建筑与挪威当时的其他贵族居住地相似，另一些遗址则与维京人进行贸易的城镇相似，如考邦（Kaupang）、里贝（Ribe）等其他英国遗址（图5-35）。

就目前的情况而言，博物馆内的重构建筑是独一无二的，因为这些重构建筑不仅体现了地理特征，还反映了当时人们处于北极环境条件下的生活方式。在博物馆所在的区域，没有其他专注于维京时代主题的博物馆。这些地区过去生活的非物质藏品的资源，是通过不同方式收集的，通过考古记录和地理信息系统（GIS）收集文化历史遗迹和相关信息。其他非物质考古资源和文

图5-35　洛福特维京博物馆长屋的室内展示

化历史资源保存在博物馆自己的图书馆和档案馆中。这些藏品向人们展现了古老的北欧人的所处区域和特定的背景。

博物馆的重构建筑受健康和安全以及其他因素所影响，尤其是在冬季向公众开放时，需要考虑到观众的需求。例如，长屋的地暖设施、自动喷水灭火系统、应急照明系统、屋顶钢丝结构和混凝土地面，都为了防止对到访游客和电气系统造成损害。博物馆工作人员发表的出版物通常与博物馆本身的研究或活动有关，而非其他科学领域。

（六）讲解服务

与其他博物馆相比，洛福特维京博物馆的整体概念和主题似乎并不完全一致（表6-11）。有些部分的相关阐释更像是源于中世纪，而不是铁器时代（L. E. Narmo，2008）。洛福特维京博物馆每天提供多达6种语言的解说服务，所有导游都身着符合时代特色的服装（图5-36）。导游通常以第三人称进行讲解。在洛福特维京博物馆，有许多来自国外游客。洛福特维京博物馆的不少工作人员只被雇用了两个月，他们的工作职责包括提供导游服务和手工艺品展示。调查结果显示，洛福特维京博物馆是提供活动种类最丰富的博物馆（图5-37）。鉴于其庞大的游客数量和占地面积（与乌尔丁根木桩博物馆相比，洛福特维京博物馆的占地面积更大），博物馆具备众多发展的可能性。

图5-36 洛福特维京博物馆长屋手工艺区的导游

图5-37　洛福特维京博物馆由木制动物组成的创意游乐场

图5-38　活态历史剧场

活态历史呈现在洛福特维京博物馆具有重大意义，但由于从其他地方聘请演员的费用非常昂贵，因此，在该馆活态历史呈现不仅仅是一些志愿者的业余爱好，而是以更加专业的方式来展示（图5-38）。洛福特维京博物馆强调自身史前手工艺展示的权威性。游客进入博物馆步行约1.5千米后，会到达一个活动区，但只有10%的游客会选择去活动区（L. E. Narmo，2008）。

（七）游客服务能力

洛福特维京博物馆提供了优质的公共服务，包括帮助游客了解博物馆的信息介绍、导航指引以便游客顺利到达博物馆，以及给予他们热情周到的迎宾服务。洛福特维京博物馆内有一家宽敞的自助餐厅，但调查结果显示整个博物馆区域的卫生间数量不足。洛福特维京博物馆的商店是案例研究涉及的八家博物馆中最大的（图5-39），但与其他博物馆相比，洛福特维京博物馆的商店不是一家典型的博物馆商店，而是一家主要售卖与挪威本土文化相关的商店（图5-40）。

博物馆工作人员对到访这里的游客非常感兴趣，并通过各种渠道收集他们的信息和意见。不过，他们似乎并不收集销售数据。与博物馆的商店种类相比，可能是一项有趣的研究，值得在未来去探索。

洛福特维京博物馆与罗弗敦群岛内（外）的许多户外活动供应商、旅游运营商、酒店和露营地合作，开发了许多针对不同地区和跨地区客户群体量

图5-39　洛福特维京博物馆商店和咖啡馆的入口

图5-40　洛福特维京博物馆的商店

身定制的产品和套餐（Peter，2010）。通过建立产品合作伙伴关系，博物馆可以依靠强大的市场营销和联合销售渠道，进行市场推广。

（八）对游客参观行为的调研

1.游客特征

了解洛夫特维京博物馆的游客情况对于本项研究十分重要，调查结果显示，对于很大一部分外国游客来说，在洛福特维京博物馆参观可能是一生中唯一一次经历。洛福特维京博物馆有91%的游客参观集中在短短的八周内。洛福特维京博物馆每年只开放167天，但每天的游客人数却在八家博物馆中位居第2名（参见图7-3）。等到新博物馆大楼建成后，可能会延长游客参观时间，这对乘坐海达路德（Hurtigruten）号游轮的游客来说具有强大的吸引力，因为这些游客将有机会在游轮上选择博物馆游览项目。当游轮驶入港口后，游客下船乘坐旅游巴士，在乘车过程中聆听工作人员的讲解。到达博物馆后，他们先会抵达长屋，享用仿古的酋长晚宴，然后在返回旅游巴士的路上参观商店。而后旅游巴士会将这些游客送到位于岛内另一侧的游轮，继续他们的旅程。因此，整个参观过程需要精确到每一分钟。

参观博物馆的游客通常是具备一定经济实力到挪威北部地区度假的群体，调查结果显示，这些游客的回访率是最低的。洛福特维京博物馆的游客群体分为当地游客、国内游客和国外游客三类，有关游客的数据与其他几家博物馆截然不同。该馆本地游客很少，仅占4.6%，而国际游客的占比却很高，达58.6%。

2.宣传营销渠道和形式

与许多其他博物馆一样，洛福特维京博物馆的游客通常是由朋友、旅游局、游轮船员或酒店推荐来的。几乎没有人是突然路过，然后决定参观的，因为洛夫特维京博物馆的地理位置实在太偏僻了。在当时，虽然挪威的互联网使用情况在欧洲名列前茅，但由于许多游客都是外国人，他们在旅行时不能够使用互联网，因此通过互联网招揽潜在游客的方式并未得到有效地使用。随着智能手机上网的普及和漫游费用的降低，这种情况在未来可能会有所改变。

洛福特维京博物馆的游客对其历史和当地的兴趣超过其他博物馆的游客。天气也很重要，但教育价值远低于平均水平。对家庭友好度的要求也较低，这可能是由于以家庭为单位的游客较少的缘故。调查结果显示，游客通常会停留很长时间，19.7%的游客停留时间超过3小时。博物馆内有足够的基础设施，可以供游客长时间参观或游玩，但初次到访的游客通常不会长时间游玩这些基础设施。通常情况下，参观博物馆往返路程较远，而且附近也没有太多其他景点可供参观。如果初次到访的非游轮参观的游客提前了解相关的情况，并制定详细的参观计划，那么他们就可能会停留更长的时间，也会有更多的游客前来参观。博物馆的宣传工作需要让游客了解，游客能够在博物馆开展一天的活动。许多人在重复参观时会停留更长时间，这可能是因为他们做好了准备。如果能调查一下他们是不是为了某个活动或某件事而再次光临，那将会很有趣。

3.对博物馆设施、服务和体验的评价

在八家博物馆中，游客对洛福特维京博物馆的评分比较平均。但同时，洛福特维京博物馆的游客不满意的比例最高，高达9%。对参观感到不满的游客往往是在旺季参观的。此外，就博物馆的费用而言，在案例研究涉及的八家博物馆中，12.3％的游客认为洛福特维京博物馆的花销昂贵，占比最高的。2.3％游客认为洛福特维京博物馆便宜，由高到低，在八家博物馆中位列第7名。博物馆满意度低的原因可能是游客并不真正了解自己的期望：博物馆在公共服务方面做得很好，但在帮助游客做好参观前的心理预期方面还有待提高。

此外，游客还会参观博物馆的展览，但展览并不是吸引游客的主要因素。洛福特维京博物馆可以从互动性更强的活动中获益。遗憾的是，由于游客的参观人数集中在博物馆开放的八周内，因此很难通过互动性更强的活动来吸引更多的游客参观博物馆。

（九）优势和面临的挑战

在对洛福特维京博物馆调查研究之后，我们发现了一些关键的优势及其面临的挑战。2011年，在本项研究的最后阶段，洛福特维京博物馆管理层回顾了2008年以来的情况，并提出了一些建议。

1.洛福特维京博物馆

·财务和管理

博物馆的组织有些不稳定，但为了应对这种情况，他们制定了详细的计划。

·工作人员

无。

2.整体解析

洛福特维京博物馆不仅仅是一个考古露天博物馆，还有许多其他的模块。由于游客人数众多，地域辽阔，他们可以扩大和更加多样化。

部分展示不符合维京时代所代表的含义，而是中世纪后期；事实上，该博物馆有一部分属于前维京时代的内容。

商店与其说是博物馆商店，不如说是纪念品商店。问题在于游客是否能得到他们想要的服务。

博物馆可以增强互动性，而不仅仅限于阐释。

3.营销

洛福特维京博物馆的竞争日益激烈，但与附近类似的博物馆相比，竞争并不那么激烈；游客主要是前来参观大自然的。

博物馆名称使用"维京"一词，宣称其在相关领域的国际地位，但这并不容易实现。

博物馆在公共关系方面做得很好，因为博物馆接触到很多不同层面的人。博物馆与多个销售渠道建立了产品合作关系，并很好地融入了当地的旅游基础设施。

游客对互联网的使用率很低，但博物馆知道游客通常具有一定的经济实力，因此最好投资解决智能手机的方案，以便在现场随时使用互联网。

4.关于游客

博物馆有许多来自不同国家的国际游客。

91%的游客参观集中在短短的八周内。很少有当地人参观博物馆，因为当地几乎没有人居住。随着新博物馆大楼（室内体验）的建成，延长参观时间成为一种选择。

洛福特维京博物馆的游客不满意的比例最高。

5. 2008—2011年工作回顾

2008—2011年，洛福特维京博物馆最重要的变化或事件是投资525万欧元（4500万挪威克朗）建造新馆和举办新展览。这一变化增加了游客数量，同时需要新设施为更多游客服务；

洛福特维京博物馆管理层早在2005—2006年就预见到了这一点。他们将改变为游客提供的服务方式，准备建造新馆和举办新的展览；

　　游客的情况发生了变化，尤其是游轮游客增多（全年），每天有12到100人；

　　对于未来，洛福特维京博物馆管理层期待着更多更大的游轮和更多游客的同时到访。新博物馆大楼的游客容量将从每小时200人增加到每小时600人。

五、蒙塔莱公园

蒙塔莱公园	
参观地址	意大利莫捷省［Montale Rangone（Mo）］蒙塔莱·兰戈万德利路（Via Vandeli）［州道12–新埃斯特（Statale 12-Nuova Estense）］，邮编41050
通信地址	意大利摩德纳市［Modena（Mo）］维托里奥·韦内托大道（Viale Vittorio Veneto）5号考古与民族学博物馆（Museo Civico Archeologico Etnologico），邮编41100
电话	（+39）059532020
邮箱	info@parcomontale.it

相关信息	
机构类型	政府管辖
管理者（2008年）	伊拉里亚·普利尼（Ilaria Pulini）
成立时间	2004年
员工数量	5人

呈现的时期／区域／重构房屋的数量

基于一次考古发掘，重构了两座青铜时代的特拉马拉房屋。

目标

以寓教于乐、边做边学的方式以及与考古研究成果的严格联系为基础（个人交流），帮助人们了解古代先民的生活方式（I. Pulini，2008）。

参考资料

Bernabó Brea 等，1997
Cardarelli，2004
Cardarelli 和 Pulini，2008

2001—2008年的参观人数

（一）概览

蒙塔莱遗址的发掘始于19世纪下半叶，并于1994年再次进行发掘，发掘了特拉马拉（terramara）遗址，这是公元前2000年中期阶段左右波河平原（Po River plain）中部地区的一个典型村庄遗存。

20世纪90年代末，人们采用新的形式来展示历史文化的想法日益强烈，并能将科学方法与高度的互动性结合起来，因此摩德纳考古和民族学博物馆（Modena Civic Museum of Archaeology and Ethnology）产生了开设一座考古公园和露天博物馆的想法，专门展示特拉马拉文明。

第一批建筑于2001年建成，博物馆于2004年开放（图5-41）。

图5-41　蒙塔莱公园重构的两座青铜时代房屋

（二）教育

蒙塔莱公园有1名教育计划协调员和3～5名导游（视需要而定）。每个学校团体需要有一到两名导游。露天博物馆是为学校课程设计的，为此，馆内设有讲习班和一个模拟的发掘现场，并重建了特定的考古地层。此外，还配有教学材料，既有在线资源，也有印刷资料。几乎所有的教学活动都是在露天博物馆内进行的，但有一个特殊的项目是半天在摩德纳博物馆，半天在露天博物馆进行。另一个项目是在亚平宁半岛（Apennines）的一座山顶上举行具有重要意义的仪式——青铜剑祭。这是一个为期一天的参观项目，是响应学校希望延长参观时间的要求而开发的。

　　所有的教育活动都是基于蒙塔莱公园自身的研究而开展的。教育活动的目的与面向普通游客的活动目的相似：其理念是展示从考古发掘到重构的过程（图5-42）。对游客来说，参观方式有所不同。活动内容通常反映古代的日常生活，并且偶尔还会展示手工艺或技术。教育活动仅限6～14岁的学校团体参与，且可在整学年进行。该计划最初于2004年制定，但每年都会进行一些调整。馆方尚未为满足特定需求或游客愿望而定制活动计划。

图5-42　蒙塔莱公园建造的一处房屋的内部情况

（三）游览图

2008年，蒙塔莱公园向游客分发了一份宣传单，其中包含参观说明和游客区域平面图（图5-43）。地图上标明了首选的步行路线以及向游客开放的区域：发掘现场、考古区和露天博物馆。地图还显示了附近的建筑，如建在考古遗址之上的当地教堂和不对游客开放需要绕行的墓地区域（地图中间的空白处）。

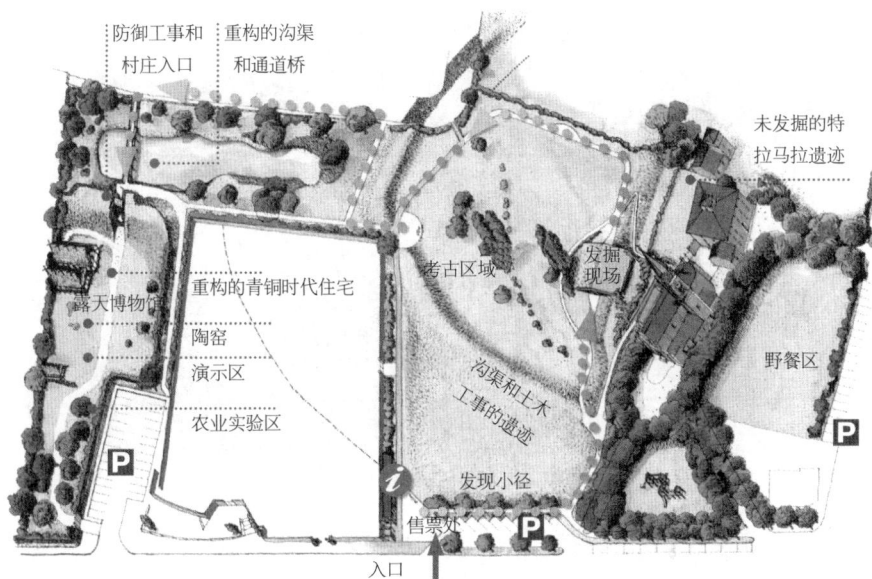

图5-43　蒙塔莱公园游客区域平面图（资料来源：蒙塔莱公园的宣传单）

（四）管理和财务状况

蒙塔莱公园由摩德纳市政府（Comune di Modena）和卡斯泰尔诺沃兰戈内市政府（Comune di Castelnuovo Rangone）监管，并由摩德纳考古与民族学博物馆管理。蒙塔莱公园有一个行动计划，但没有提供细节。

蒙塔莱公园有考古学家为其工作，也设有考古顾问。大多数导游都是考古学家或考古专业学生（A. Pelillo，2008）。尽管蒙塔莱公园并不经常向游客开放，如在星期日和在4月、5月、6月、9月、10月的节假日不对游客开放，但平均每天的参观人数仍然很多。蒙塔莱公园的教育项目是在对当地进行调研后开发的。蒙塔莱公园管理层意识到，学校对蒙塔莱公园的参观需求很大。此外，蒙塔莱公园除了露天展示区外，它还有一个大型展示博物馆（图5-44）。

图5-44　摩德纳考古和民族学博物馆的室内考古展览

作为摩德纳市附近规模更大的城市博物馆的一部分，蒙塔莱公园全职员工的数量很难确定。从某种意义上讲，每个人都身兼数职，因此实际的全职员工数量可能远低于19人。职工薪资占总支出的60.7%。蒙塔莱公园的存在不是为了盈利，它还有许多其他作用，包括作为促进地区发展的基石。蒙塔莱公园与专业机构的合作主要是与大学、旅游网络等渠道的联系。蒙塔莱公园的地区影响力在所研究的八家博物馆中是最低的，即便这是一家以所在地区为重点的博物馆。

（五）馆内设置

游客参观蒙塔莱公园的顺序如下：首先，游客在接待处（同时也是一家书店）购买门票，然后参观室内考古发掘区（图5-45），出土藏品陈列在一个室内展厅。发掘现场在受控条件下对游客开放，游客可在导游的带领下参观30分钟。随后，游客在导游的带领下参观两座重构的房屋（时间同样为30

分钟），然后参加手工艺展示活动（30分钟）。重复参观的游客通常对参观重构房屋和参加手工艺展示活动更感兴趣，很少会参观室内考古发掘区。

露天博物馆的建设主要基于蒙塔莱的特拉马拉遗址。蒙塔莱公园的重构房屋内部摆放的一些家具也是基于特拉马拉遗址的发掘成果，与特拉马拉遗址存在密切联系的还有欧洲青铜时代中期的遗址（如在特拉马拉遗址中并没有发现纺织品）。蒙塔莱公园展示的藏品都与主题有密切联系。因为考古发掘过程中会做详细的考古日志记录，因此，这些展品的背后故事是完整的，没有太多的留白。对于轮椅使用者，为方便这一群体在重构房屋的进出，蒙塔莱公园对房屋的结构进行了改造，比如，修建了一处通往第一座重构房屋入口的斜坡，还修建了一座连接桥，方便进出第二座重构房屋。不过，室内考古发掘区就没有那么方便轮椅使用者了（图5-45）。

图5-45 蒙塔莱公园的模拟考古发掘现场

蒙塔莱公园为了安全起见，专门设计了一套灭火系统。这些安全措施占露天博物馆全部建设费用的50%（I. Pulini，2008）。年轻人有时会破坏发掘场地周围空地上的标志，这是一个需要解决的问题。蒙塔莱公园的设计和管理遵循了考古证据与信息的准确性和一致性，确保蒙塔莱公园展品的质量，无论是实物状况还是所提供的信息（图5-46）。他们在建造重构房屋时，也非常重视以考古的原始资料为依据（图5-47）。有关蒙塔莱公园的出版物相对较少，尽管工作人员发表了许多文章，但大多数是关于考古研究的内容，而不是直接与露天博物馆或博物馆内的活动相关。

图5-46　蒙塔莱公园重构的陶窑　　　图5-47　蒙塔莱公园重构的木门细节

（六）讲解服务

由于导览系统的控制，信息是静态的，而不是提供多层次的信息，让游客选择他们感兴趣的内容。蒙塔莱公园为游客提供的导游服务，是为学校团体提供服务的延伸。蒙塔莱公园为前来参观的儿童举办了各种讲习班，如陶器制作、木材加工和房屋建造，甚至还包括植物考古学的实验分析等活动，这些活动成人也可以参加。活动主要是通过文字和图片进行展示。

然而，对于在校学生（是博物馆最重要的目标群体）来说，与工作人员的互动才是参观的意义所在。但这里几乎没有活态历史的展示，大多数讲解员和博物馆的导游一样，都穿着博物馆定制的制服，并没有身着具有时代特色的服饰（图5-48、图5-49）。

图5-48 蒙塔莱公园的手工艺演示

图5-49 蒙塔莱公园的导游

（七）游客服务能力

蒙塔莱公园没有开设自己的餐厅或食堂。蒙塔莱公园附近有几座餐厅可以步行到达，这意味着人们必须离开蒙塔莱公园才能进行就餐。蒙塔莱公园商店只有10平方米，是所有案例中规模最小的，因此商品种类十分有限，大部分商品都是书籍和儿童纪念品。

此外，在走访的过程中，我们还发现大型销售并不是蒙塔莱公园的侧重点。

游客信息的收集规模较小，但设置游客意见箱记录游客意见都是有用的。

（八）对游客参观行为的调研

1.游客特征

在游客数量方面，蒙塔莱公园是继马特里卡博物馆之后游客数量最少的博物馆。蒙塔莱公园通常扮演着教育中心和周末旅游去处的双重角色。在当地，7月和8月是旅游的高峰期，但由于平均气温超过30℃，蒙塔莱公园不

得不关闭，暂停开放。蒙塔莱公园距海滩大约为100千米，距离较远。80.4%
游客来自周边的地区，几乎没有当日游游客或来自其他国家的游客。家庭游
客的比例（64.8%）远不及蒙塔莱地区高。单身游客的比例（2.2%）和情侣
游客的比例（17.6%）是八家博物馆中最低的。"这可能是因为这里有许多学
校，孩子们在参观后会带着家人以另一种方式再次参观。这也可能是意大利
游客的一种文化态度，他们对史前史的了解不如对文明历史的了解，而露天
博物馆也不太为人所知"（I. Pulini，2010）。

2. 宣传营销渠道和形式

有很多游客是通过推荐来参观的，如自己的孩子。蒙塔莱公园的公关
方式是广泛分发宣传单，这一方式大约占据他们68%的营销预算（I. Pulini，
2010），但宣传效果非常好。他们也广泛使用免费的宣传方式。首次参观蒙
塔莱公园的游客主要被其良好的家庭友好性（17.4%）和优秀的教育价值
（25.2%）所吸引。

3. 对博物馆设施、服务和体验的评价

在八家博物馆中，蒙塔莱公园重构建筑的得分最高，但这并不意味着其
他博物馆就不符合真实性原则。对导游的评价是所有博物馆中第二高的，通
常对一方面的肯定会带动其他方面的好评，在房屋附近或房屋内能够随时
看到导游，以便满足游客的需求和帮助。此外，手工艺展示的得分也在所
有博物馆中位列第2名。蒙塔莱公园的总体体验评分也是这八家博物馆中
最高的。65.8%的游客认为他们的参观获得了超出预期的体验。露天博物
馆在意大利并不常见，这也许就是为什么意大利游客更欣赏蒙塔莱公园的
原因。

（九）优势和面临的挑战

在对蒙塔莱公园的管理进行深入调研之后，我们总结出一些关键的优势
和面临的挑战。2011年，在本项研究的最后阶段，蒙塔莱公园的管理层回顾
了2008年以来的情况，并提出了一些建议。

1.蒙塔莱公园

·财务和管理

无。

·工作人员

蒙塔莱公园的工作人员发表了很多文章，但与蒙塔莱公园自身相关的研究较少。

2.整体解析

安全措施（主要是防火措施）占建造蒙塔莱公园费用的50%，比其他任何地方都多。

3.营销

蒙塔莱公园是一个由考古学家经营的博物馆，主要用于教育和展示考古学。例如，博物馆商店只有玩具和书籍，分别面向儿童和学者。

为游客提供的服务是为学校团体提供的服务的延伸，但没有亲身体验的活动。

4.关于游客

尽管博物馆是一个促进地区发展的场所，但其地区影响力却很低。超过80%的游客是本地人。博物馆成功地帮助创建了地区认同感。

与其他七家博物馆相比，蒙塔莱公园的整体体验评分最高。游客认为门票很便宜。

5. 2008—2011年工作回顾

2008—2011年，蒙塔莱公园最重要的变化是开展了活态历史的相关活动，活动在每个季度的一天中开放。这种变化是他们与案例研究中的其他七家博物馆进行了接触，互相交流并学习了它们的经验。这一情况并非一时兴起，而是有备而来。

他们主要是在活态历史活动上做了调整，提升了为游客提供的服务。

游客情况没有明显变化。

在不久的将来，蒙塔莱公园的管理层期望在有限的预算情况下，沿用相同的计划。

　　蒙塔莱公园管理层的最后一项建议是考虑安全成本，规划重建后的游客接待工作，提前思考并确定目标。

六、阿莱西湖博物馆

阿莱西湖博物馆	
参观地址	拉脱维亚切西斯地区（Cēsis region）阿马塔市（Amatas novads）阿拉伊迪（Âraiði），德拉贝斯乌帕加茨（Drabeð u Pagats）阿莱西湖博物馆公园（Archaeological Museum Park）
通信地址	拉脱维亚里加（Rīga）城堡广场（Pils Laukums）3 号拉脱维亚国家历史博物馆
电话	（+371）64107080
邮箱	Āraišu Ezerpils@history-museum.lv

相关信息	
机构类型	以前是私人基金会的形式，目前由政府管辖
管理者（2008 年）	Anda Vilka
成立时间	1994 年
员工数量	6 名全职员工

2001—2008 年的参观人数

呈现的日期/区域/重构房屋的数量
1 座青铜时代房屋。3 座石器时代住宅。13 座中世纪早期住宅，这些全部建在一个单独的地点。

目标
其目的是建立一个以科学研究为基础，具有社会经济效益的考古露天博物馆。阿莱西湖博物馆是一个广受人们欢迎的休闲和教育目的地，博物馆的质量取决于其考古发现和历史文化景观的重构（A. Vilka, 2008）。拉脱维亚国家历史博物馆（Latvia National History Museum，阿莱西湖博物馆的上级组织）的使命是收集、保存、研究和推广拉脱维亚和世界从古至今的精神和物质文化，以维护拉脱维亚本国及其人民的利益。

参考资料
Apals, 1974, 1995 Apala, 1992 Apala 和 Vilka, 2002 Vilka, 2000

（一）概览

阿莱西湖博物馆是一座以公元9世纪为时代主题的民居，位于阿莱西湖上一个风景如画的小岛上。1965—1975年，人们在考古发掘中发现了保存完好的木结构建筑群遗迹，这些遗迹是重构建筑的基础。除这一重构建筑外，游客还可以参观中世纪城堡遗址和重构的石器时代、青铜时代的住宅（图5-50）。石器时代和青铜时代的住宅，是拉脱维亚基于科学探索，唯一按照实物大小进行重构的房屋（图5-50）。

图5-50 阿莱西湖博物馆建造的湖边村庄

该博物馆的倡议来自考古学家西斯特博士（Dr Hist. J. Apals），他于1993年成立了一个非营利性公共组织（阿莱西湖博物馆基金会），负责遗址的开发和管理。该组织与国家纪念碑委员会（State Monument Board，该遗址的实际所有者）签订了合同，从而在该地区开展工作，2008年，拉脱维亚国家历史博物馆接管了该博物馆的管理权。阿莱西湖博物馆缺少一些重要的基础设施，如合适的办公室和卫生间等。此外，博物馆还计划建立一个游客中心。但是这些计划需要长期的坚实基础，而博物馆原有基础无法满足这样的需求。

　　博物馆展示了从石器时代到中世纪的房屋和生活环境的发展，重点是维京时代的防御工事（图5-51）。该地区保存完好的典型文化景观也是展示内容之一。总体而言，博物馆的展示侧重于拉脱维亚的历史而非地区或地方历史。最初，科学目标是重要的，但现在已被阐释目标所取代。在某些季节，博物馆里会有活态历史演员来表演（图5-52）。

图5-51　阿莱西湖博物馆的一座木结构建筑

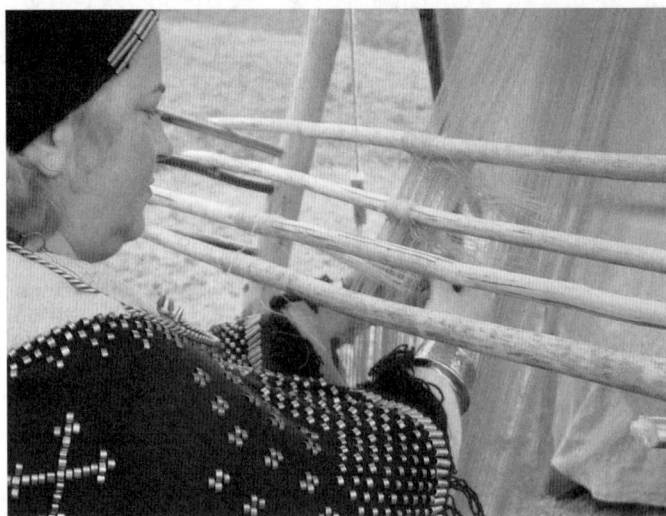

图5-52　阿莱西湖博物馆的活态历史展示

（二）教育

阿莱西湖博物馆与拉脱维亚国家历史博物馆共用一名教育官员。调研时他们正在制订教育方案，这些方案将以他们自己的研究为基础，并与国家学校课程和国家历史博物馆的常设展览相结合。这些教育方案仅面向在校学生。通过使用专业研究人员编写教育方案内容，可以确保采用最新的见解。教育参观活动在整个露天博物馆进行，不局限于特定区域。教育工作人员有时会受邀到学校讲授铁器时代的知识。博物馆全年都有主题活动，例如手工艺活动。

（三）游览图

阿莱西湖博物馆为游客准备了一本宣传册，博物馆的工作人员也会不定期分发给游客。这本宣传册介绍了如何到达阿莱西湖博物馆以及博物馆的大致内容（图5-53）。宣传册的大部分内容都是关于考古发掘情况的。在预约参观时，游客通常可以提前预约导游服务。导游会展示她随身携带的文件夹中的图片，并介绍自己当时身着的时代服饰（图5-54）。游客们在没有导游

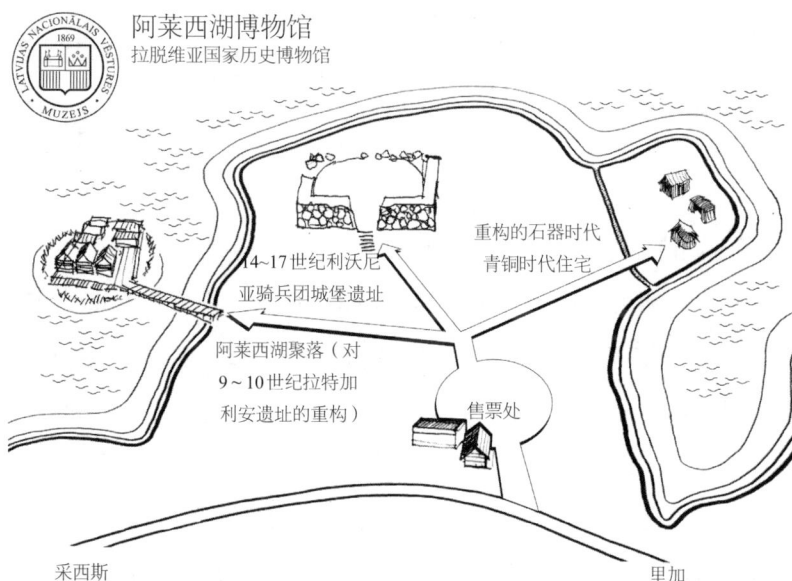

图5-53　阿莱西湖博物馆游客区平面图（资源来源：阿莱西湖博物馆的宣传单）

的情况下，往往并不倾向于使用小册子来获取信息，而是选择在前往岛屿的途中阅读海报。这些海报详细介绍了考古发掘的过程以及重构的相关情况，被广泛认为是极具成效的信息传播方式。

在阿莱西湖博物馆，工作人员发布的信息中，大约一半是关于博物馆的，另一半是关于考古研究的，这样的划分是合理的。为了符合健康和安全规定，需要对湖中城堡的行走路面进行改造，使城堡的通道

图5-54　阿莱西湖博物馆的导游

适用于轮椅的通行，让入口通道更宽阔（图5-50），路面更平整，但这些改造意味着遗址的真实性会降低。这项工作已经完成。但还存在一些小的破坏问题，因此遗址日夜都有人看守。

（四）管理与财务状况

阿莱西湖博物馆占地12公顷，但与许多地方一样，实际使用面积相对较小。2008年，博物馆改变了管理结构，馆长也随之更换（A. Vilka，2011）。在开放期间，阿莱西湖博物馆每天有55名游客参观，是所有八家博物馆中参观频率最低的，但开放的天数却相当多。当其他旅游景点在旅游淡季关闭时，阿莱西湖博物馆的日均游客量却翻了一倍。

尽管游客人数不多，博物馆的职工人数相对充足，有9名全职员工，但员工成本在预算中所占比例并不高。毕竟，拉脱维亚的员工成本低于挪威等国。该博物馆的管理权于2008年从创始人手中移交至拉脱维亚国家历史博物

馆，并与许多专业机构建立了合理的联系。阿莱西湖博物馆在加强地区乃至国家认同方面发挥了重要作用。在拉脱维亚国家博物馆接管基金会的部分职能之前，阿莱西湖博物馆的大部分收入来自第三方，这是一种合理的分配方式。阿莱西湖博物馆是收集游客信息最少的博物馆，但这种情况在2011年有所改变。2008年，工作人员了解到游客的需求，但由于缺乏资金，他们没有能力改善现状（A. Vilka，2011）。

（五）博物馆藏品

从湖边要塞收集的原始考古资料是独一无二的，因为它们代表了拉脱维亚某个时期房屋遗址最复杂的情况。这些藏品与展示的主题密切相关，但阿莱西湖博物馆本身就是最完整的。现在，它已成为国家历史博物馆的一个分馆，拥有拉脱维亚各个时期最多的考古藏品，它们可以轻松填补其他时期的空白。除了考古露天博物馆外，阿莱西湖博物馆还有许多其他组成部分；其中包括一个史前遗址和一座历史建筑。阿莱西湖博物馆的不足在于博物馆内部和周围的基础设施，例如糟糕的卫生间、几乎形同虚设的商店和餐厅，此外还有较为一般的室内设施和室内展示区。

博物馆房屋的重构主要是基于阿莱西湖的发掘成果，除了一间无法进入的房屋外，其他房屋都没有家具（图5–55），设施维护也是一个重要问题（图5–56）。如果这些面积较小的房屋配备家具，游客可能很难进入。阿莱西湖博物馆是一个传统意义上的露天博物馆。

（六）讲解服务

对于游客来说，没有太多的互动机会，公众可以观看的手工艺展示也很少。这并不意味着所呈现的故事无法被理解，例如所使用的海报。在拉脱维亚，志愿者工作并不常见，部分原因是博物馆根本负担不起。与其他国家相比，活态历史的使用在这里也不多。阿莱西湖博物馆雇用了一些学生和志愿者，负责服务游客或维护场地。阿莱西湖博物馆是将不同时期集中在一个地

图5-55　阿莱西湖博物馆重构房屋的内部情况

图5-56　阿莱西湖博物馆重构房屋的细节

点进行展示的博物馆之一。这使得解说员有充足的内容讲授一堂课，帮助游客建立对时间深度的感知。

（七）游客服务能力

在阿莱西湖博物馆的内自助餐厅旁设有一个售货亭，顾客可以在此购买可乐和糖果。显然，这是一个有待优化的环节。该商店采用售货窗口的形式运营，出售明信片等商品。

（八）对游客参观行为的调研

1.游客特征

在阿莱西湖博物馆，国内和国际游客的人数几乎相等：一些住在里加或塞西斯的人将阿莱西湖博物馆作为一日游的目的地（A. Vilka，2009）。约有1/3的游客需要行走0~50千米才到达博物馆，1/3的游客的路程为50~100千米，另有1/3的游客路程超过100千米。

2.宣传营销渠道和形式

尽管拉脱维亚的互联网普及率为47%，仅略低于意大利，但阿莱西湖博物馆没有自己的网站，在这方面没有任何资金投入。阿莱西湖博物馆有自己的宣传册，但只有少数的游客持有，而通过宣传单或宣传册来到阿莱西湖博物馆的人数是持有该宣传资料人数的3倍（参见图7-11）。虽然阿莱西湖博物馆的入口处并不醒目，但仍有许多人在路过阿莱西湖博物馆时会来参观（图5-57）。首次参观的游客（25.2%）表示他们对当地文化感兴趣，而这一

图5-57　阿莱西湖博物馆的入口，设有售票处、商店和警卫站

数据高于八家博物馆的平均比例15.5%。此外，阿莱西湖博物馆的公关预算很少，主要用于大众媒体、文章和广告。

3.对博物馆设施、服务和体验的评价

在阿莱西湖博物馆，游客对导游的满意度低于平均水平。这很可能是因为他们没有体验过导游的服务，因为通常需要额外聘请私人导游。参观阿莱西湖博物馆的方式通常是自助游。展品的评分也相对较低。如果有定期的免费导游，游客会增加对藏品和博物馆的了解。

咖啡厅的服务质量在八家博物馆中得分最低（图5-58）。管理层也认识到，包括卫生间在内的基

图5-58　阿莱西湖野餐区的咖啡厅和小吃店

础设施和服务需要改进；这也是与拉脱维亚国家历史博物馆合作的原因之一。游客的总体体验评分为80.0%，在八家博物馆中最低。通过与其他博物馆比较，可能会提出一系列可以改善这一状况的建议。

（九）优势和面临的挑战

通过对阿莱西湖博物馆管理的深入分析，我们总结出一些显著的优势和面临的挑战。在本研究的收尾阶段，即2011年，阿莱西湖城堡管理层回顾了2008年以来的发展历程，并提出了一系列针对性的建议。

1.阿莱西湖博物馆

·财务和管理

创始人将阿莱西湖博物馆交由拉脱维亚国家博物馆管理，以确保未来的稳定发展。

·工作人员

只有少量的学生或志愿者，因为博物馆负担不起志愿者的费用。

尽管每名员工负责的游客数量有限，得益于低廉的劳动力成本，因此这并未构成严重问题。

2.整体解析

阿莱西湖博物馆占地12公顷，但只使用了一小部分土地。还有其他的组成部分，如遗址博物馆、文化景观，可以更好地利用空余的土地。

如果成为拉脱维亚国家历史博物馆的一个分馆，就可以展示更完整的藏品。

博物馆的现代化设施，如商店、餐厅和卫生间等都不尽如人意，亟需改进。

游客错误地将中世纪城堡视为富人的居所，而把铁器时代的木屋堡垒看作是穷人的住宅，此观点反映出对历史的理解存在误区。

3.营销

博物馆在全拉脱维亚范围内享有很高的知名度，在促进国家认同方面发挥了作用。

在公关方面，博物馆有一份传单，但很少被使用。虽然互联网在拉脱维亚的使用率很高，但他们也没有自己的网站。大多数游客都是通过第三方了解博物馆的。

4.关于游客

游客的参与程度较低，未能积极融入现场活动或展示手工艺，导致展览呈现静态化特征。特别是在缺少导游引导的情况下，多数游客独立参观，可能无法充分体验博物馆提供的教育活动。

国内外游客都经常光顾博物馆。尽管现有的公共关系资源受限，但增加游客数量并不构成挑战。

在八家博物馆中，阿莱西湖博物馆的整体参观体验是最差的。

5. 2008—2011年工作回顾

2008—2011年，阿莱西湖博物馆最重要的变化是预算被削减，员工人数减少。此外，博物馆负责人也被更换。整个拉脱维亚都受到了经济危机的影响。

博物馆为游客提供的服务没有任何变化，项目保持不变，商店和餐厅也没有改变。

游客构成情况略有变化；学校儿童团体数量大大减少（2008年使用导游人数为150人，2010年为80人），个体游客有所增加。来自邻国俄罗斯的游客有所增加。

在不久的将来，阿莱西湖博物馆管理层需要对其建筑和防御工事围墙进行翻新。其中4座重构房屋已放置了包括土灶在内的家具，此外还制作了一些新的信息台，并制定了新的博物馆教学计划。

2009年，上文图5-57所示的售票处被一所更大、更现代化的售票处取代。

阿莱西湖博物馆加大了对地区和国家市场营销的参与力度，例如参加了"巴尔图尔"（Balttour）国际展览和地区宣传活动，其中包括在Vimeo*上的视频宣传。另一项成功的举措是在从首都里加开往采西斯的火车上开展介绍博物馆故事的活动。

管理层更加积极地从游客那里获取信息。目前，通过对游客进行观察和访谈，以获取反馈信息。

阿莱西湖博物馆的管理层认为，不能因为游客数量的增加而失去自己的特色。

---

* 是一个视频分享网站，它允许用户上传、分享和发现视频，总部设在美国。——编者注

七、马特里卡博物馆

马特里卡博物馆	
参观地址	匈牙利绍萨洛姆巴陶（Százhalombatta）波罗斯莱伊一世街 1 号（Poroszlai Ⅰ. str. 1），邮编 2440
通信地址	匈牙利绍萨洛姆巴陶（Százhalombatta）盖斯泰涅什街 1-3 号（Gesztenyés u. 1-3），邮编 2440
电话	（+36）23354591
邮箱	info@matricamuzeum.hu

其他信息	
机构类型	政府管辖的博物馆
管理者（2008 年）	玛格多娜·维泽（Magdolna Vicze）
成立时间	1996 年
员工数量	全职员工 24 人

2001—2008 年的参观人数

呈现的时期 / 区域 / 重构房屋的数量
3 座青铜时代房屋，均基于一座特定遗址建造的。 3 座铁器时代房屋，均基于一座特定遗址建造的。 1 座规模较小的且不太符合真实性原则原则的史前房屋。

目标
马特里卡博物馆位于百桩考古公园内。百桩考古公园（Százhalombatta Archaeological Park）的主要目标是保护和展示史前遗迹遗存、结构和环境。 加大马特里卡博物馆和考古公园的宣传力度：增加游客人数，特别是以考古知识体验为重点的教育课程的学生。 通过不同的活动方式（教育和娱乐）接触所有年龄段的游客。（M. Vicze，2008）。

参考资料
Jerem 和 Poroszlai，1999 Poroszlai，1997，2003

（一）概览

马特里卡博物馆是一座坐落于布达佩斯以南30千米、多瑙河畔的百桩考古公园内的地方博物馆。该博物馆在村庄中心经营着一家室内博物馆，在村外有一个考古露天博物馆。考古露天博物馆向游客展示史前生活和环境，主要面向学校团体。馆内主要可供参观的场所是一处铁器时代的墓葬，游客可以进入墓葬区域内，并通过多媒体演示了解考古发掘过程（图5-59）。自这个墓葬被发掘以来，人们萌生了将其进行原址保存并在周围建造一个考古露天博物馆的想法。游客可以进入几座复原的史前房屋参观，里面展示有陶器复制品（图5-60）。所有这些都置于重构的自然环境中。该考古露天博物馆占地3.6公顷，可为游客提供足够的活动空间。

图5-59　马特里卡墓葬展示入口处

图5-60　马特里卡博物馆一所复原房屋里展示的陶器复制品

　　该博物馆的主题是当地的百桩墓葬和跨多瑙河区域的青铜时代和铁器时代，特别介绍了百桩这座城市的命名缘由（Százhalom是一百个土丘的意思），主要目的是保存和保护史前遗迹，向人们介绍史前生活（图5-61）。

图5-61　马特里卡博物馆内重构的当地青铜时代房屋

（二）教育

　　马特里卡博物馆的工作人员不仅在露天博物馆和室内博物馆授课，还根据需要到学校或夏令营授课。教育活动基于博物馆的研究和相关教科书。马特里卡博物馆的主题与其他博物馆向游客提供的活动主题有所区别，因为博物馆工作人员是根据个人的班级课程表开展工作的。在合理的范围内，博物馆工作人员尽量贴近古代的日常生活，创造出原始知识和材料的形象或感觉。虽然提供终身学习课程，但几乎没有人预约。学生的年龄在7至14岁之间。所使用的课程已有四年之久，并且长期处于开发阶段。博物馆还提供量身定制的课程。目前还没有残疾人团体来过博物馆，但博物馆还具备开发园艺疗法（gardening-therapy）*的潜力。常规教育计划是季节性的；在淡季，

---

* 一种辅助疗法，通过植物种栽和园艺操作来保健身心。它不仅适用于病人，也对健康和亚健康人群有效。——编者注

一些教育活动则在室内博物馆进行。

博物馆还开发了一系列教育类出版物和多媒体资源，包括印刷形式的宣传手册，并不定期附带纸质的儿童互动表格或调查问卷，同时提供了关于石器加工主题的DVD。

（三）游览图

在马特里卡博物馆，有一张向游客开放的区域地图（图5-62）。地图标出了入口区、青铜时代区域、最远处的铁器时代墓葬和铁器时代区域。地图

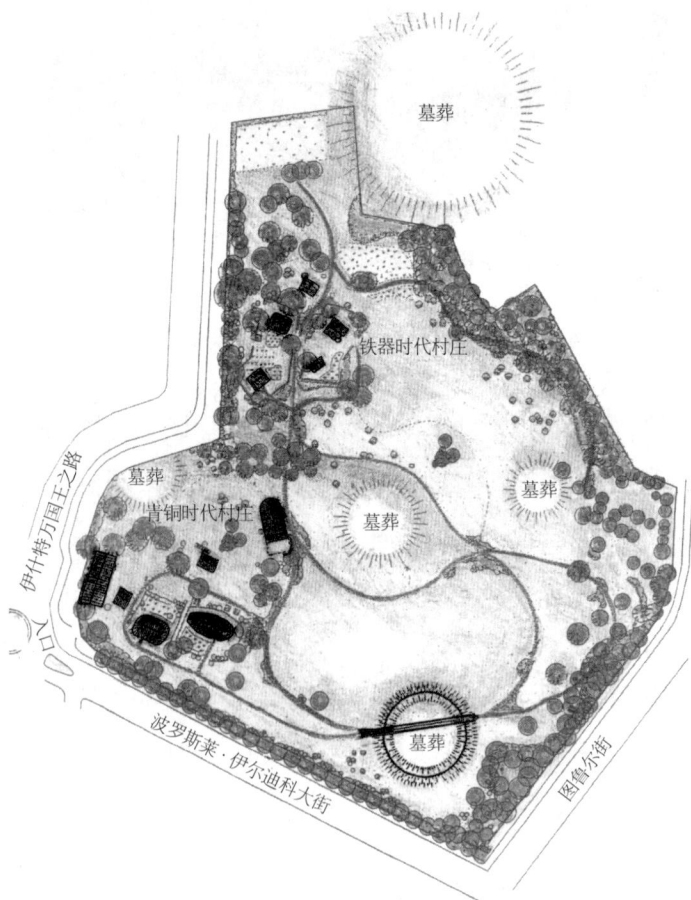

图5-62　马特里卡博物馆露天区域平面图（资料来源：马特里卡博物馆宣传单）

中间区域勾勒出几座其他原始墓葬，它们在景观中非常明显。

（四）管理与财务状况

在2008年之前的五年里，马特里卡博物馆发生了一些变化。它仍然依靠当地政府，但博物馆已不再由创始人——已故的波罗斯莱博士（Dr Poroszlai）管理。此外，匈牙利还进行了大规模的组织结构调整，导致博物馆的竞争加剧。2008年前后，室内博物馆因重新装修而暂时关闭。马特里卡博物馆没有商业计划或行动计划。这是露天博物馆中唯一一个学生团体人数多于普通游客人数的博物馆，但也是日参观人数最少的博物馆。博物馆工作人员正在积极开展自己的发掘工作，这意味着他们正在通过积极研究来扩充藏品。

马特里卡博物馆与专业机构有合作，但与旅游或商业网络没有联系。马特里卡博物馆认为自己促进了该地区的旅游业，而事实上，马特里卡博物馆是该地区为数不多的景点之一。该地区的旅游设施数量非常少，没有其他类型博物馆或任何特殊的文化旅游遗产，也没有酒店、浴场、疗养中心等娱乐设施，更没有适合探险的特色景观。相比之下，布达佩斯以北的地区如森滕德勒（Szentendre）、维谢格勒（Visegrád）、埃斯泰尔戈姆（Esztergom）、多瑙河曲线（the Danube curve）则提供了上述提及的旅游设施、娱乐设施、特色景观等。该地区在经济上依赖于发电站和炼油厂，这些对国家都具有重要的战略意义。如果当地不改变对旅游业的看法，考古露天博物馆将仍以学校为中心。马特里卡博物馆严重依赖公共资金，没有来自第三方的收入，这是一个潜在的风险。此外，商店和自助餐厅也没有带来足够的收入。

（五）博物馆藏品

马特里卡博物馆的考古公园也是一处位于多瑙河畔的考古遗址和文化景观。马特里卡博物馆的室内藏品以展示当地的历史和资源为主。这些藏品都是独一无二的，因为在同一个地方既可以看到铁器时代的原址建筑（木制房屋和石块包装），也可以看到重构的房屋。周围的环境由树木、灌木和植物构成。考古露天博物馆中没有任何不符合最初概念的东西。铁器时代的房屋还未完工，未来还将建造一座青铜时代的房屋。博物馆存在的重构物品或房屋都经过科学的验证和解释，以确保历史的真实性（图5-63、图5-64）。

图5-63　马特里卡博物馆建筑房屋内展示的人体复原模型

图5-64　马特里卡博物馆建造的房屋内部

馆内展示的所有细节严格依据原始遗址资料。然而，随着新的认识不断涌现，一些建筑细节现在可能有所不同。所有房屋都有完整的详细记录，包括博物馆藏品，但除研究人员外，其他人无法获取这些信息。这些建筑看起来和原始建筑相似，但没有过去的实际使用痕迹。

真实性原则要求重构的器物与重构的房屋一起展示，但工作人员并不扮演与史前时代有关的人物。保持建筑的合理空闲状态也便于开展学校活动。到目前为止，博物馆工作人员发表的最多的文章是关于博物馆的其他研究活动，而不是有关考古公园本身。除了屋顶的防火要求之外，健康和安全条例对博物馆没有影响（图5-65），不存在破坏行为或其他与游客有关的问题。

图5-65 马特里卡博物馆带有窑的房屋

（六）讲解服务

马特里卡博物馆是一座典型的考古露天博物馆：博物馆在室外展示其藏品，这些藏品仅供学生使用。在过去，博物馆曾组织过与宗教有关的活动，如多瑙河上的篝火（Pyres on the Danube）。虽然博物馆的工作人员有时会穿着时代服装进行手工艺演示，但博物馆几乎不开展有关活态历史的活动。在八家博物馆中，马特里卡博物馆提供的活动种类最少（参见表6-13）。博物馆与来自各行各业的人合作，但是没有让学生群体进行演示，如像布达佩斯的学生群体那样。

（七）游客服务能力

马特里卡博物馆位置明确（图5-66），沿途设有指示牌，且入口处邻近公交站点，便于识别。然而，目前提供的活动仅支持单一语言，这或许与以往缺乏相关需求有关。部分高级职位的工作人员能够使用英语沟通。此外，博物馆的路径设计考虑了无障碍通行的需求。尽管如此，入口的外观并不显眼，最显著的特征是三面展示的旗帜，这些旗帜有效地标示马特里卡博物馆的位置。

图5-66　马特里卡博物馆附近的标志牌

该商店的面积不大，所提供的商品种类也不丰富，但在已有的种类中，却呈现出丰富的多样性选择，这一点在书籍和陶器的复制品上尤为明显（图5-67），几乎所有商品（90%）都与博物馆藏品有关。

图5-67 马特里卡博物馆的纪念品商店

（八）对游客参观行为的调研

1.游客特征

调查结果显示马特里卡博物馆的游客数量最少，只有5 370人。而乌尔丁根木桩博物馆的游客数量大约是它的34.5倍。但马特里卡博物馆的旅游季节相对较长，从三月开始到十月结束。这为博物馆组织春季和秋季节假日的一些活动提供了机会。调查还发现，博物馆的国际游客数量特别少，当地游客和本国游客的比例几乎各占一半。根据管理层调查数据，马特里卡博物馆在周末对游客的吸引力较弱。仅仅位于首都布达佩斯的附近是不够的，就像福特维肯斯博物馆没有从附近的首都哥本哈根受益一样（B.M. Buttler Jakobsen，2008）。而阿莱西湖博物馆却吸引了许多来自遥远布达佩斯和里加的游客，其中许多是城市居民，他们周末会在农村度过。

与其他博物馆相比，马特里卡博物馆的回访者（重复参观的游客）中来自当地的要少得多，来自遥远地区的游客也相对较少。带幼儿的家庭游客相较于其他地方，明显偏少。此现象可能源于这些家庭在旅游预算上的限制。该镇及其周边区域并非传统意义上的旅游目的地，仅有一家旅馆存在，其主要客源为前来镇上发电厂和加油站进行商务活动的人士。该旅馆曾名为奥克坦（Oktan），现更名为培训之家，尽管名称变更有其内在逻辑，但对于吸引普通游客而言，并无显著效果。

与预期相反的是，多次参观的游客中，当地人所占的比例非但没有增加，反而低于首次参观时的比例。这可能意味着博物馆在当地没有形成很好的影响力，当地人对参观博物馆不感兴趣，即使博物馆拥有自己的游客，想向游客展示博物馆所在的区域，甚至博物馆举办了活动等特殊优惠吸引游客。然而，博物馆没有举办很多活动来吸引游客重复参观。

2. 宣传营销渠道和形式

许多游客来参观马特里卡博物馆是因为有人推荐（31.0%），这一比例，只有福特维肯斯博物馆比马特里卡博物馆略高（31.1%）。这表明官方公关渠道在接触潜在游客方面可能不太成功。宣传册绝对不是接触潜在游客的途径，但网站的得分却很高，尽管匈牙利的互联网普及率很低。2008年，博物馆网站还是全新的。继福特维肯斯博物馆和HOME，马特里卡博物馆的网站是案例研究中规模最大的。游客的首要参观原因是出于对过去的兴趣（40.5%）。在天气方面，只有在蒙塔莱公园，人们才不太关注这方面。目前对人们停留在博物馆的参观时间尚不明确。

3. 对博物馆设施、服务和体验的评价

马特里卡博物馆在游客调查问卷的三个模块中表现出色。首先，游客因其没有定期提供导游服务，故对重构建筑和导游的评价一般；值得注意的是，马特里卡博物馆藏品的得分最高，这可能是因为在这个博物馆里，藏品真正是作为展示的一部分，而不是摆设。宣传册和标识牌也得到了很高的评价。然而，必须指出的是，这些标识牌既面向专业人士也面向社会公众，尽管博物馆的国际游客很少，但部分标识牌提供了英文版本。例如，某些标识牌的内容使用了260个单词介绍农作物术语，所使用的材料、设计者和执行者都有在标识牌中提及。青铜时代的房屋附有3种语言的说明，但较新的铁器时代房屋则未加标注——仅有塑封的A3海报。该馆的自助餐厅在八家博物馆中评价最高。与HOME相同，餐厅位于博物馆内部，为游客提供了一个休息的场所，但菜单选择不多。整体来看，考古露天博物馆似乎缺乏及时的更新，因为自2008年起，马特里卡博物馆所有的关注都集中在了室内的活动上。

认为参观体验达到预期的人数占比很高（42.6%）。不满意者仅在平季参观。游客普遍认为门票价格便宜或适中。

（九）优势和面临的挑战

经过对马特里卡博物馆管理和游客情况的深入分析，我们总结了它的一些显著的优势和挑战。在本研究的收尾阶段，即2011年，马特里卡博物馆管理层回顾了2008年以来的发展历程，并提出了一系列针对性的建议。

1.马特里卡博物馆

·财务和管理

博物馆没有商业计划和行动计划。许多事情都是临时变化的。

与专业机构的联系不包括旅游机构和商业旅游，这可能构成一个巨大的挑战。

博物馆所在的当地小镇依赖工厂，对旅游业没有什么兴趣。如果这种情况不变，博物馆仍然只是一个教育中心。

·工作人员

无。

2.整体解析

马特里卡博物馆的展示遵循真实性原则，对真实性原则的解释与其他地方不同：在马特里卡博物馆，非常重要的一点是博物馆展示的每一个细节都源于考古遗址资料。

房屋是博物馆摆放重构器物和展示的场所，并被记录。

马特里卡博物馆的商店很小，主要提供仿制品、陶器和专业书籍。

在案例研究涉及的八家博物馆中，马特里卡博物馆的自助餐厅被评为最佳餐厅。

3.营销

对于马特里卡博物馆，博物馆的竞争增加了，尽管附近的旅游设施很少：相关设施集中于布达佩斯当地北部地区，而不是南部地区。

尽管互联网在匈牙利的使用率并不高，但博物馆网站的状况良好。

马特里卡博物馆在附近地区设置了很好的标识牌。

现场的宣传册和标识牌似乎主要针对国际专业游客，而这部分游客在游客总数中占比很小。博物馆似乎只面向在校学生和学者。

4.关于游客

参观博物馆的学生多于游客。

重复参观的游客通常不是当地人，这意味着博物馆没有很好地扎根于当地。相比之下，在苏格兰克兰诺格中心，许多回头客都是当地人，他们会带着朋友和同事一起来参观，并为博物馆展示的有关古代先民的过去而感到自豪。

博物馆的活动种类很少。

不满意的游客只在平季参观。最好的做法是在平季创造更好的活动。因此，在学校假期安排额外的活动是提高游客满意度的好办法。

虽然学校的孩子们经常光顾这个地方，但游客中很少有带孩子的家庭。对大多数家庭来说，这个博物馆的花销有些昂贵。然而，自2008年以来，带孩子参观的家庭越来越多。

5.2008—2011年工作回顾

在2008—2011年，博物馆在面对经济危机时展现出了非凡的韧性和增长势头。一个引人注目的变化是，与公众互动的工作人员和志愿者开始穿着史前风格的服装，这一改变受到了访客的广泛欢迎。这些变化既受到了其他七家案例研究博物馆的影响，也源自博物馆内部的创新。

博物馆每年都会对提供给游客的服务进行更新和调整。例如，手工艺活动方案有所变更，从石器制作转变为骨制品加工。此外，所谓的游戏故事也在不断变化，因为存在多条故事线，旧的故事可能被新故事所替代。

访客群体的比例保持稳定。在过去两年中，通过针对退休人员群体推出定制的项目，参观马特里卡博物馆的退休人员数量略有增加。

尽管匈牙利的经济前景并不乐观，但博物馆从2011年开始针对布达佩斯知识分子制定了营销策略，作为增加游客数量计划的一部分。此外，将在露天博物馆内安装新的互动点（固定的语音导览系统），以丰富游客的体验和选择；

马特里卡博物馆管理层的最终目标是保证质量和保持真实性原则，他们希望获得有效的市场评估。

八、福特维肯斯博物馆

福特维肯斯博物馆	
地址	瑞典霍尔维肯博物馆路（Museivägen）24号，邮编236—91
电话	（+46）40330800
邮箱	info@foteviken.se

相关信息	
机构类型	基金会
管理者（2008年）	比约恩·巴特勒·雅各布森（Björn M. Buttler Jakobsen）
成立时间	1993年
员工数量	18名全职员工

2001—2008年的参观人数

呈现的时期/区域/重构房屋的数量

22座维京时代的房屋，这些都是根据斯堪的纳维亚考古发掘资料和11~12世纪的原始手稿而进行建造的。

目标

博物馆主要围绕三方面开展工作：
①斯堪尼亚（Scania）的历史，特别是斯堪尼亚海洋文化景观和遗产的历史。
②维京时代/中世纪早期村庄的建立，使历史重现。
③通过使用数字化IT技术获取知识和信息。

参考资料

Rosborn，2004，2005

（一）概览

福特维肯斯博物馆的创立源于瑞典威林格（Vellinge）市海岸的水下考古发现。博物馆的概念源于这个城市的海洋历史，同时也与维京时代和福特维肯战役（Battle of Foteviken）*的悠久历史有关。比约恩·巴特勒·雅各布森（Björn M. Buttler Jakobsen）是其中的关键人物，然而，在很早以前，他就已经拥有了一个团队，这个团队协助他完成了博物馆类型的创新与转型，从最初的海上博物馆逐步演变为露天博物馆，并最终发展成为活态历史博物馆。

福特维肯斯博物馆在霍尔维肯湾拥有约7万平方米的草地。在福特维肯斯博物馆停车场附近，有一些位于低洼地带的行政楼、信息楼和研究楼（图5-68），手工艺作坊和仓库。此外，还有3个大型活动大厅，占地600平方米，包括餐厅和大宴会厅。餐厅执照齐全，可容纳约200人。餐厅重构的维京保护区（Viking Reserve）位于一个高原上，它的建造是为了展示维京时代和中世纪早期大规模聚落的形成过程（图5-69）。

图5-68　福特维肯斯博物馆的入口处

---

* 于1134年发生在丹麦斯科尼亚福特维肯湾的战役，是丹麦国王尼尔斯（King Niels）和他儿子马格努斯·尼尔斯与埃里克·埃穆内（Evik Emune）之间的冲突。

图5-69 福特维肯斯博物馆维京保护区的入口处

（二）教育

福特维肯斯博物馆的教育计划由内部制定，反映了博物馆的主题（图5-70）。面向学校的课程不完全符合瑞典的课程。博物馆设有一名教育官员，与附近的马尔默市的科格博物馆（Cog Museum）共享。福特维肯斯博物馆是威林格市的博物馆，因此在其他学校无法进行参观时，博物馆会为当地团体提供免费课程。工作人员从冬季开始在学校授课，然后在博物馆进行现场讲解，最后再到学校授课。教育不仅限于学校团体。博物馆会根据博物馆工作内容的最新观点更换项目。博物馆分为教育区和旅游区。如果学校团体进入旅游区，他们会遇到"维京人"现场表演。博物馆既提供展现日常生活的活动，也有以宗教、手工艺、贸易、计算、讲故事、法律等为主题的活动，由博物馆工作人员采用第一人称和第三人称进行演绎。博物馆开展的主要活动项目为"迷你维京日"，活动内容包括导游向游客演示手工艺品的制作。另一个活动是"维京日"，内容包括导游带领参观、手工艺品制作和玩游戏。最后，孩子们还可以在博物馆过夜。

图5-70　参观福特维肯斯博物馆的教育团体（身着具有时代特色的服饰）

此外，博物馆还对残疾人开放。福特维肯斯博物馆并未提供为参观者量身定制的活动，这意味着参观者需要自行适应博物馆的现有安排。博物馆制作的教育出版物和非印刷媒体可在网上和博物馆商店购买。

（三）游览图

2008年，在福特维肯斯博物馆，参观者收到了一张附有维京保护区地图的简易宣传单（图5-71）。在三号位置，介绍了"瑞典和维京保护区之间的边境大门"（the border gate between Sweden and The Viking Reserve）。

（四）管理和财务状况

管理福特维肯斯博物馆的基金会强调利用考古资料向参观者阐释科学。基金会拥有福特维肯私人有限公司（Foteviken private limited company），负责经济、维修人员、所有房屋的保护和保养。博物馆工作人员本身并不受雇于基金会。博物馆收入再投入基金会。与基金会平行的是福特维肯斯文化中心（Fotevikens Kulturcenter），该文化中心主要是从事商业性较强的活动。

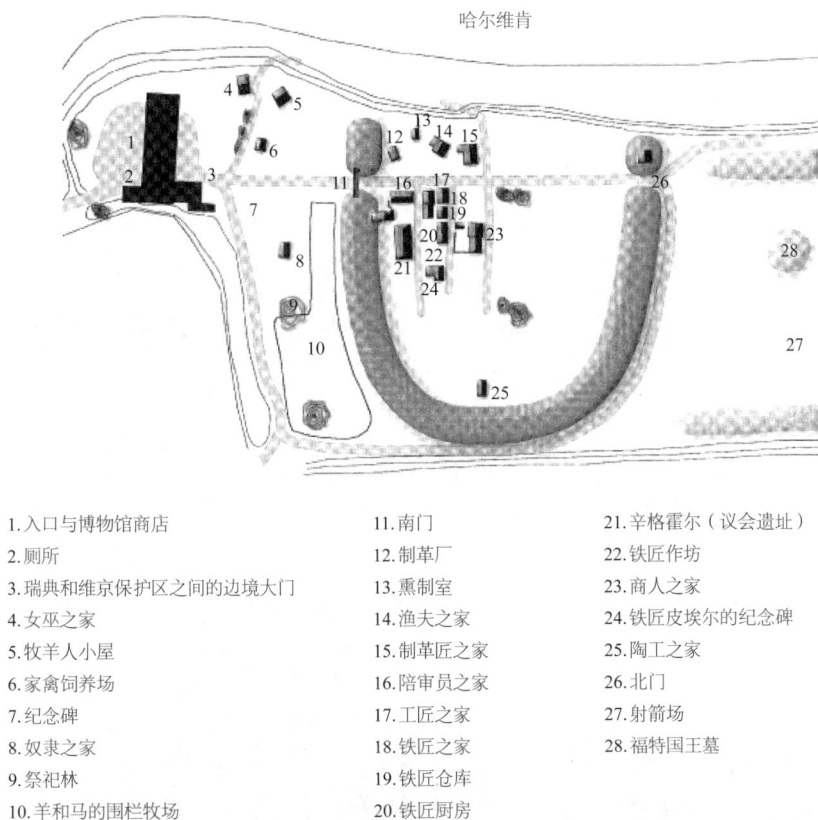

哈尔维肯

1.入口与博物馆商店　　　　11.南门　　　　　　　21.辛格霍尔（议会遗址）
2.厕所　　　　　　　　　　12.制革厂　　　　　　22.铁匠作坊
3.瑞典和维京保护区之间的边境大门　13.熏制室　　　23.商人之家
4.女巫之家　　　　　　　　14.渔夫之家　　　　　24.铁匠皮埃尔的纪念碑
5.牧羊人小屋　　　　　　　15.制革匠之家　　　　25.陶工之家
6.家禽饲养场　　　　　　　16.陪审员之家　　　　26.北门
7.纪念碑　　　　　　　　　17.工匠之家　　　　　27.射箭场
8.奴隶之家　　　　　　　　18.铁匠之家　　　　　28.福特国王墓
9.祭祀林　　　　　　　　　19.铁匠仓库
10.羊和马的围栏牧场　　　　20.铁匠厨房

图5-71　福特维肯斯博物馆维京保护区的地图（资料来源：福特维肯斯博物馆的
　　　　宣传单）

2007—2009年，博物馆进行了一次重大的组织结构调整，以应对所谓的创始人综合症（Founder's Syndrome）可能带来的负面影响。创始人综合症指的是当博物馆的领导者和有影响力的管理者离开时，博物馆会遇到一系列问题的现象（Block，2004）。博物馆最初由包括考古学家罗斯伯恩（Rosborn）在内的两至三人所管理的。尽管最初的创始人都没有离开，但现在已经变成了由9个人组成的指导小组。

福特维肯斯博物馆的商业计划只涵盖两年，因此它更像是一个行动计划，并在此基础上制定了非常详细的行动策略。从福特维肯斯博物馆成立之初，管理层和董事会中就有考古学家。福特维肯斯博物馆在很大程度上依赖于失业计划，与HOME存在类似的情况。福特维肯斯博物馆没有任何财务信息，但博物馆没有负债的情况。

（五）博物馆藏品

重构房屋的数量持续增长，没有新建房的季节也是游客数量最少的季节（图5-72）。福特维肯斯博物馆有时也会改变现有的房屋，比如将入口移到另一堵墙上。这是生活理念的一部分。这些房子是由他们自己的员工建造的，但有时也有聘请的科学家、志愿者和学生参与。

图5-72　福特维肯斯博物馆重构的房屋

在夏季，展示古老的技术是唯一的工作方法，但在冬季，为了节省时间，这些技术被现代技术所取代。实验仍在进行，但尚未公布。例如，所有的土墙（clay walls）都有不同的组合。在过去，在这样一个小镇上，来自不同地区的人们会聚集在一起，带着自己遥远的想法，将这些想法与镇上的东西结合起来。

福特维肯斯博物馆在重构筑方面有着独特的方法。"博物馆的基本理念不仅仅根据地面一米范围内的信息来建造纪念碑。例如，我们可以利用科学知识，从我们所了解的伦德的房屋类型出发，重构一个村庄。根据房屋的功能和任务，我们决定如何建造房屋。在每座房屋中，我们都会提出一些科学问题，并寻求答案"（B.M. Buttler Jakobsen, 2011）。这些藏品中没有超出博物馆主题的部分。活态历史区的房屋布置得像家庭住宅，而不是为学校团体提供的额外休息区。

需要指出的是，该博物馆似乎对考古学和如何管理博物馆采取了非常随性的态度，博物馆将其露天部分称为维京保护区，但从其附属机构来看，他们比预期更像是主流。例如，他们与其他考古露天博物馆的工作人员一样发表有关本博物馆和其他研究的文章。

在博物馆内，并未观察到任何破坏行为。依据博物馆的相关规定，夜间不安排留守人员进行看守。但有一位居住在附近的居民，他还养了一条狗，这在一定程度上起到了看护的作用。值得一提的是，尽管博物馆紧邻霍尔维肯村，但在上学期间，已有众多人士来此参观，他们作为博物馆的宣传大使，对这个地方怀有深厚的喜爱并积极推广（B. M. Buttler Jakobsen, 2008）。

（六）讲解服务

博物馆主要介绍的是维京时代向中世纪转变的故事。其基本思路是，导游讲述维京时代晚期的城市、长屋与城市房屋之间的区别。

虽然博物馆拥有使用现代媒体的经验（使用数字化IT技术是其主要领域之一），但在露天保留地中却找不到任何此类内容。

游客参与是福特维肯斯博物馆的一个重要形式，如果没有各种形式的活态历史活动，博物馆的工作可能会很难开展下去（图5-73）。博物馆花费很大的精力与时间在欧洲各地维持了一个有关维京活态历史团体网络，推动有关维京时代的社交活动。参观维京保护区是一次身临其境的时空旅行，既有外部环境的物理变化，也有"通过发挥想象力来'体验'过去的内在维度"

（an internal dimension through the use of one's imagination to "experience" the past）（Riis Svendsen，2010）。学校课程中的儿童拥有最好的时间旅行体验；对于游客来说，这种体验还可以改进（Riis Svendsen，2010）。博物馆提供几乎所有列出的活动（参见表6-13）；活动对博物馆的运营非常重要，它们很好地向参观者传达了乐趣。福特维肯斯博物馆的图书馆和档案馆可供研究使用。博物馆还有一个内容丰富的网站。

图5-73   福特维肯斯博物馆重构房屋内部展示的不同欧洲活态历史维京人团体的盾牌

（七）游客服务能力

霍尔维肯村内没有指示牌与紧急出口标识，也没有供电。所有信息都来自宣传单。其余信息则由工作人员提供：他们由手工艺人、志愿者和考古学家组成（图5-74）。在村外，开阔地设有石柱，并在上面贴有文字的标识（图5-75）。博物馆门后有消防栓，所有工作人员都接受过消防培训，村内有一栋房子有消防用水与电源，因此在非开放时间需要照明时可以使用。

图5-74 福特维肯斯博物馆的维京人演员

图5-75 福特维肯斯博物馆围边的景观

博物馆为残疾人提供了完备的无障碍设施，每扇门都有73厘米宽，方便轮椅进出。出于安全考虑，所有房屋都至少设有两个出口。博物馆内有一座服务完善的餐厅，就像HOME一样，但它位于重构住宅区之外。纪念品商店位于现代化的服务楼内，在八家博物馆中属于第二大。尽管商店也售出现代纪念品，但这些纪念品仍然与博物馆的维京主题有关。

（八）对游客参观行为的调研

1.游客特征

福特维肯斯博物馆采用各种方法了解参观者。每年夏天的几个星期，博物馆的一位管理人员会坐在重构房屋中，向每一位参观者提出标准问题。虽然这种调查很不正式，也不做记录，但似乎是一种获得反馈的好方法（B. M. Buttler Jakobsen, 2008）。

关于福特维肯斯博物馆的游客特征，由于2008年在福特维肯斯博物馆填写的游客调查数量非常有限（只有45份，游客总数为24160人），而且并非所有问题都被问及，也没有向游客提供所有的回答选项，因此对其游客情况只能得出有限的结论。

　　福特维肯斯博物馆的情况体现为：参观者主要（77%）是非斯堪的纳维亚半岛的国际游客（Metro，2010）。这项调查达到了68.9%，但这只是基于一个很小的样本。显然，由于吸引了如此多的外国游客，他们的回头客比例几乎与洛福特维京博物馆一样低。这也意味着福特维肯斯博物馆的大多数参观者并非来自同一语言的地区，其中许多是德国人。这些活动吸引了各个年龄段的参观者，但13～30岁以上的参观者最多，他们喜欢活态历史展示（图5-76）（B. M. Buttler Jakobsen, 2008）。该馆对青少年和年轻人有着惊人的吸引力，这在八家博物馆中是绝无仅有的，了解这一点对其他博物馆也非常重要。

图5-76　福特维肯斯博物馆旅游季节的活态历史志愿者

2.宣传营销渠道和形式

　　很大一部分人是因为有人推荐才来参观福特维肯斯博物馆（31.1%），还有很多人是在参观了旅游局之后才决定参观的（17.8%）。尽管如此，他们自己的宣传册和网站也是吸引潜在游客的重要工具。游客对遗址的家庭友好性和教育价值尤其感兴趣。游客没有选择"对过去感兴趣"和"对当地环境感兴趣"。游客在此停留的时间略高于平均水平。

3.对博物馆设施、服务和体验的评价

福特维肯斯博物馆的评分接近平均水平，没有一个项目的评分是极高或极低的。总体而言，由于回复太少，无法做出判断。在所有情况下，登记的调查票数情况都少于10票。认为达到或超过预期的参观者所占比例与平均值基本持平（参见表7-19）。没有一个受访者认为博物馆太贵，但实际上，受访者的回答数量较少。

福特维肯斯博物馆的商店是八家博物馆中面积较大的商店，其设计合理，环境优美，有足够的空间、光线等（图5-77）。

图5-77 福特维肯斯博物馆的纪念品商店

（九）优势和面临的挑战

在对福特维肯斯博物馆的管理和参观者进行分析之后，总结出一些关键的优势和面临的挑战。2011年，在本项研究的最后阶段，福特维肯斯博物馆的管理层回顾了自2008年以来的情况，并提出了一些建议。

1.福特维肯斯博物馆

·管理和财务

在2008年之前，博物馆组织内的许多变革已经启动，部分原因就在于此，博物馆行动计划非常详细。

·工作人员

（1）博物馆工作人员在进行实验，但他们并没有公布太多的实验结果。

（2）由手工艺者、考古学家和志愿者组成的导游和活态历史工作人员团队是最重要的讲解手段。游客的参与对于创造身临其境的体验非常重要。学校课程中的儿童拥有最好的"时空旅行体验"；游客的体验可以得到改善。

2.馆内设置和重构情况

（1）在博物馆中，每年都会在保留区新建（改造）一座房屋。与其他地方不同的是，福特维肯斯博物馆的工作人员以整个维京时代建筑传统为灵感来源，而不是以某个考古遗址为灵感来源。

（2）在保留区，看不到现代生活的痕迹，如水龙头或电力设施。

（3）福特维肯斯博物馆的全套服务餐厅和纪念品商店都位于体验区（即保留区）外。商店提供与博物馆维京时代主题相关的纪念品。

3.营销

无。

4.关于游客

（1）博物馆有许多来自斯堪的纳维亚半岛以外的外国游客。他们中很少有回头客，年龄大多在13～30岁之间。

（2）总的来说，博物馆的得分没有高低之分，而是介于两者之间。

5.2008—2011年工作回顾

（1）2008—2011年，福特维肯斯博物馆最重要的变化或事件是非斯堪的纳维亚国际游客的增加，尤其是来自法国、意大利、西班牙和中国的游客。这使得8月和9月的游客比以前更多了。这种是由外部影响造成的变化，博物馆并没有预测到。

（2）他们改变了为游客提供的服务，停止了导游服务。随着游客数量当地增加，继续这些旅游的要求太高了。

（3）博物馆增加了维京人在保留区的人数，并将他们分为讲述者（talkers）和实践者（doers）。博物馆将餐厅搬进了商店，以简化服务并减少工作人员数量。最后，他们扩建了传统的博物馆部分，新建了一家建筑，为游客提供更好的介绍。

（4）在不久的将来，福特维肯斯博物馆的管理层担心瑞典货币克朗（Krone）的影响。这一影响正在变得越来越剧烈，这可能意味着会出现更少的游客。另外，斯堪尼亚地区正在集中精力将古代历史作为吸引游客的目标，其中包括维京人，这意味着福特维肯斯博物馆将迎来新的机遇。

（5）福特维肯斯博物馆的管理层一致认为，考古露天博物馆最好从一个小地方发展成一个更大的地方，而不是从零开始制订大型计划。如果公众的反馈不好，就需要做出改变。考古露天博物馆不应过于商业化：博物馆和娱乐村是有区别的。博物馆不应不假思索地复制和粘贴；这导致博物馆的同质化。

九、小结

尽管我们对每一家博物馆都做了简要的介绍，但案例研究中的八家博物馆的历史比起简短的介绍更加丰富多彩，无法逐一进行详细地介绍。在八家博物馆中，其中的六家博物馆源于当地的考古发掘。考古发掘对当地社区、政治家和考古学家本人都产生了巨大影响：对有些考古学家来说，他们以发掘的遗址工作作为他们的终身事业，得到了良好的声誉，如阿帕尔斯博士在阿莱西湖发掘的遗址。

一些博物馆，如洛福特维京博物馆很少有学校团体参观，而有些博物馆，如马特里卡博物馆、蒙塔莱公园和HOME则主要是为教育计划而规划的。在某些情况下，这些计划会影响游客的体验，例如在蒙塔莱公园，旅游服务是教育项目的衍生品。

总体而言，八家博物馆在初步研究中只发现了几个共同点。在接下来的几章中，我们将对这八家博物馆及其游客情况进行比较，以了解不同博物馆是否有类似的机制，如果有，它们是否产生了类似的结果。

尽管大多数考古露天博物馆的参观者首先想到的是重构建筑，但无形遗产所讲述的故事、尽职尽责的工作人员才是考古露天博物馆的核心财富。

游客的数量与博物馆的规模完全无关：即使在两公顷的土地上，也可以建造一个博物馆，让许多游客在一年中都能满意而归。对于博物馆来说，比预期更多的机会在于在平季吸引更多的游客，或者（因为游客通常在现场最多停留3小时）将游客分散到一天中或一周中的不同日子里。从技术上讲，一个占地两公顷、同时接待1 000名游客的场地每年可轻松接待超过10万名游客。

在许多博物馆，管理层都意识到自助餐厅、纪念品商店和卫生间对游客的重要性，但没有一家博物馆在这些方面做得出色，尽管这些方面的建议很容易获得，这种情况令人惊讶。值得指出的是，管理者通常更喜欢他们博物馆修旧如旧的重构房屋，而不是现代设施。

在详细考察八家博物馆、博物馆管理层和参观者情况之后，我们可以清楚地发现，尽管案例数量较少，但也能看到博物馆内部的差异非常大，这也是研究方法中较为刻意的一个方面。不过，我们还是可以发现所有这些博物馆的优势和劣势、机遇和挑战，尽管在每种情况下都有不同的组合。初步调查与案例研究的详细资料的结合，构成了一套独特的数据，为评估提供了信息，还帮助我们确定了对于部门的选择，特别在案例研究中对博物馆的选择。

每个博物馆都有一系列优势，并能提出相应的服务改进措施。

（1）苏格兰克兰诺格中心的重点是圆屋，这一点有据可查。博物馆的纪念品商店也做得非常好。克兰诺格是英国苏格兰地区的标志性建筑，对于这个规模不大的博物馆来说，这是一个了不起的成功。导游也提供了很好的讲解服务，还进行了互动演示。

（2）HOME有许多不同时期主题的服装，这些服装的制作相当精良。博物馆有许多志愿者。参观者在这里停留的时间较长，无论是在学校假期还是旅游旺季，博物馆都能很好地吸引游客。

（3）乌尔丁根木桩博物馆拥有完整而独特的藏品体系。博物馆的办公室虽然小，但运作效率很高。该地区的旅游竞争非常激烈，但博物馆做得很好；不仅游客数量众多，而且博物馆的重复参观者（回头客）比其他任何人都多。

（4）洛福特维京博物馆的主要优势在于博物馆的多面性：博物馆拥有广阔的地域和丰富的选择。博物馆的公关做得很好，并且能够通过正确的渠道吸引潜在的参观者。由于地理位置优越，博物馆的国际游客比其他博物馆都多。

（5）蒙塔莱公园的参观者对博物馆非常满意：博物馆为参观者提供的服务是学校课程的延伸，并结合了手工艺展示，效果很好。门票也很便宜。

（6）阿莱西湖博物馆是拉脱维亚国家历史博物馆的一部分，有潜力不断更新其基础设施。2008年，博物馆有足够的工作人员接待游客。该博物馆非常知名，是拉脱维亚国家形象的一部分，吸引了许多游客不远万里前来参观。

（7）马特里卡博物馆非常忠于真实性。博物馆的自助餐厅为许多顾客提供了便利。由于博物馆主要面向学校团体，因此其网站内容很全面，制作精良。

（8）福特维肯斯博物馆的优势在于它是一个活态历史博物馆，有许多活态历史演员，每年还会新建一家维京式房屋。进入维京保护区后，游客可以身临其境地进行体验。商店和餐厅都以维京时代为主题。博物馆吸引了很多来自国外的游客。

第六章

了解博物馆

　　第六章和第七章主要探讨对博物馆和游客的认识，这是为博物馆部门提出一般性建议迈出的一步。这两章的结构与第五章类似：首先介绍了八家博物馆的情况，然后考察其管理和财务状况，并讨论了工作人员、藏品、市场营销、阐释方式和游客服务等问题。第六章的结构沿用了管理调查（management survey），而第七章则基于游客调查（visitor survey），从游客特征和参观前的步骤开始，然后是对参观体验的几个方面进行评估。

　　案例研究中的八家博物馆都易于访问，并吸引了不同类型的游客，几乎没有一种类型的游客被排除在外。对八家博物馆进行互相比较较为困难，例如，由于每家博物馆周围的人口密度相差很大，导致有些博物馆有很多本地游客，而有些博物馆则有很多本国游客。根据不同的标准，我们可以将博物馆分为不同的类别，但没有一个类别适合所有的研究问题。在某种维度下，博物馆A与博物馆B和博物馆C最为相似，但从另一个角度看，博物馆A又与博物馆C和博物馆D相似。由于没有两个博物馆位于同一个国家，因此无法调查特定国家博物馆的相似性。参观次数最多的博物馆的参观人数是最少的博物馆的10倍。在某个博物馆中，会出现旅游旺季的访客量在6个星期内达到高峰的情况，而在其他博物馆，其旅游旺季可长达6个月。

　　本章强调考古露天博物馆的经营是非常重要的。经营者不仅需要具备管理能力，而且需要变通的能力。许多员工通常在一年中的不同时期承担不同的职责，全能型人才备受青睐，例如，他们可以身着季节性服装在户外工作，也可以在冬季帮助管理或设计营销。尽管博物馆种类繁多，但还是收集到了大量适合本项研究的可比较数据。

一、管理评估中的数据收集问题

本项研究的管理评估（见第三章品质差距小节）包括11个关于不同管理项目的问题，这些问题是在2008年实地考察期间由相关博物馆的管理者填写的。一般来说，在理想情况下，填写完整的评估报告可能需要一天左右的时间，但实际情况并非如此，这就导致管理评估中可能出现数据收集问题。例如，在HOME，评估调查分为5个部分，由5名工作人员分别填写，因为他们了解各自领域中的最新知识。最后，由管理者对评估调查进行汇总和检查。在苏格兰克兰诺格中心，评估工作很早就开始了，并会对评估调查的质量和结构提出很多反馈意见。第一次实地考察是在5月，当时正值一年中最繁忙的时期，以至于没有足够的时间与管理者沟通以获取所需的答案。因此，第二次实地考察是在淡季进行的，整个评估调查在一天内完成。

在洛福特维京博物馆，比较意外的是，管理者在笔者实地考察期间根本不在场。因此，这些问题直到2008—2009年冬季的淡季才得到了回答，必要时我们还通过电子邮件进行反馈。这比预期花费的时间要长。在乌尔丁根木桩博物馆，馆长助理在笔者实地考察期间独立于作者完成了所有的表格，详细到几乎不需要回答关于评估结构的任何问题。在福特维肯斯博物馆，评估调查是通过访谈管理者的形式来完成的，剩下的一些问题通过电子邮件得到了回答。数据收集方式的差异可能会给具体的比较造成影响，但最终还是获得了具有可比较性的详细数据，这得益于所收集的数据可以放在一个更大的框架内进行分析，即结合过去的访问（实地考察）和在其他露天博物馆所收集的数据进行综合分析。

二、考古露天博物馆的管理情况

本项研究中的八家博物馆都符合世界实验考古学会对考古露天博物馆的定义。正是在八家博物馆的背景下，构建了这一定义，并作为LiveARCH项目的组成部分，该定义随后由世界实验考古学会继续执行。尽管八家博物馆都将自己定义为考古露天博物馆，但只有六家博物馆的官方名称使用了"博物馆"一词。在阿莱西湖博物馆，该遗址最初被称为湖泊城堡，同时这也是重构区域的名称。阿帕尔斯发起了这一项目，随后得到公众的进一步支持，并于1993年成立了阿莱西湖基金会。该基金会在2007年之前一直在开发该遗址，目的是建立一个考古露天博物馆。在此之前，"博物馆"这一名称并未用于阿莱西湖博物馆，因为在当时它既不符合博物馆标准，也不具备适当的游客基础设施。拉脱维亚非政府组织（Latvian non-governmental sector）无法筹集到阿莱西湖博物馆所需的资金。因此，为了获得必要的国家资助，阿莱西湖博物馆成了国家历史博物馆的一个分支机构。从2008年起，阿莱西湖博物馆在名称中加上了"博物馆"，并被称为阿莱西湖考古博物馆公园。另一个例子是苏格兰克兰诺格中心，尽管它自己开展研究并展示原始的藏品，但它没有被列为博物馆。"认证"（Accreditation）是英国博物馆的一套国家标准。为了达到这些标准，博物馆必须在如何治理和管理、如何保护和记录其藏品以及如何向用户提供信息和服务方面满足已公布的要求。1998年博物馆协会（Museum Association）对博物馆的定义为："博物馆使人们能够探索收藏，以获得灵感、学习和享受。它们是收集、保护和提供它们为社会托管的艺术品和标本的机构，符合这一定义的博物馆都可以获得认证。评审计划由英国艺术委员会（Arts Council England）与苏格兰博物馆画廊组织（Museums Galleries Scotland）、北爱尔兰博物馆理事会（Northern Ireland Museums Council）等合作管理。"

（一）参数和实践性

不同博物馆的规模差别很大（表6-1）。洛福特维京博物馆占地100万平方米，而HOME只有2万平方米。必须指出的是，洛福特维京博物馆的集中使用区面积可能也不超过2万平方米。综合来看，在八家博物馆中，平均导游讲解时间略少于1小时，游客平均行程约500米。

表6-1 不同博物馆的规模比较

博物馆	占地面积（万平方米）	导游参观实际距离（米）	讲解平均持续时间（分钟）
苏格兰克兰诺格博物馆	0.5	150	50
HOME	2	500	65
乌尔丁根木桩博物馆	6	800	60
洛福特维京博物馆	100	500	40
蒙塔莱公园	2.4	350	60
阿莱西湖博物馆	12	500	60
马特里卡博物馆	3.7	400	60
福特维肯斯博物馆	7	450	20

考古露天博物馆的稳定性取决于内部和外部因素。其中一些可以很容易地确定（表6-2）。并不是所有这些因素都对稳定或成功产生负面影响。

表6-2 2003—2008年八家博物馆的不稳定性描述

不稳定性描述	苏格兰克兰诺格中心	HOME	乌尔丁根木桩博物馆	洛福特维京博物馆	蒙塔莱公园	阿莱西湖博物馆	马特里卡博物馆	福特维肯斯博物馆	总计
依存度变化	0	0	0	1	0	1	0	0	2
大型建筑/新建筑的启用	0	1	1	0	1	0	0	1	4
竞争加剧	1	0	1	1	0	1	1	0	5
重大组织结构调整	0	1	0	1	0	0	1	1	4
更换执行董事	0	1	0	1	0	0	1	0	3
灾难	0	1	0	0	1	0	0	0	2
总计	1	4	2	4	2	2	3	2	

注 "1"表示博物馆受该因素的影响，"0"表示没有。

在HOME、乌尔丁根木桩博物馆和洛福特维京博物馆中，馆长的任期不超过五年。就HOME而言，10年中换了4任馆长，第五任从2010年开始任职。在2003—2008年期间，有四家博物馆经历了重大重组。因此，大多数博物馆在此期间都换了新的管理者也就不足为奇了。在蒙塔莱公园和HOME都曾发生过火灾，致使部分博物馆建筑被烧毁，这带来了新的重建工作。值得注意的是，乌尔丁根木桩博物馆和福特维肯斯博物馆计划建造新的房屋，尽管不是直接替换，另外四座博物馆HOME、洛福特维京博物馆、阿莱西湖博物馆和苏格兰克兰诺格博物馆也计划建造新的现代化服务区域。

大多数博物馆都要依靠政府来维持博物馆的运转，而对于一些博物馆，如福特维肯斯博物馆，欧盟的项目资金对于其博物馆职能的实现和发展非常重要。对于所有博物馆来说，未来几年的财务状况都有保障，一个糟糕的季节并不意味着博物馆的终结。

存在不稳定因素最多的博物馆是HOME和洛福特维京博物馆，其次是马特里卡博物馆。苏格兰克兰诺格博物馆的情况似乎最为稳定。

（二）管理和财务

从调查中可以明显看出八家博物馆存在的一些问题，但这些问题并非它们所独有的："管理上的模糊不清，以及博物馆无力或不愿承担教育和娱乐外的社会责任，本质上是缺乏远见——似乎无法预测与当前活动和承诺几乎没有关系的未来事件（Janes，2009）。

管理方法在博物馆界广为人知。例如，通过商业计划、SMART目标（具体的Specific、可衡量的Measurable、有抱负的Ambitious、现实的Realistic、在时间表Timetable内，Doran，1981）和具有财务和方案绩效指标的评价系统进行目标管理（Manneby，2002）。在考古露天博物馆中，专业管理往往采取不太结构化的方式。

案例研究的八家博物馆中，只有HOME、洛福特维京博物馆和福特维肯斯博物馆有书面的商业计划。这可以解释为，博物馆的商业计划在斯堪的纳维亚半岛和荷兰比在欧洲其他地方更为常见。然而，HOME和洛福特维京博物馆是这三座博物馆中受商业计划稳定性影响最大的两家博物馆（表6-2）。因此，政策的存在可能是促进稳定的一个因素。在八家博物馆中，马特里卡博物馆是唯一没有商业计划和行动计划的博物馆，尽管蒙塔莱公园和阿莱西湖博物馆没有提供细节。在其他商业领域，没有商业计划是不寻常的。行动计划中最容易被忽视的部分是行动步骤本身的定义和绩效指标衡量标准；这意味着效果并不总是可量化的。在对管理战略进行研究之后，我们将SMART目标制成表格（表6-3，关键词参照Manneby，2002），作为识别管理政策差异的一种手段。在许多博物馆中，规划主要集中在短期；外部因素决定了它们开放的可能性，而不是由它们自身决定的（G. Schöbel，2008）。

表6-3　2008年开展项目评估概览

关键词	苏格兰克兰诺格中心	HOME	乌尔丁根木桩博物馆	洛福特维京博物馆	蒙塔莱公园	阿莱西湖博物馆	马特里卡博物馆	福特维肯斯博物馆	总计
可衡量、可评估的目标	1	1	1	1	nd	nd	0	1	5
长期目标	1	1	1	1	nd	nd	0	1	5
短期目标	1	1	0	1	nd	nd	0	1	4
行动步骤	0	1	0	1	nd	nd	0	1	3
资源计算	0	1	1	1	nd	nd	0	1	4
工作人员参与	1	1	1	1	nd	nd	0	1	5
确定优先事项	1	1	1	1	nd	nd	0	1	5
资源计算	1	1	1	1	nd	nd	0	1	5
实施时间表	1	1	1	1	nd	nd	0	1	5
评估系统	1	1	1	1	nd	nd	0	1	5
绩效指标	1	1	1	1	nd	nd	0	1	5
游客满意度调查	1	1	1	1	nd	nd	0	1	5
计划中确定的业绩计量	0	0	1	0	nd	nd	0	1	2
总计	10	12	11	12	nd	nd	0	13	

注　"1"表示博物馆在相应的目标类别上具备相应的计划，"0"表示没有，"nd"表示没有提供数据或详细信息。

大多数考古露天博物馆的管理者都是受过教育的考古学家，尽管考古学研究通常涉及项目管理技能的学习，但这并不意味着所有的考古学家都是训练有素的管理者。每年增加或减少25%以上的预算情况几乎没有发生过，但财政限制是阿莱西湖博物馆从受私人基金会管理转变为国家历史博物馆的一个分馆（包括一个室内展区）的原因之一。洛福特维京博物馆也即将改变现状。与私人博物馆相比，早期的政府博物馆较少，这一情况在后期得到了平衡。但是，无论是政府还是私人的组织类型，并不一定意味着什么。政府博物馆可以是相对独立的，而私人博物馆可能在其行动上比预期的更受限制。例如，如果想要详细地考察像洛福特维京博物馆这样的博物馆时，情况就变得更加复杂了，因为洛福特维京博物馆自称是一家公共企业：由两家股份制公司合并而成，股份100%由维斯塔瓦盖市（Vestvågøy）政府所持有。最显著的区别在于其组织类型是有限公司，而不是基金会。基金会根本没有所有者，而股份公司则存在所有者。这两家股份公司仍然存在，其中一座是博物馆的所有者。另一家公司被洛福特维京博物馆出售给新的博物馆（Museum Nord)。洛福特维京博物馆商业仍在运营，但所有权已变更为一家由基金会拥有的股份公司（G. Johansen，2010）。

HOME 和福特维肯斯博物馆都不是由考古学家创立的，因此他们在初期的作用较为有限；然而，在福特维肯斯博物馆，博物馆会咨询考古学家，考古学家很快就成了工作人员的一部分。在所有情况下，除了HOME，考古学家都是博物馆目前管理层的成员，负责考古研究或行政工作。一半的博物馆（HOME、蒙塔莱公园、阿莱西湖博物馆和洛福特维京博物馆）选择由外部专家提供考古咨询。

每个博物馆的游客人数差异很大（图6-1）。我们发现规模最大的乌尔丁根木桩博物馆是最小的马特里卡博物馆的17.6倍。此外，每年对游客的开放天数也有很大的差别。同样，乌尔丁根木桩博物馆是最常开放的博物馆，开放356天，但蒙塔莱公园一年只开放25天（图6-2），这短暂的开放时间甚至让人质疑其博物馆的定义（Gómez Ryan，2002）（见第三章深入微观：聚焦探索个案研究小节部分）。

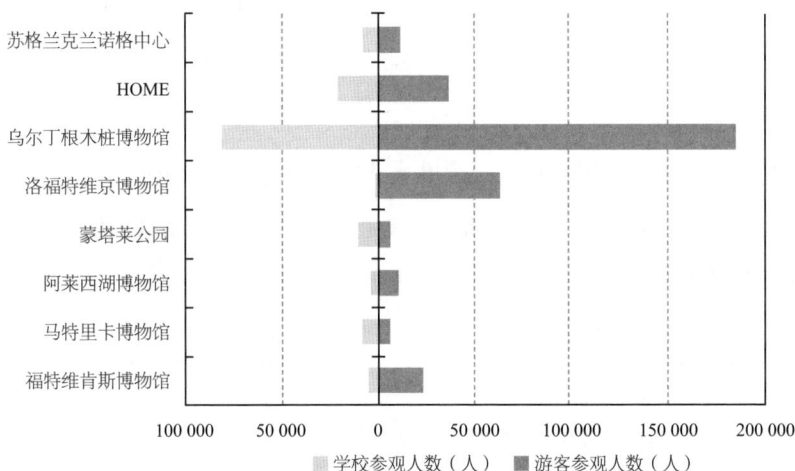

图6-1　八家考古露天博物馆的参观人数和游客类型

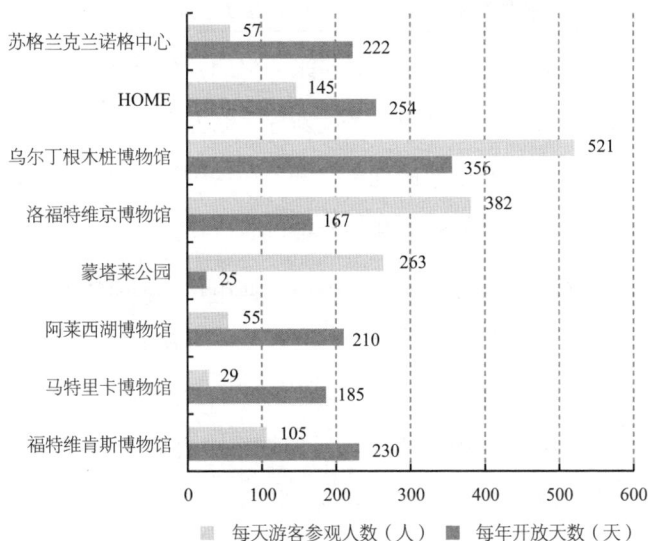

图6-2　八家博物馆每天的游客人数和每年开放的天数

注　八家博物馆平均每天有195名游客，平均每年开放206天。

　　大多数博物馆都有团体或个人担任顾问。在某些情况下，如在HOME，马特里卡博物馆和苏格兰克兰诺格中心，这种咨询是正式的；在其他情况下，如蒙塔莱公园和福特维肯斯博物馆，这种咨询则不是正式的。

博物馆对经济的影响是一个重要因素。博物馆创造了工作岗位和吸引了游客，游客在参观前后会直接在附近消费。但博物馆对附近酒店、餐馆或其他商业贸易的影响很难估计，因为缺乏可靠的统计数据。在勒耶尔传奇之地，据估计，尽管2010年社会投资约120万欧元（表6-4），勒耶尔传奇之地及其游客的消费带来了近37.6万欧元的年度结余。将公共资金用于勒耶尔传奇之地可视为对该区域的一项经济投资，其积极效果为32%（Sagnlandet Lejre，2011）。

表6-4　2010年勒耶尔传奇之地的收入和支出

勒耶尔传奇之地所在地区的消费情况	€ 529 207
游客在该地区的消费情况	€ 1 011 871
该地区对于勒耶尔传奇之地的投资情况	€ 1 165 153
该地区的总利润	€ 375 926

博物馆对地方影响的另一层面是带来积极的社会意义。例如，蒙塔莱公园的建立初衷是为了给一个缺乏传统的新建郊区提供历史背景。它是一个公共博物馆，提高文化意识是它的任务之一。在这种情况下，文化是一种发展工具（I. Pulini，2010）。HOME和福特维肯斯博物馆等地的社会相关性也很重要，它们作为政府计划的一部分，为那些通常找不到或保住工作的人创造了许多工作岗位，这对博物馆和政府都有好处。隶属于协助博物馆的组织的附属机构数量和类别差异很大。就这项研究而言，这些组织分为大学、旅游/商业网络、国家博物馆协会（包括国际博物馆协会）、政府和其他专业机构（表6-5）。乌尔丁根木桩博物馆和洛福特维京博物馆有许多这样的联系机构，它们都是竞争激烈的旅游区中的大型博物馆。2008年后，乌尔丁根木桩博物馆加强了与图根特大学（Tübingen University）的联系，使它们在各个方面的联系更加紧密。

国家博物馆协会（National museum associations）是最受欢迎的联系对象，其次是旅游/商业网络。虽然这些机构的良好组合似乎很重要，但很难确定哪个博物馆有足够的数量。通常，通过博物馆管理人员的专业网络进行交流对博物馆的发展与官方合作伙伴的联系同样重要，当然两者之间也会有重叠之处。

表6-5　八家博物馆的不同类别协助机构数量　　　单位（个）

机构	苏格兰克兰诺格中心	HOME	乌尔丁根木桩博物馆	洛福特维京博物馆	蒙塔莱公园	阿莱西湖博物馆	马特里卡博物馆	福特维肯斯博物馆	平均
大学	1	0	0	2	2	1	3	2	1.4
旅游／商业网络	4	2	1	5	2	4	0	1	2.4
国家博物馆协会	0	2	4	1	2	1	2	4	2.0
政府	1	2	1	3	1	3	1	1	1.7
其他专业机构	0	1	9	1	1	2	0	1	1.9
总计	6	7	15	12	8	11	6	9	

从博物馆对旅游业和区域发展的影响来看（表6-6），苏格兰克兰诺格中心、乌尔丁根木桩博物馆和洛福特维京博物馆的影响力最大。影响最小的博物馆是蒙塔莱公园和马特里卡博物馆，特别是在对区域发展和加强民族认同方面的影响。这两家博物馆对游客的依赖程度也最低，对受教育游客的依赖程度更高（图6-1）。

表6-6　八家博物馆对旅游业及区域发展的影响力

影响力因素	苏格兰克兰诺格中心	HOME	乌尔丁根木桩博物馆	洛福特维京博物馆	蒙塔莱公园	阿莱西湖博物馆	马特里卡博物馆	福特维肯斯博物馆	平均
你会加强地区认同吗	5	4	5	5	4	4	4	4	4.38
你们在这个地区推广旅游吗	5	4	5	5	3	2	5	4	4.13
是否加强区域发展	4	4	5	5	2	3	2	4	3.63
你强化了国家认同吗	5	3	3	3	0	5	1	4	3.00
平均	4.75	3.75	4.50	4.50	2.25	3.5	3.00	4.00	

注　其中"1"表示影响力很小，"5"表示影响力很大。

在八家博物馆中，每家博物馆均编制年度账目与预算。然而，部分博物馆在提供详细财务信息方面有所保留。例如，苏格兰克兰诺格中心拒绝回应任何相关询问，并建议将此类问题替代为是否实施财务追踪，但这无法全面反映其财务管理的质量。洛福特维京博物馆未能将其财务数据有效分类。对乌尔丁根木桩博物馆而言，尽管成本数据可被详细分解，但收入数据却未能做到同样的细分。综合来看，仅有五家博物馆提供了充分的信息以供建立比较分析（图6-3）。

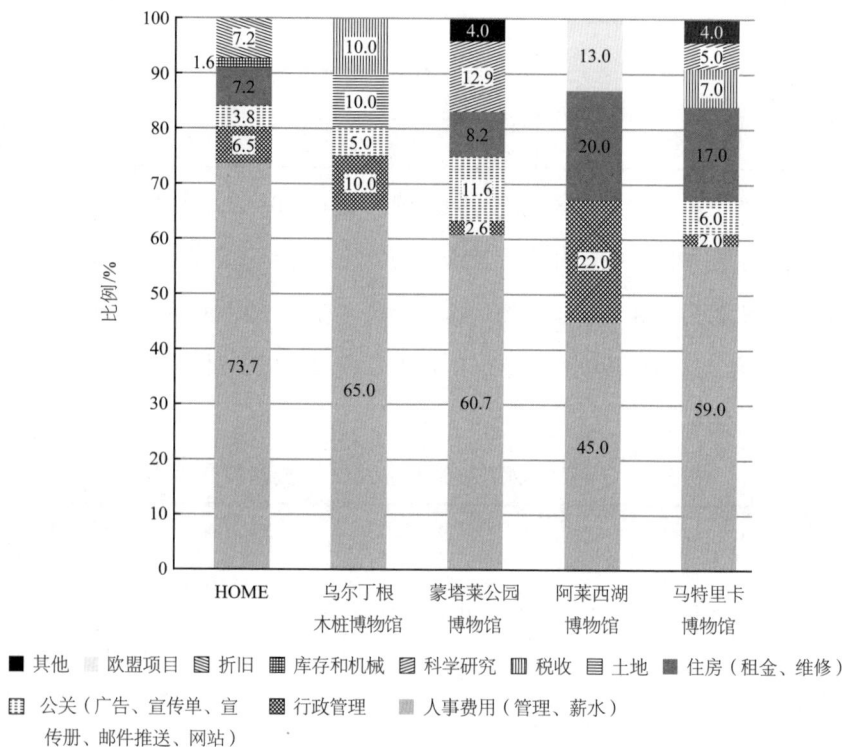

图6-3　5家博物馆的财务概况

可以看到，人事费用通常占60%左右，但HOME的比例高达73.7%，因为HOME比其他博物馆有更多的工作人员（图6-3、图6-5），这反映了博物馆发挥了其创造就业岗位的作用（D. Prinsen，2010）。与HOME高昂的人事费用支出相对应的是更高的补贴，专门用于支持这些员工。

博物馆活动（图6-4来源1）、公共资金（图6-4来源2）和其他收入

（图6-4来源3）之间的分配在阿莱西湖博物馆似乎是最合理的，而在马特里卡博物馆三个来源的所占比例最不均衡。HOME应使其资金来源更加多元化（图6-4）。蒙塔莱公园的公共资金主要来自管理该公园的摩德纳市，值得注意的是，其中约30%来自卡斯泰尔诺沃市（Municipality of Castelnuovo），即蒙塔莱公园的实际所在地。

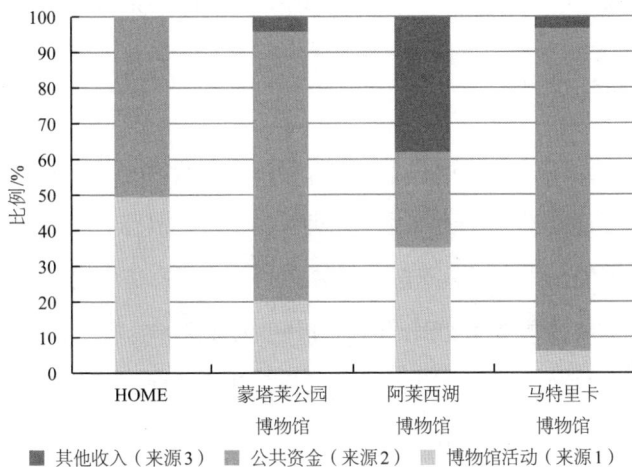

图6-4 博物馆资金来源情况

在研究范围内的博物馆中，额外的收入主要源于附属的餐饮服务、纪念品商店以及住宿设施。在举办的某些活动中，参与的活态历史团体和手工艺者有机会销售他们自制的产品，其中不少人因展示或演示其技艺而获得额外的报酬。然而，需要注意的是，活态历史团体在活动中直接销售的商品并未被计入博物馆的正式财务记录之中。这种情况表明，虽然这些活动为个别参与者带来了收益，但其经济流量并未完全反映在博物馆的财务报表上。

由于难以确定全职员工的确切人数，因此通常不会计算每名全职员工的收入。在某些情况下，合同工被计算在内，而在另一些情况下则没有。收入并不直接影响员工人数（M. Vicze，2009）。管理调查显示，全职员工的年收入在4000—48000欧元之间。通过对大多数博物馆的管理调查，可以确定每位游客带来的收入，在2.5—9.57欧元之间。这是相对于每个博物馆及其所在国家的全部收入和支出而言的。遗憾的是，由于数据太少，无法进行详细的比较。

　　大多数博物馆的财政优先事项与加强其总体财政健康和稳定的关系密切相关，而不是与增加收入或为某一具体项目筹集资金有关。HOME 的财务需求最多。苏格兰克兰诺格中心没有任何个人或组织的资助，并定期寻求赠款。在阿莱西湖博物馆，尽管它拥有长期的国家资助，但它所面临的挑战在于翻新基础设施和应对财政压力。2008 年，在马特里卡博物馆，市政府大幅度削减了博物馆的财政资金，为此，博物馆曾寻求赞助，但没有找到。

（三）博物馆员工

　　FTE*代表薪资中的全职员工，如果将每年花费的所有工作时间相加，再除以全职员工通常工作时间和报酬，就可以计算出相当于全职员工的工作时间。对许多博物馆来说，人员配备是复杂的，兼职人员比例很高；有些人只在周末工作，或按季节性工作，或通过其他安排工作。提供这些信息的方法是，以典型的100%FTE的工作时数为单位，并除以全年所有工作人员的工作总时数。每个国家的博物馆工作人员计算了 FTE 数字，由于算法的局限性，每个博物馆的 FTE（图6-5）都是近似值。

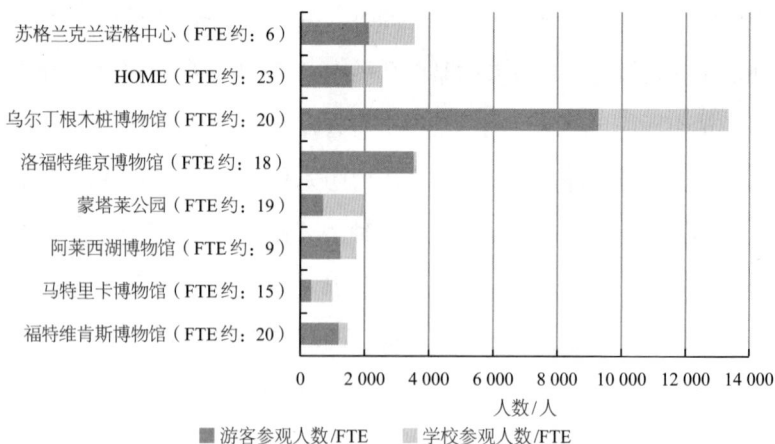

图6-5　每位工作人员参观博物馆的人数

---

*　Full-Time Equivalent, 即全职当量，是员工工作量的衡量标准，是一个用来衡量员工工作时间和劳动力成本的指标。

难以想象的是，在游客参观人数/全职员工人数的数值少于2 000人的情况下，一个博物馆仍然有偿付能力（因为没有补助金的博物馆很少）。然而，必须指出的是，在许多地方，大多数工作人员的工资很低，不仅在东欧，而且在福特维肯斯博物馆和HOME等博物馆也是如此，尽管在那些地方为本来没有工作的人提供了一份有补贴的工作。在全职员工人均接待3 000多名游客的博物馆（图6-5），这些安排并不存在。财务盈利能力从来都不是这些博物馆的优先考虑事项，也不具备可行性。

各博物馆工作人员在高峰期接待的游客人数差别很大，从250～3 000人不等。乌尔丁根木桩博物馆和福特维肯斯博物馆没有透露具体数字，但它们一天的最大游客人数甚至可能超过3 000人。阿莱西湖博物馆每天都有1 000名游客，绝对是人满为患，而HOME则无法满足单日接待2 500名游客的需求，因为博物馆的活动区太小，与其举办一次大型活动，不如举办几次中型活动。大多数博物馆可以依靠志愿者和其他额外的工作人员来举办这类活动。

在分析博物馆工作效率时发现，尽管那些接待大量学校团体的博物馆通常有较低的取消率——因为这些参观往往是预先安排的，但按每位全职员工所服务的参观人数来衡量，这些机构的效率似乎并不高。这可能与学校参观相比普通游客需要更长的互动时间有关，这类参观通常需持续数小时。在这些博物馆中，多数员工需承担多重职责，并能根据需求被分配至不同的工作岗位。这种职责的多样性可能导致注意力分散和任务未完成的风险，因为员工需不断对即时发生的各种状况作出响应。此外，很少有额外的人力资源被配置来处理这些干扰，这进一步影响了工作效率。

在博物馆的人力资源结构中，季节性与非季节性员工、室内与室外工作人员之间存在显著差异。工作层级分明，但并非所有工作人员都有薪酬。在某些情况下，与志愿者和学生的协作可增进工作效率，但因文化差异或人手不足，这种协作并不总是可行。

博物馆的外聘工作非常有限，这可能是因为这些博物馆有大量的兼职工作人员，他们可以随时加班。某些展示和研究需要聘请专家。有三家博物馆将保安工作外包出去。在四家博物馆中，部分清洁工作是外包的。维修工作通常由博物馆自己的工作人员进行。管理调查显示，一些博物馆拥有外部财务专家或营销专家。苏格兰克兰诺格中心和福特维肯斯博物馆不雇用外部专家。HOME在聘用外部专家时只使用自己的自由职业者网络。其他四家博物馆使用的是现有的自由职业者网络。有些只是在当地报纸上登广告。有四家博物馆从大学等附属机构聘请专家。附近的同类博物馆也很重要，其中有五家博物馆从同类博物馆聘请外部专家。

有关博物馆的招募宣传方式，招聘新的志愿者和有偿工作人员的主要渠道是在报纸刊登广告（4家）、口口相传的形式（3家）、博物馆自己的网站（3家）和博物馆自己的网络（4家）。此外，还在两家博物馆中，特别提到了博物馆的考古部门。

所有博物馆都很重视培训工作人员，而且在许多情况下，培训是量身定做的。在旺季开始时，培训新工作人员和更新老工作人员的工作出现了高峰期。固定的工作人员通常参加与外部专家主讲的培训研讨会。培训采用理论授课和实践相结合的方式，包括大量的指导。只有HOME、苏格兰克兰诺格中心和福特维肯斯博物馆有正式的工作人员手册；在多数情况下，工作人员可获取的书面资料是受限的。

（四）博物馆藏品

可以用几种不同的方式来定义。在世界实验考古学会使用的考古露天博物馆的定义中（参照第二章中的考古露天博物馆是什么小节部分），强调的是非物质文化遗产的收藏，并提供了关于人们如何生活的解释，这些解释参照了特定的时间和地点背景。

在2008年，八家博物馆将藏品划分为以下几类：

（1）博物馆藏书、照片和录像收藏和档案。

（2）在博物馆展出的考古文物。

（3）博物馆及附近的相关文化遗产。

（4）重构对象。*

尽管每个博物馆都做了这样的分类，但现场和附近的相关文化遗产很少被视为单独的藏品类别。洛福特维京博物馆、福特维肯斯博物馆、苏格兰克兰诺格中心、乌尔丁根木桩博物馆和阿莱西湖博物馆在这方面做得很有条理；蒙塔莱公园、马特里卡博物馆和HOME也在做这方面的工作，但程度较低：它们有机会增加对现场和附近相关文化遗产的记录、保存和使用。在这些更重要的领域中，洛福特维京博物馆和阿莱西湖博物馆拥有的资源最多，HOME最少。博物馆可以依赖的模块越多，就越能更好地融入当地文化社会，博物馆的特色也就越多样化（图6-6）。

在所研究的博物馆当中，没有任何一个机构被正式认定为动物园，也没有一个博物馆拥有一艘具有历史价值的船只。只有福特维肯斯博物馆和洛福特维京博物馆拥有这种类型的展品，这些重构船只大多数是简易的木制结构。至于历史建筑，无论是保留在原址还是被迁移至新的地点，它们通常都是增强博物馆体验的附加元素（图6-6）。

重构对象是所有博物馆的主要关注点。它们可分为：

（1）较大的物体，如房屋、船只和像窑炉这样的不可移动的建筑。

（2）较小的物品，如服装、家具、陶瓷、工具和武器。

要回答考古露天博物馆建筑施工过程中出现的问题，需要收集各种资料。大多数博物馆称其每家建筑的灵感都来自一个遗址，如果最初的考古发掘没有提供足够的信息，则会从类似的遗址中补充其他信息。在一半的案例中，这些重构建筑的灵感还来自建筑传统和文献研究。

科尔斯（Coles，1979）定义了三种重构类型：看起来像、建造起来像、使用起来像。在案例研究涉及的博物馆中，有几处房屋的建造与原始建筑存在差异：通常，在设计阶段，出于安全的考虑就已经对建造方案进行了调整，并在建造过程中使用了现代工具。房屋是作为考古实验而建造的说法只

---

* 指博物馆以实验考古为基础，重构的古代建筑、器物、技术等产物。——译者注

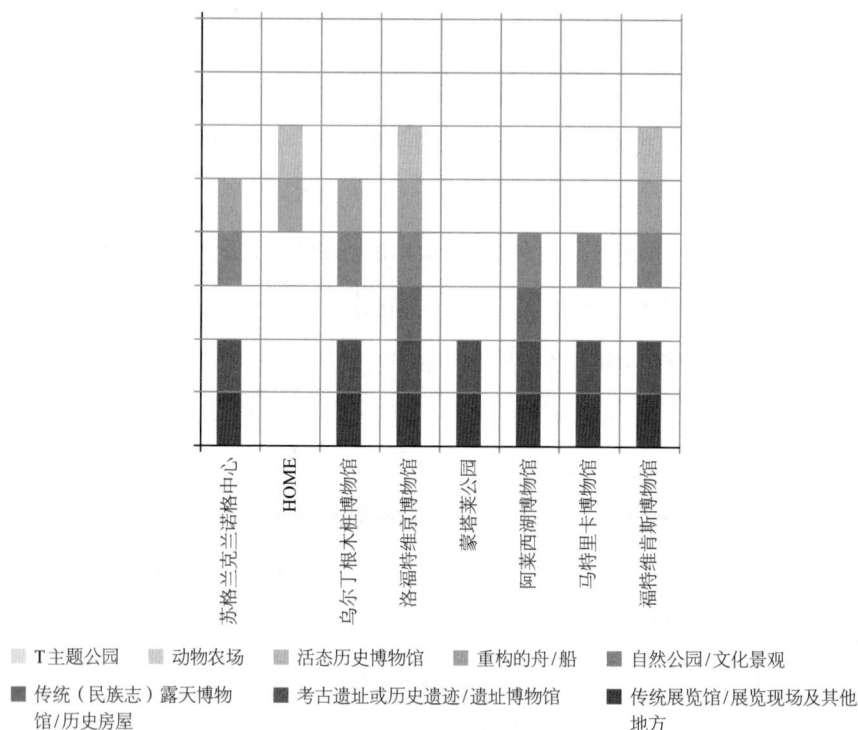

图6-6　八家考古露天博物馆的特色

注　有关更多信息，请参见第二章考古露天博物馆的模块组成小节。

适用于个别情况，绝不适用于博物馆中的所有建筑。至少在乌尔丁根木桩博物馆和苏格兰克兰诺格中心就是如此。在阿莱西湖博物馆，有一家现已毁坏的建筑就是作为实验而建造的（表6-7）。

表6-7　八家博物馆重构建筑的背景资料

背景资料	苏格兰克兰诺格中心	HOME	乌尔丁根木桩博物馆	洛福特维京博物馆	蒙塔莱公园	阿莱西湖博物馆	马特里卡博物馆	福特维肯斯博物馆
博物馆的房屋/建筑是以什么为基础的								
每一座建筑都有单一遗址的考古依据	1	1	1	1	1	1	1	0
每一座建筑有多个遗址的考古依据	1	1	1	1	0	1	0	1
考古结构类型/考古传统	0	1	0	1	0	0	1	1

续表

背景资料	苏格兰克兰诺格中心	HOME	乌尔丁根木桩博物馆	洛福特维京博物馆	蒙塔莱公园	阿莱西湖博物馆	马特里卡博物馆	福特维肯斯博物馆
博物馆的房屋／建筑是以什么为基础的								
历史信息	0	1	1	0	0	1	0	1
文献研究／一般资料	1	1	1	1	1	1	1	1
博物馆重构的房屋／建筑								
看起来像原始建筑（但不一定100%是用原始技术和材料建造的）	1	1	1	1	0	0	1	1
100%像原始建筑，就像考古实验一样	1	0	1	0	1	1	0	1
部分像原始建筑	0	1	1	1	0	1	0	1
谁建造了这些房屋／建筑								
专业公司	0	1	0	1	1	1	0	0
地区工匠（博物馆工作人员）	0	1	1	1	0	1	1	0
现代承包商	0	1	1	1	0	0	1	0
科学家	1	1	1	1	1	1	0	1
学生	1	1	1	0	1	1	0	1
志愿者	1	1	1	0	0	1	1	1
这些人中有谁还在参与博物馆或重构吗	1	1	1	1	1	1	0	1
这些房屋／建筑是如何记录的								
计划已提交	1	1	1	1	1	0	1	1
实际的房屋／结构是测量和记录的	1	0	1	0	1	1	1	1
房屋／建筑的使用记录在案	1	0	1	1	1	1	1	1
房屋／建筑的维护记录在案	1	1	1	1	1	1	1	1

注 "1"表示博物馆在相应的项目上有所实施或具备相应特征，"0"表示没有。

在许多情况下，房屋都是由专业公司建造的，并与现代承包商和当地工匠共同合作。科学家、学生和志愿者在八家考古露天博物馆的房屋建造中发挥了非常重要的作用（表6-7）。这些历史建筑普遍拥有详尽的档案资料，包括完整的图纸归档、精确的建筑测量记录（以记录原始图纸和实际房屋之间是否有改动）以及使用（尽管通常是非常基础的记录）与维护的系统记载。这些记录不仅对于科学研究具有重要价值，同时也为建筑的长期维护提供了规划和预算编制的基础。然而，关于建筑重构的文件鲜有以明确且正式的方式对外发布，而这一状况正是优质实验的明确要求（表6-7）。基于此，可以发现在考察的八家博物馆中，大多数建筑的重构活动并不符合实验性质的标准。

在某些情况下，建筑计划是基于考古学家、历史学家和建筑师的旧观点制定的，而这些人可能并不是木结构建筑方面的专家；同样，建筑工程本身可能也不是由有木材加工经验的人进行的。博物馆需要不断更新展示内容，因此需要与公众和科学家保持对话。如果能够建立起积极的变革态度，那将是一种力量。

所有博物馆都会记录其藏品，以协助研究工作。对于大多数博物馆来说，最大的问题是如何用可识别的代码登记藏品（表6-8）。博物馆的管理层表示，这妨碍了博物馆在日常工作中对藏品的使用，但登记并不要求有明显的标签。将藏品记录在案的第二个最重要的原因是向公众提供信息（除苏格兰克兰诺格中心外，所有博物馆都这么认为），其次是简单地保存清单（除苏格兰克兰诺格中心和马特里卡博物馆的六家博物馆这么认为），最后是出于保险的考虑（五家博物馆这么认为，苏格兰克兰诺格中心、HOME和阿莱西湖博物馆除外）。例如，尽管HOME没有因这些目的而保存有关博物馆藏品的文件，但在2003年其一栋房屋被烧毁时，现有的文件足以估算出损失的价值。除了苏格兰克兰诺格（没有相关数据）、洛福特维京博物馆和蒙塔莱公园外，其他博物馆至少登记了五种不同的信息。

表6-8　八家博物馆的藏品登记情况

藏品登记情况	苏格兰克兰诺格中心	HOME	乌尔丁根木桩博物馆	洛福特维京博物馆	蒙塔莱公园	阿莱西湖博物馆	马特里卡博物馆	福特维肯斯博物馆	总计
有一个进出藏品的登记册	1	0	1	1	1	1	1	1	7
所有藏品的基本信息都已注册	1	0	1	1	1	1	1	1	7
所有藏品都可用代码识别	0	0	1	0	1	1	0	1	4
所有藏品信息都可访问	1	0	1	1	1	1	0	1	6
总计	3	0	4	3	4	4	2	4	

注　"1"表示博物馆在该项目上具备相应特征，"0"表示没有。

从对自身藏品进行的研究中，八家博物馆都获得了新知识（表6-9）。这些研究，通常由博物馆自己的员工进行的，如福特维肯斯博物馆、阿莱西湖博物馆和HOME的研究没有外聘专家的参与。后者表示，它们收集藏品信息的方式缺乏系统性，不足以称为研究（J. Schuitert，2010）。

表6-9　八家博物馆的藏品研究情况

藏品研究情况	苏格兰克兰诺格中心	HOME	乌尔丁根木桩博物馆	洛福特维京博物馆	蒙塔莱公园	阿莱西湖博物馆	马特里卡博物馆	福特维肯斯博物馆	总计
研究是关于博物馆藏品的研究还是对博物馆藏品主题的研究	1	0	1	1	1	1	1	1	7
你是否根据博物馆的收藏获得新的知识	1	1	1	1	1	1	1	1	8
自己的员工做研究	1	0	1	1	1	1	1	1	7
由外聘专家做这项研究	1	0	1	1	1	0	1	0	5
总计	4	1	4	4	4	3	4	3	

注　"1"表示博物馆在该项目上有所实施，"0"表示没有。

在拥有大量藏品的博物馆，如苏格兰克兰诺格中心、乌尔丁根木桩博物馆、蒙塔莱公园和马特里卡博物馆中，重构建筑似乎并不那么重要，因为博物馆本身并不依赖这些可更换的重构建筑，而藏品则不是。藏品的另一个特点是重构房屋是否配有家具。对这一问题的讨论多种多样，值得在下文中进一步探讨，这些观点显示了针对一个重要讨论点的不同有效方法（表6-10）。

表6-10　八家考古露天博物馆馆长对是否为重构房屋配备家具的理由

博物馆名称	是否为重构房屋配备家具	判断依据
苏格兰克兰诺格中心	部分	我们没有任何床的考古依据。所以我们只放了我们有依据的东西，比如壁炉……我们知道他们把动物关在那里，虽然不知道怎么被关在里面的，所以被关的区域只是猜测，但是基于他们确实把动物关在里面的事实。我不认为那是带家具的。我们也有类似于被发现的物品的家用器具，如黄油盘、盘子、木勺等 所以，虽然他们一定有床，可能还有梯子，但我们没有把它们放进去。但这似乎没人介意
HOME	是	因为我们想展示日常生活
乌尔丁根木桩博物馆	大部分是	我们要展示人们过去的生活方式
洛福特维京博物馆	是	我们使用重构的人工制品来帮助解释大厅里的房间，并营造一种类似于过去的氛围。根据正在进行的活动工艺项目，房屋的设备更加"灵活" 例如，铁匠铺配备了锻造设备，并符合考古材料中的发现
蒙塔莱公园	是	我们通过各类物品来展现房屋用途。这儿有3类特色房屋：展示古代生活的房屋；兼具教学与展览的功能的房屋；主题房屋，像"陶瓷屋""金属屋"等。我们明确区分房屋结构本身和内部家具，同时厘清实验考古学和非实验考古学的相关内容
阿莱西湖博物馆	部分	因为房子很小，没有窗户，这使得保护和探索任何内部包括小物品的重构建筑有些困难。如果我们禁止他们进入房屋，游客会失望的，因为他们喜欢这样做。对过去的环境进行全面的重构并不是展示的目的，因为由于许多原因（防火、安全、保护场地等）无法做到
马特里卡博物馆	没有配备家具，而是复制的舟/船	百桩考古公园的主要选择准则是"真实性原则"。按照这一原则，如果我们建造一个特定的房屋，那么重构建筑必须与论证一致，即：如果某个房屋是重构的，那么只包括那些已知的关于该特定家庭的东西。对我们来说，真实性原则的问题不是关于房子的一般时代，而是它具体的考古背景

续表

博物馆名称	是否为重构房屋配备家具	判断依据
福特维肯斯博物馆	是	我们展示相应的物品，因为我们不相信空架子——我们不把房子作为户外展品展示。这是考古依据和历史资料（SA-GAS）的结合，我们有一个数据库（基于这些来源）。这是活态解释，我们住在房子里，看看它是否具有实用性，这种展示方式使它变得自然。如果你不布置这家建筑，你就是在进行一场现场实验考古展示，而不是作为一家考古露天博物馆。你到欧洲越向南走，房子的家具就越少

注　根据与各博物馆馆长的访谈中得到解释。

对于六家博物馆（大部分）来说，为其房屋配备家具的最重要原因是通过展示一个总体形象来展示过去人们可能的生活方式。第二种展示方式，如在乌尔丁根木桩博物馆、福特维肯斯博物馆和洛福特维京博物馆，是通过主题室内的装饰来展示不同的手工艺或职业，例如烤面包。如此一来，这些建筑就成了博物馆的陈列室，而这些陈列室又恰好与所描述的手工艺的时间和地点相吻合。因此它们变成一个恰好位于室外陈列室的舞台（参照Ahrens，1990）。此外，博物馆的有些房屋是专门为教育目的而布置的，如HOME、乌尔丁根木桩博物馆、马特里卡博物馆和福特维肯斯博物馆。在那里，可以找到足够的家位供整个小组使用，还可以找到可供整个班级一起开展活动所需的工具或器械，如磨石或编织工具。阿莱西湖博物馆只有一所房子配有家具，而且出于保护的原因，只有部分家具。此外，阿莱西湖博物馆的房屋太小，既没有家具，也不能供游客参观。如果不允许游客进入这些房屋，他们可能会感到失望。马特里卡博物馆的房子里没有家具。这些房屋只展示了最初的发掘发现的一些遗物，并对它们进行了重构和重建。然而，这些房屋因其发掘的建筑细节只是若干存在的一种可能，且大部分建筑仍未得到证实，因而重构的房屋存在科学性不足的现象。游客渴望相信他们所看到的房屋符合"真实性"原则（Ahrens，1990，他提到的"忠实的博物馆观众"，glaubiges Museumspublikum）。然而，在现实生活中，没有一处房屋能够有机会再次重构（Baudrillaud，1978）。苏格兰克兰诺格中心内只存在一家房子，几乎完全用作导游的背景介绍。它只有部分家具，以展示日常生活，但缺少一些基本日常生活的构成要素，如床和楼梯。

除苏格兰克兰诺格中心外，所有博物馆在重构和重建过程中都采用了多种方法。由于所展示的重构和重建有很多都是解释性的，因此很难界定哪些是可以接受的，哪些是不可以接受的，这是个体的选择，在任何地方都会有不同的结果。然而，关于这种选择的交流并不总是很清楚。如实说明自身的阐释方式是解释的关键问题之一（M. Schmidt，2011）。

在博物馆工作人员的出版活动方面，工作人员通常自己出版各种形式的出版物，从科学书籍到教育材料和其他灰色文献（不公开发表资料）（图6-7）。在一些情况下，博物馆文献反映的是与露天博物馆没有直接联系的科学工作，如发掘报告。毫不奇怪，规模最大的两家博物馆——乌尔丁根木桩博物馆和洛福特维京博物馆的出版次数最多，关于它们的文章也最多

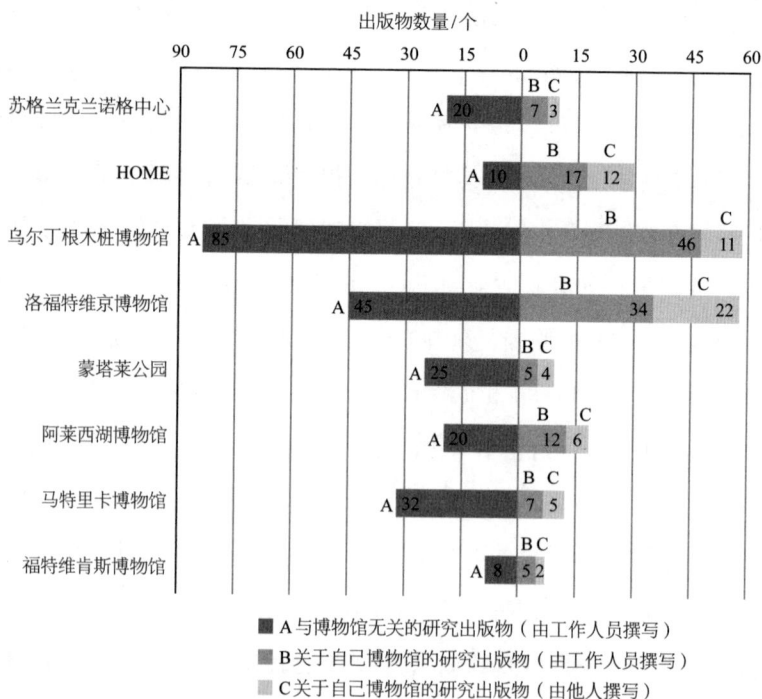

图6-7 每个博物馆的出版物数量

（图6-7）。平均而言，每发表一篇关于博物馆的研究文章（由博物馆工作人员和其他人员撰写），博物馆就会发表一篇关于其他主题的研究文章。提供关于他们自己的考古露天博物馆的文献，但由其他人出版，大多发生在HOME。HOME在非博物馆活动（如地区研究）方面的出版物也相对较少，因为博物馆几乎没有这类活动（图6-7）。这可能是他们未来的一个重要突破口。在福特维肯斯博物馆，这种类型的出版物更为罕见，但它的出版物总数却是最少的。

（五）博物馆的市场营销

市场营销是可以缩小向游客传达的信息与实际成果之间差距的重要工具（Brogowicz等，1990）。由于考古露天博物馆在一年中不同时间提供的服务具有灵活性，因此营销也需要灵活。这一点将在第八章考古露天博物馆的分析、建议、构想与策略小节中进一步讨论。

LiveARCH项目的目标之一是提高人们对营销和传播战略的认识，八家博物馆都参与了该项目的研究。其目的是讨论如何改进合作伙伴营销和活态历史的联合营销，并在公众和学术机构中提升活态历史的形象（Sandnes，2009）。2007—2009年期间，在桑内斯的指导下，八家博物馆在探讨如何思考和开展市场营销与传播工作方面，可以看到，无论是在过程的准备和执行，还是最终的成果评估上，都取得了显著成果。在桑内斯的帮助下，八家博物馆都制订了详细的2009年年度营销计划，长达8页（Johansen，2009）。由于大多数计划都是按照预先确定的模板制定的，而且都是英文版，因此能够对不同博物馆进行比较。2008年，HOME没有使用模板制定计划，而是请外部公司为其制订了一份计划，该计划更注重沟通，从而省略了一些步骤（Theuns，2008）。洛福特维京博物馆也没有使用模板，但博物馆的计划涵盖了常规的所有方面（Hammer，2009）。

营销计划把博物馆的展望放在首位，在提及包括一般SWOT在内的一些背景信息后，营销计划着眼于利益相关者、市场细分、竞争对手和关键成功因素（Johansen，2009）。

在认识到服务与承诺之间的一致性对顾客满意度至关重要的基础上，博物馆已采纳了物有所值的营销策略。他们确保所提供的服务与不同目标群体的预期相吻合，并针对这些群体进行个性化定制。门票定价体现了所提供内容的价值，且根据不同时段进行调整以反映其价值。例如，在HOME和福特维肯斯博物馆，营销材料并不总是向博物馆游客推销他们将获得的体验：这一点在游客满意率非常高的情况下就很明显，因为在这些情况下，营销材料的承诺可能比预期的要少。在评估参观体验的满意度时，数据表明，游客在安静的工作日参访与活动丰富的周日相比，可能会感到失望。这凸显了博物馆面临的挑战：如何在不同时间为特定的访客群体提供差异化的信息以提升其体验。

博物馆应知晓让游客进入博物馆意味着博物馆必须能够应对这些问题，但游客的需求并不那么容易辨认："对许多甚至大多数游客来说，参观文化或遗产景点是一种随意的或次要的旅行活动，而不是旅行的主要原因"（McKercher和du Cross，2002）。在探究游客的消费模式中，还存在一个有趣的现象：游客在某一天可能会在博物馆进行消费，而在紧接着的下一天，他们的消费焦点却转向了商务旅行或探亲。这种消费模式的切换反映了旅游业的多样性和动态性。此外，欧盟发布的一份报告强调了欧洲作为全球旅游目的地的领先地位，并特别指出文化遗产旅游在持续扩张的旅游市场中增长迅速。例如，在英国，2010年文化遗产旅游的价值超过了汽车行业（Heritage Lottery Fund，2010）。文化遗产旅游行业的不断发展也意味着遗产地之间的竞争更加激烈。

（六）讲解服务

在博物馆中获取信息的过程是一种非正式学习或非正式教育，最恰当的描述是"人们从日常经验中学习的终生过程"（Jeffs和Smith，1996）。博物馆的阐释可以有多种形式。从这个意义上讲，解释方式涵盖了向公众进行的各种讲解。戴蒙德等人（Diamond等，2009）出版了关于博物馆和类似场所非正式学习的实用评估指南。

只有一半的博物馆，HOME、福特维肯斯博物馆、洛福特维京博物馆和苏格兰克兰诺格中心有书面讲解政策（表6-11）。在博物馆的导游培训和实际操作中，存在一种平衡的现象，即虽然导游有时可能不严格遵循培训中的接待要求，但他们确实会在培训期间获得关于内容呈现和讲解风格的明确指导。这样的培训不仅提供了基本的指导原则，还为导游在个人化的讲解中发挥创造性提供了空间。同时，博物馆管理层会定期更新讲解资料，确保信息的时效性以增强吸引力，这也有助于维持整体的概念、形象、氛围和参观体验的一致性。这种策略的目的是创造一种与目标群体的期望和博物馆形象相符合的独特体验。一般来说，在博物馆的阐释过程中，游客的需求与博物馆传达的信息之间应达到平衡。阐释应避免仅提供单一层次的内容，而应包含多个层次，以适应不同游客的选择和兴趣，从而避免成为不提供感官体验或多层次选择的博物馆。提供不同层次选择的博物馆是蒙塔莱公园，同时，它也是八家博物馆中唯一一个在任何场合都不使用活态历史进行阐释的博物馆。

表6-11 八家博物馆的讲解说明情况

讲解说明	苏格兰克兰诺格中心	HOME	乌尔丁根木桩博物馆	洛福特维京博物馆	蒙塔莱公园	阿莱西湖博物馆	马特里卡博物馆	福特维肯斯博物馆
博物馆是否有成文的讲解政策	1	1	0	1	0	0	0	1
讲解是导游讲解的，还是自助讲解的	1	1	1	1	1	1	1	1
是否会随着时间的推移不断更新讲解内容，使其保留了"新"的价值	1	1	1	1	1	1	1	1
整体概念/形象/主题、外观、氛围和体验是否相互一致	1	1	1	0	1	1	1	1

续表

讲解说明	苏格兰克兰诺格中心	HOME	乌尔丁根木桩博物馆	洛福特维京博物馆	蒙塔莱公园	阿莱西湖博物馆	马特里卡博物馆	福特维肯斯博物馆
体验是否与目标群体和形象有关	1	1	1	1	0	1	1	1
讲解是否注重游客的需求以及博物馆想要传达的信息	1	1	1	0	1	1	1	1
讲解是否刺激嗅觉、味觉、视觉、听觉和触觉	1	1	1	1	0	1	1	1
翻译中是否有不同层次的解说，以便游客选择不同的层次	1	1	1	1	0	1	1	1
博物馆的讲解是否与学校的（课程）讲解方式一致	1	1	1	1	0	1	1	0
是否有供游客参与的实体结构（例如动物和/或操作机器）	1	1	1	1	0	0	0	1
您是否使用动态展品［例如（比例）模型或静态物体、透明胶片、透视画］	1	0	1	0	0	0	0	0
您是否使用其他展览手段（例如听筒、多媒体信息亭、灯光和音响效果）	0	1	1	1	0	0	1	0

注　"1"表示博物馆在该项目中有所实施，"0"表示没有。

　　体验与现代技术的结合越来越紧密，二者缺一不可。智能手机自助导览已成为游客了解他们想知道的内容的重要途径，这种解说方式不具冒犯性，而且能够增加博物馆工作人员亲自提供讲解的机会。现代媒体不会造成距离感和干扰，反而可以增强重构建筑、藏品和导游所营造的氛围。正如洛佩兹-门切罗本迪科（López-Menchero Bendicho）所说："增强现实、沉浸式虚拟和全息技术的进步似乎预示着考古遗产现场展示技术的真正革命"。这些进步显然为考古露天博物馆提供了许多新的前景，尽管虚拟现实等技术并不能取代真实的生活体验（Bennet，2009），但它们可以通过增强参观效果激发游客的兴趣。

除HOME和福特维肯斯博物馆外，博物馆的讲解通常与学校课程的讲解方式一致。在瑞典南部，由斯德哥尔摩设计的课程被人们认为远离斯堪尼亚（Scanian）的现实。在斯堪尼亚，人们越来越重视与丹麦的文化联系（B. M. Buttler Jakobsen，2012）。

博物馆为了鼓励游客的参与，在活动开展期间使用活体动物、比例模型或静态物体等，但在阿莱西湖博物馆、蒙塔莱公园和马特里卡博物馆没有这些条件。在其他五家博物馆中，人们可以看到动物活体，在乌尔丁根木桩博物馆和苏格兰克兰诺格中心还可以看到比例模型或透视模型。

显然，考古露天博物馆提供讲解内容的基本方式是常设展品、导游和自助游（表6-12）。几乎无一例外的是，所有博物馆都有室外常设展览，并组织与任务相关的公众活动，如组织讲座、电影等，它为公众提供体验的场地，以及公众无法尝试活动的示范活动。博物馆的藏品、档案或图书馆可供研究使用，但并非八家博物馆都能随时查阅这些资料，有的甚至工作人员也无法查阅。

表6-12　博物馆提供教育和解释性内容的方式

类目序号	提供方式	苏格兰克兰诺格中心	HOME	乌尔丁根木桩博物馆	洛福特维京博物馆	蒙塔莱公园	阿莱西湖博物馆	马特里卡博物馆	福特维肯斯博物馆	总计
1	常设展览	1	1	1	1	1	1	1	1	**8**
	导游带领游客参观	1	1	1	1	1	1	1	1	**8**
	自助指引：标牌和/或印刷指南/宣传册	1	1	1	1	1	1	1	1	**8**

续表

类目序号	提供方式	苏格兰克兰诺格中心	HOME	乌尔丁根木桩博物馆	洛福特维京博物馆	蒙塔莱公园	阿莱西湖博物馆	马特里卡博物馆	福特维肯斯博物馆	总计
1	可携带的印刷资料	1	1	1	1	1	1	1	1	**8**
	自己重构的古代房间 / 建筑重构	1	1	1	1	1	1	1	1	**8**
2	户外常设展品	1	1	1	1	1	1	1	0	**7**
	与使命有关的公共活动（讲座、电影等）	1	1	1	1	1	1	0	1	**7**
	供公众尝试的动手台	1	1	1	1	0	1	1	1	**7**
	演示，但公众不能体验	1	1	1	1	1	0	1	1	**7**
3	室内常设展览	1	0	1	1	1	0	1	1	**6**
	博物馆举办的临时展览	1	0	1	1	0	1	1	1	**6**
	艺术 / 手工艺 / 配套演示	1	1	1	1	1	0	0	1	**6**
	艺术 / 配套工作坊（游客积极参与）	1	1	1	0	1	0	1	1	**6**
	第三人称表演者	1	1	0	1	0	1	1	1	**6**
	可供研究的收藏	1	0	1	1	0	1	1	1	**6**
	档案馆或图书馆可供研究使用	0	1	1	1	1	1	1	0	**6**
4	广播（电视、广播、互联网）	0	1	1	1	0	0	1	1	**5**
	在自己的现代展示展览中收藏原始藏品	1	0	1	1	1	0	1	0	**5**
	公众区域博物馆外的原始藏品收藏	0	0	1	0	0	1	1	1	**4**
	第一人称表演者	1	1	0	1	0	0	0	1	**4**
	学校活动：在学校或博物馆以外的其他场所	0	1	0	1	0	0	1	1	**4**

类目序号	提供方式	苏格兰克兰诺格中心	HOME	乌尔丁根木桩博物馆	洛福特维京博物馆	蒙塔莱公园	阿莱西湖博物馆	马特里卡博物馆	福特维肯斯博物馆	总计
4	有学分的学术课程	0	0	0	1	1	0	0	1	**3**
	与学校以外的团体开展外联活动	0	1	1	0	0	0	0	1	**3**
	在展览中使用多媒体	1	1	1	0	0	0	0	0	**3**
	剧院（投影、现场表演等）	0	1	1	1	0	0	0	0	**3**
5	其他机构的巡回展览	0	0	1	1	0	0	0	0	**2**
	教师导游	0	0	1	1	0	0	0	0	**2**
	博物馆外非公共区域的原始藏品收藏品	0	0	0	0	0	1	0	1	**2**
	旅行箱/租赁包	0	0	0	1	0	0	0	0	**1**
	自助导游：个人音频设备	0	0	0	0	0	0	0	0	**0**
	总计	**18**	**19**	**23**	**25**	**13**	**14**	**18**	**21**	

注 "1"表示博物馆在该项目上具备相应的特征，"0"表示没有。

八家博物馆中只有四家博物馆展出考古出土的文物，而另外三家博物馆的文物则在其他地方展出。蒙塔莱公园博物馆在附近的摩德纳展出其原始藏品，马特里卡博物馆在同城的博物馆展出其藏品，而阿莱西湖在里加的拉脱维亚国家历史博物馆展出其藏品，HOME是目前唯一一家没有任何原始藏品展出的（表6-12）。

在这四家博物馆工作人员会以第一人称的演绎方式进行阐释：福特维肯斯博物馆、洛福特维京博物馆、苏格兰克兰诺格中心和HOME，但不一定每天都会举行。这4个博物馆的古代服装都比较符合展示目的，但很大一部分服饰都是贵族等上层社会的服饰，人们希望博物馆展出更多的普通服饰。值得注意的是，那些不使用古代服饰的博物馆似乎都位于远离斯堪的纳维亚半岛的地方。乌尔丁根木桩博物馆、HOME、洛福特维京博物馆和福特维肯斯博物馆都使用了有限的投影和现代媒体。直至2008年，八家博物馆都没有使用音频导览或类似的设备。

导游通常讲述博物馆所呈现的那个时期的故事。他们还将考古发现和考古学研究成果作为依据，并将讲解里提到的不熟悉的物品与现代生活中熟悉的物品联系起来，例如："想象没有电的生活"或"这是一个铁器时代的百得工具（Black & Decker*）。

根据每年开放时间的不同，八家博物馆平均提供20种不同的活动。显然，并非所有活动都能同时提供（表6-13）。几乎人人都会参加的八项活动是烹饪、制陶、编织、使用斧头和建造房屋、音乐制作或戏剧表演、活态历史和射箭。福特维肯斯博物馆提供的活动种类最多，而马特里卡博物馆和阿莱西湖提供的活动种类最少。乌尔丁根木桩博物馆提供的活动种类相对较少，这可能是由于其规模较小和仅通过导游接待大多数游客的方式：如果提供更多的活动，游客就会停留更长时间，而博物馆场地的容量有限，可能会造成不便。

表6-13　八家博物馆提供的讲解活动

讲解活动	苏格兰克兰诺格中心	HOME	乌尔丁根木桩博物馆	洛福特维京博物馆	蒙塔莱公园	阿莱西湖博物馆	马特里卡博物馆	福特维肯斯博物馆	总计
烹饪	1	1	1	1	1	1	1	1	**8**
陶瓷：制陶	1	1	0	1	1	1	1	1	7
纺织品：纺织	1	1	0	1	1	1	1	1	7
木工：使用斧头	1	1	1	1	1	1	0	1	7
木工：房屋建造	1	1	1	1	1	1	0	1	7
（音乐或戏剧）表演	1	1	1	1	0	1	1	1	7

---

* Black & Decker 是一家美国的电动工具制造商，创立于1910年。——编者注

讲解活动	苏格兰克兰诺格中心	HOME	乌尔丁根木桩博物馆	洛福特维京博物馆	蒙塔莱公园	阿莱西湖博物馆	马特里卡博物馆	福特维肯斯博物馆	总计
活态历史 / 活态解释 / 重现	1	1	1	1	0	1	1	1	7
射箭	1	1	1	1	1	1	0	1	7
陶器：陶窑修筑与陶器烧制	0	1	1	1	1	0	1	1	6
纺织品：纺纱	1	1	0	1	1	1	0	1	6
纺织品：染料用途	1	1	0	1	0	1	1	1	6
木材加工：手工雕刻	1	1	0	1	1	1	0	1	6
皮革加工	0	1	0	1	1	1	1	1	6
种植（树苗、谷物等）	1	1	1	0	1	1	0	1	6
讲座和演讲	1	0	1	0	1	1	1	1	6
制造复制品容器，如罐	0	0	1	1	1	1	1	1	6
金属加工：青铜	1	0	1	1	1	0	0	1	5
天然纤维制绳	1	0	1	1	1	0	0	1	5
制造复制工具 / 武器	0	0	1	1	1	1	0	1	5
纺织品：服装制作	1	1	0	1	0	0	0	1	4
金属加工：锻铁	0	1	0	1	0	1	0	1	4
金属加工：锡器	0	1	0	1	1	0	0	1	4
金属加工：制作首饰 / 硬币	0	1	0	1	1	0	0	1	4
木材加工：木船加工	1	1	1	0	0	0	0	1	4
动物皮鞣制	1	1	0	1	0	0	0	1	4
打火石	1	0	1	0	1	0	1	0	4
"做一天考古学家"，人工发掘	1	1	0	0	1	0	1	0	4

讲解活动	苏格兰克兰诺格中心	HOME	乌尔丁根木桩博物馆	洛福特维京博物馆	蒙塔莱公园	阿莱西湖博物馆	马特里卡博物馆	福特维肯斯博物馆	总计
金属加工：炼铁	0	1	0	1	0	0	0	1	3
金属加工：贵金属	0	1	0	1	0	0	0	1	3
木材加工：木材转动（车床）	1	0	0	1	0	0	0	1	3
木材加工：其他造船工作	0	0	1	1	0	0	0	1	3
啤酒酿造	0	1	1	1	0	0	0	0	3
划木船	0	1	1	0	0	0	0	0	2
夜间演出：铸造	0	0	0	0	1	0	0	0	1
熏鱼	0	0	0	0	0	0	0	1	1
贸易	0	0	0	0	0	0	0	1	1
总计	**21**	**25**	**18**	**27**	**21**	**17**	**12**	**31**	

注　"1"表示博物馆在该项目上具备相应的特征，"0"表示没有。

　　手工艺活动显然不仅仅是一种技术的展示。在某些情况下，它们可以采取有组织、有记录的实验形式。然而，一些最有趣的实验工艺对游客来说却是最枯燥乏味的：例如，炼铁炉的建造和干燥需要几天时间，烧制的过程也需要几小时，只有当炉子打开时，公众才会觉得有趣。此外，这样的实验对于考古露天博物馆来说可能成本太高。因此，在这种情况下，博物馆需要与大学或其他团体合作进行实验。至于这些活动能在多大程度上向公众传递信息，这个问题很难回答。

　　在八家博物馆中，大多数都根据人员的任务、时间和辨识度的需要，将时代服装、现代服装或带有标识的制服与普通服装结合起来使用。只有阿莱西湖和HOME的工作人员无法被辨认出来。在福特维肯斯博物馆，前台和教育部门的工作人员身着古代服饰，由于博物馆的许多志愿者也是这样做的，所以游客很难分清谁是工作人员，谁不是工作人员。

数据显示，八家博物馆都安排工作人员与公众互动。不过，这些博物馆不仅使用自己的工作人员，偶尔也会使用外聘专家。在福特维肯斯，这些都是活态历史活动的演员。除了马特里卡博物馆和阿莱西湖博物馆外，你可以在其他几个馆内的任何地方见到学生游客。由于地理位置的原因，洛福特维京博物馆没有志愿者的参与，阿莱西湖博物馆同样也没有志愿者。讲解活动不依赖中介机构、俱乐部或协会。洛福特维京博物馆正在从静态展览转型，更多地利用活态历史和类似的活动进行展演（L. E. Narmo，2008）。

除了蒙塔莱公园外，所有博物馆都偶尔或定期地提供活态历史活动，这都是关于生活方式与手工艺（包括烹饪）的活动，通常会与一些音乐、舞蹈或戏剧相结合。斯堪的纳维亚的两个博物馆——洛福特维京博物馆和福特维肯斯博物馆，是为数不多提供搏击表演的博物馆，这在乌尔丁根木桩博物馆或苏格兰克兰诺格中心等地是不可能的，因为它们规模较小，空间受限。活态历史背景是指在博物馆里，演员穿着时代服装，模拟日常生活活动，而不是演员通过表演或展示来吸引人们的注意力。

大多数博物馆都希望增加和扩大活态历史的使用范围。但是，它们希望继续控制自己博物馆的活动内容，因而只有那些能够契合博物馆要求的活态历史团体才会受到邀请，这些团体将展示每个博物馆的特殊故事。今后，如果团体的质量较高、价格合理，预计将更多地采用活态历史这一元素（G. Schöbel，2008）。为了提高活动质量，管理层还希望让更多的员工参与进来（D. Prinsen，2010）。然而，当以第一人称演绎的工作人员与以第三人称演绎的工作人员都穿着维京人的服装时，可能会造成一些混淆。游客不容易区分谁是维京时代的人，谁是现代人（G. Johansen，2011）。

（七）游客服务

是博物馆在公众方面取得成功的重要工具。为了掌握这一主题，在本项研究中采用了国际地区博物馆委员会（International Committee for Regional Museums）制订的结构（Prasch，2002）。国际地区博物馆委员会开展了一个为期3年的项目，以制定提高博物馆质量和标准的指导方针，并在会议记录中收集了有关博物馆质量问题实际方面的重要资料（Man neby等，2002）。普拉施将游客服务质量相关的问题分为参观前（表6-14）、参观期间（表6-15）和离开博物馆时（表6-16）三种情况。博物馆管理部门需要向潜在游客宣传博物馆，以恰当的信息吸引他们，并告诉他们如何找到博物馆。同时，游客也想知道参观需要多少时间，为什么值得来，是否物有所值（表6-14）。

1.参观前的游客服务

表6-14　八家博物馆的游客服务（参观前）

游客服务	苏格兰克兰诺格中心	HOME	乌尔丁根木桩博物馆	洛福特维京博物馆	蒙塔莱公园	阿莱西湖博物馆	马特里卡博物馆	福特维肯斯博物馆	总计
让人们记住									
博物馆是否定期与旅游信息、学校、商店、餐馆、酒店和旅行社合作	1	1	1	1	1	1	1	1	8
博物馆会在公共场所发布特别活动吗	1	1	1	1	1	1	1	1	8
帮助人们找到通往博物馆的线路									
您的博物馆是否在城市或地区地图上显示和标记	1	1	1	1	1	1	1	1	8
博物馆附近有停车位吗? 有多大比例的游客乘坐汽车或长途汽车到达	1	1	1	1	1	1	1	1	8
您的博物馆离公共交通(汽车站、火车站、地铁)有步行距离吗	1	1	1	1	1	1	1	1	8
从汽车站找到博物馆容易吗	1	0	1	1	1	1	1	1	7

续表

游客服务	苏格兰克兰诺格中心	HOME	乌尔丁根木桩博物馆	洛福特维京博物馆	蒙塔莱公园	阿莱西湖博物馆	马特里卡博物馆	福特维肯斯博物馆	总计
给游客宾至如归的感觉									
博物馆是否对员工进行了服务态度和礼仪的培训	1	1	1	1	1	1	1	1	8
博物馆是否会提供一份欢迎礼物（例如精美的传单或杂志）	1	1	1	1	1	0	1	1	7
博物馆是否一开始就概述了所有现有设施（明确的后勤服务）	1	1	1	1	1	1	1	1	8

注 "1"表示博物馆在相应的项目上有所实施，"0"表示没有。

在许多情况下，博物馆入口外的指示牌都会标明博物馆的位置。这些指示牌的设计通常受当地规范的影响。在HOME，这个重要议题已经存在了10年之久（A. Boonstra，2006）。在其他博物馆，关于博物馆何时以及如何标识的规定要么不明确，要么没有得到很好的遵守。

在大多数情况下，游客在到达博物馆时都会收到一份附有博物馆地图的宣传单，这样他们就可以更好地规划自己的参观路线。卫生间、餐厅、商店、活动区和咨询台等设施通常都会沿路标识出来。这些标识通常采用现代风格。在一些博物馆，如乌尔丁根木桩博物馆，整个博物馆中有不同风格的指示牌。在其他的案例中，例如在洛福特博物馆，所有标识都是采用一个品牌化的企业标识。而苏格兰克兰诺格中心由于规模非常小，因此不需要任何标识就能找到方向。

大多数博物馆都提供长椅和其他供游客驻足休息的地方。洛福特和马特里卡博物馆的自助餐厅就在出口附近。在HOME，餐厅位于博物馆区域的中心位置。一般来说，除了观看和阅读，每个博物馆都有几个供游客参加活动的区域。通常提供的活动数量取决于参观的时间。在活动日，有很多可看、可做的事情，但如果不在节日期间参观，这方面的活动就会大大减少。在阿莱西湖博物馆，没有活动可参加，而在HOME和福特维肯斯博物馆，活动很重要，并且经常举办。如果人们想获得更多信息，最重要的来源是博物馆网站和工作人员，在少数情况下，博物馆图书馆也向游客开放。

2. 参观期间的游客服务

一旦游客决定进入博物馆，他们关心的问题就变成博物馆是否足够吸引人，以及信息介绍是否正确。由于考古露天博物馆的游客情况千差万别，因此很难为所有群体提供相应的多样化阐释。事实上，并不是每个人都是为了获取信息而参观博物馆的，娱乐也是一个重要推动力。游客在进入博物馆时，首先希望对博物馆有一个大致的了解、为接下来的参观做好时间和空间上的准备。除了要参观他们真正想要去的地方，同样重要的还有休息场所、卫生间、餐点供应设施等。重要的是博物馆要引导游客参观，并为他们提供不同的信息来源。考古露天博物馆面临的巨大挑战是如何尽可能多地调动游客的感官，让他们获得多重的体验。但在许多此类博物馆中，游客的体验是被动的，他们只注重观看。虽然很难让所有游客都积极主动地参与讲解或演示，但可以通过气味、声音或光线等更多地触发游客的感官。八家博物馆的参观服务通常都不错。入场费、定价和开放时间都是清晰明确的，但HOME和洛福特维京博物馆的情况可能会更好一些。入馆时，负责接待的工作人员会提供有关博物馆和当天活动的明确信息。更重要的是，要认识到，人与人之间的接触，而非小册子或标示牌，这是决定博物馆体验优劣的关键。几乎所有遗址都有残疾人设施，可以说，在某种程度上都是无障碍的。当然，与室内博物馆相比，考古露天博物馆很难做到这一点。八家博物馆在休息和餐点供应方面存在明显差异。五家博物馆设有自助餐厅。福特维肯斯博物馆设有全服务餐厅*，但只在特定场合提供。HOME则定期开设全服务餐厅，即使

---

*　Full service restaurant FSR，是一种按服务形态划分的餐厅类型，提供休闲正餐、家庭正餐、高档正餐。

在游客较少的工作日也是如此。

餐厅设施应能方便游客从考古露天博物馆的沉浸式区域内直接到达。如果餐厅离出口太近，就不会吸引游客坐下来休息，也不会延长他们在餐厅和博物馆内的停留时间。人们在享受餐厅美食的同时，不应想着离开。博物馆餐厅可以通过自助餐来取代按菜单提供餐饮。自助餐的优势在于可以在餐厅繁忙时提供更多，而在冷清时减少供应（Baraban 和 Durocher，2010）。

如果提前预订项目，通常可以提供一种或两种外语的讲解（表6–15）。在HOME和马特里卡博物馆，几乎无法提供这样的服务。其他四家博物馆最多只能使用两种外语。特别值得一提的是洛福特维京博物馆，它可提供六种语言。这反映了该博物馆游客的特殊性，他们来自不同的地方。

表6–15　八家博物馆的游客服务（参观期间）

游客服务	苏格兰克兰诺格中心	HOME	乌尔丁根木桩博物馆	洛福特维京博物馆	蒙塔莱公园	阿莱西湖博物馆	马特里卡博物馆	福特维肯斯博物馆	总计
游客服务									
在入馆前是否能很容易地了解门票价格	1	1	1	1	1	1	1	1	**8**
价格和开放时间是否在入口处和售票处一目了然	1	0	1	0	1	1	1	1	**6**
接待人员是否主动向游客提供清晰的信息，尤其是关于折扣和特殊活动等的信息	1	1	1	1	1	1	1	1	**8**
博物馆是否提供轮椅、坡道、特殊描述、可触摸物品等设施	1	1	1	1	1	1	0	1	**7**
博物馆是否无障碍？当然，这并不是总是可能的，只要您进行了沟通即可	1	1	1	1	1	1	1	1	**8**

续表

游客服务	苏格兰克兰诺格中心	HOME	乌尔丁根木桩博物馆	洛福特维京博物馆	蒙塔莱公园	阿莱西湖博物馆	马特里卡博物馆	福特维肯斯博物馆	总计
休闲和娱乐的场所 博物馆为游客提供哪些餐点供应设施									
没有	0	0	1	0	1	0	0	0	**2**
自动贩卖机	0	0	0	0	0	0	0	0	**0**
自助服务或自助餐厅	1	0	0	1	0	1	1	1	**5**
全套服务餐厅	0	1	0	0	0	0	0	1	**2**
餐厅是博物馆开的吗	1	1	0	1	0	1	1	1	**6**
对于自带食品和饮料的人来说，是否有好的选择	0	1	1	1	1	1	1	1	**7**
是否有足够的卫生间，是否分布合理，是否免费	1	1	1	0	1	1	1	1	**7**
是否有男女均可使用的婴儿室，是否有足够的隐私空间	1	0	1	1	0	0	1	1	**5**
是否有游乐场	1	0	1	1	0	0	0	1	**4**
语言									
是否可以订购外语特别节目？有多少种外语	1	0	1	6	3	1	0	2	
一线员工个人一般掌握几种外语	1	3	2	3	2	1	1	1.5	
前台工作人员一般掌握多少种语言	1	3	2	6	3	1	0	2	

注　"1"表示博物馆在相应的项目有所实施，"0"表示没有。"语言"一栏的表格数据除外。

在乌尔丁根木桩博物馆和马特里卡博物馆，游客不得拍照或摄像，这主要是出于商业利益的考虑。在其他几座博物馆，对商业性拍摄和摄影也有规定，但对于个人拍摄休闲照片没有限制（J. Schuitert，2008）。

3.离开博物馆时

大多数游客对考古露天博物馆的参观都非常满意，并认为超出了他们的预期。从博物馆的角度来看，重要的是要让游客在离开时仍能记住博物馆。如果可能的话，游客在离开博物馆时还应怀有重复参观的愿望。另外，游客可能希望带走一些有形的东西带回家，作为纪念品。

八家博物馆都设有商店，尽管在阿莱西湖博物馆只有一个橱窗式商店。洛福特维京博物馆和福特维肯斯博物馆的商店面积较大，均为120~150平方米（表6-16）。商店的常规统计数据是每位付费顾客的消费额和每平方米的消费额；但在八家考古露天博物馆中，这些数据要么没有，要么是保密的。一家20~40m²的商店似乎很适合这八家博物馆。四家规模较大的商店（洛福特维京博物馆、福特维肯斯博物馆、苏格兰克兰诺格中心和HOME）的商品既广泛（有许多不同的商品）又有深度（每组商品的数量丰富）。通常情况下，藏品的75%~100%都与博物馆的主题有关。唯一的例外是洛福特维京博物馆，它有一半的商品是该地区的现代纪念品，如夹克、旅游指南、食品等。当然，每家博物馆都会出售包含博物馆信息的材料，如DVD、明信片和指南书。还经常能找到定制的纪念品，比如印有博物馆名称的冰箱贴。每个博物馆都有几种商品是在其他地方很难找到的产品，比如重构的舟（船）到木剑、盾牌和羊皮。然而，在一些情况下，商品种类在多大程度上反映了顾客的兴趣，这仍然是个问题。例如，大多数博物馆都出售学术出版物，但由于其专业性和定价问题，这些出版物的销售数量不够理想。

表6-16　八家博物馆的游客服务（参观结束后）

游客服务	苏格兰克兰诺格中心	HOME	乌尔丁根木桩博物馆	洛福特维京博物馆	蒙塔莱公园	阿莱西湖博物馆	马特里卡博物馆	福特维肯斯博物馆	总计	平均
商店										
博物馆有商店吗	1	1	1	1	1	1	1	1	**8**	
商店面积有多大（平方米）	40	18	4	150	10	2	15	120		**44.9**
商店是否为博物馆所有并由自己的员工所经营	1	1	1	1	1	1	1	1	**8**	

续表

游客服务	苏格兰克兰诺格中心	HOME	乌尔丁根木桩博物馆	洛福特维京博物馆	蒙塔莱公园	阿莱西湖博物馆	马特里卡博物馆	福特维肯斯博物馆	总计	平均
商店										
商店的目标群体是否与博物馆本身的目标群体相同	1	1	1	1	1	1	1	1	**8**	
商品种类										
商品种类是否有深度（每组商品的数量）1=没有深度；3=有深度	3	3	1	3	1	1	1	3		**2**
商品种类是否广泛（许多不同的物品）1=没有，3=许多	3	3	1	3	2	1	3	3		**2.4**
商店是否提供与藏品有关的物品	1	1	1	1	1	1	1	1	**8**	
有多少（百分比）与藏品的主题相关	75%	75%	100%	50%	85%	75%	90%	75%		**78%**
商店中是否有与藏品无关的商品，例如与当地有关的物品	1	1	0	1	1	0	1	0	**5**	
商店是否出售明信片、海报、书籍、录像带和DVDs / CD-ROMS（供进一步学习）	1	1	1	1	1	1	1	1	**8**	
商品是否在当地其他地方找不到的独一无二的商品	1	1	1	1	1	1	1	1	**8**	

注 "1"表示是，"0"表示否。

据了解，在最畅销的前五名商品中，第一名和第二名的价格通常低于2.5欧元。明信片和儿童纪念品占据了前五名。畅销商品有两种含义，一种是指销量最大的产品，另一种是指收入最高的产品，但这可能导致了商店在回答这个问题时产生混淆。

三、游客信息的收集

收集博物馆游客信息的方法有很多。这对缩小管理层对游客期望的看法与实际景点品质之间的差距尤为重要。八家博物馆都使用游客调查，但并非全年使用，也并非针对所有目标群体（表6–17）。例如，学校团体负责人通常会收到一份调查表，但普通游客可能不会。在某些情况下，游客调查每三年进行一次，例如专门针对一年中最大型的活动。八家博物馆都会利用本馆工作人员进行非正式观察。这不仅包括接待人员，还包括导游和其他人员。所有博物馆都会对门票销售数据进行分析，但主要不是为了财务目的，而是对游客的特征、参观时间等情况进行分析。

表6–17　博物馆管理层收集游客信息的方式

游客信息收集情况	苏格兰克兰诺格中心	HOME	乌尔丁根木桩博物馆	洛福特维京博物馆	蒙塔莱公园	阿莱西湖博物馆	马特里卡博物馆	福特维肯斯博物馆	总计
游客调查	1	1	1	1	1	1	1	1	**8**
接待处和其他工作人员的非正式意见	1	1	1	1	1	1	1	1	**8**
售票数据	1	1	1	1	1	1	1	1	**8**
意见箱/留言簿	1	1	0	1	1	1	1	0	**5**
采访游客以获得更多的反馈	1	0	1	1	0	1	1	1	**5**
商品销售数据	1	1	1	0	1	0	1	1	**5**
游客观察	1	0	1	1	0	0	0	1	**4**
会员年会	0	0	1	0	0	0	1	1	**3**
焦点小组	0	0	1	0	0	0	0	1	**2**
咨询小组	0	1	0	0	0	0	0	1	**2**
聘用顾问或其他外部援助	0	1	0	1	0	0	0	0	**2**
总计	**7**	**7**	**8**	**8**	**4**	**6**	**7**	**8**	

注　"1"表示博物馆在相应项目有所实施，"0"表示没有。

五家博物馆设有意见箱或留言簿，供游客留言。所有博物馆都接受通过电子邮件提出的意见，通常由工作人员跟进。当面提出的投诉也会得到单独跟进。另外五家博物馆偶尔会对游客进行访谈，以获得更多反馈意见，不过这种做法非常耗时。还对商店的销售数据进行分析，包括销售产品的组合、前10名商品、季节性销售等情况。有一半的博物馆偶尔会对游客进行观察，例如观察他们在博物馆参观不同部分所花的时间，这对于确定博物馆中哪些部分最有趣是非常有帮助的。采用重点小组、咨询小组的形式和外聘顾问来更好地了解游客及其动机的做法非常少见。

四、小结

尽管这八个博物馆很难相互比较，但每个博物馆都有自己的工作重点和主题。所有博物馆都以自己的方式取得了成功。但是通过这八个案例的研究还是发现了一些问题。

（一）管理和财务方面

（1）竞争加剧，组织结构调整。然而，大多数博物馆仍在淡化公认的管理方法，似乎更多的是按部就班，被动地应对挑战，而不是更加独立地行动。尤其是在最繁忙的几个月里，每个人都忙得不可开交，导致缺乏对日常表现的反馈。考古露天博物馆的管理人员往往是考古学家，而不是专业管理人员。外部专业人员通常积极参与市场营销和财务工作，这两项工作对任何博物馆都至关重要，但考古露天博物馆应自己掌握这方面的专业知识。目前大多数培训是针对与公众打交道的工作人员，而不是中高层管理人员。

（2）考古露天博物馆通常会给所在地区带来收益。对这些博物馆的投资是有益的，而且回报价值高于投资，社会意义和附加教育价值更重要。

（3）许多博物馆仅仅依靠公共资金。事实上，它们可以通过博物馆活动或赞助等方式获得更多收入。

（4）工作人员的数量与博物馆的收入或每名工作人员接待的参观人数无关。让人们在考古露天博物馆工作，与其说具有经济意义，不如说具有社会意义。并非所有工作人员都是带薪的，许多博物馆都有一个由志愿者组成的服务团队。但这方面没有统一的标准记录。

（二）藏品方面

（1）重构房屋通常都有资料记录，但这些资料很少能查阅到；其他重构的手工艺品的资料记载较少。尽管考古露天博物馆的藏品通常以较为传统的方式（图书馆和档案馆）进行定义和管理，但改进的空间在于将注意力集中在重构藏品上，并通过它们聚焦于博物馆所代表的非物质遗产上。这些博物馆所承载的故事，以及为这些故事服务的工作人员，才是博物馆真正的财富。通过关注这些瑰宝，以及如何保存和展示这些瑰宝，博物馆在品质上将得到很大的提高。

（2）重构建筑是考古露天博物馆的重要资产。第六章考古露天博物馆的管理情况小节解释了如何装饰或不装饰这些房屋，以满足某些展示需要。无论博物馆管理层做出什么样的选择，只要是有意识的选择，并且知道这些房屋对游客有巨大的影响，就没有问题。

（3）博物馆应将周围的文化遗产融入其中，将博物馆置于其独特的环境中，这意味着在博物馆中认识地区，在地区中认识博物馆。

（4）虽然许多博物馆发表了很多出版物，但大多数研究出版物都不是关于博物馆本身的。这是一个被错失的机会。藏品及其资料需要更好的解构才能获得科学价值。往往只需要多走一小步，就能增进知识：通过报告和出版的方式，将研究成果与公众分享。

（5）与考古出土文物之间的联系并不紧密，也没有得到积极的展示。要改进这一点是一项重大挑战，也必须应对这一挑战，以展示一个完整的故事。

（三）市场营销方面

游客往往只能依靠固定的营销材料。这部分是由于每周提供的材料不同，而且取决于一年中的不同时间。减少印刷材料，采用更灵活的交流方式（通过移动设备获取信息），可以改善营销工作。

（四）博物馆讲解方面

讲解是所有博物馆的强项，通常都很完善，但并非总是有据可查。通过教科书、信息标牌或现代媒体进行传播的情况确实存在，但博物馆工作人员的阐释是主要的解释手段。博物馆工作人员有许多不同的工作方式，他们充满热情，渴望从中学习。活动的数量是巨大的，尽管这些活动往往是标准化的、可预测的，几乎没有什么独特性。体验是当今社会的标志，因此应努力开发原创活动。使用时代服饰进行现场互动的做法越来越多，但并非唯一的做法。

（五）游客服务方面

博物馆的游客服务通常很完善。有很多指示牌，博物馆工作人员也能轻松回答常见的问题。博物馆可以通过采取互动性更强的方式，进一步刺激游客的感官。各博物馆之间的休息和餐点供应设施差别较大，有些地方还有改进的空间。在许多情况下，博物馆商店的商品种类齐全，但他们没有透露关于商店有效性的信息。

第七章

了解游客情况

本章旨在更好地了解八家考古露天博物馆的游客。虽然博物馆管理层可能对博物馆有特定的目标，但关键在于他们需要认识到游客的期望可能与他们的预期有所不同。当博物馆提供的服务既适合游客又与管理人员时的预期相符，它就是成功的。本章首先介绍游客的概况。内容包括前往博物馆的旅程、陪同人员以及如何做出参观决定等信息。此外，还回答了游客为何参观考古露天博物馆的问题。除了对历史的浓厚兴趣外，许多游客还出于对当地的兴趣而参观。博物馆的教育价值和适合家庭参观是游客参观博物馆的另外两个重要原因。

在第二部分，分析游客对参观的不同要素的评价，包括重构建筑、导游和各类活动，以及纪念品店和咖啡馆。

一、游客调查中的数据收集问题

游客调查是收集游客数据的主要工具。在2008年，八家博物馆对开展此类调查的重要性有不同的认识。有些博物馆已经开始每年进行一次调查，一些博物馆则每五年左右才进行一次调查。少数博物馆从未开展过游客调查。目前还没有在多个不同的考古露天博物馆收集游客数据的尝试。

虽然针对八家博物馆的调查主要框架大致相同，但每家博物馆一致同意在其调查中加入自己特定的问题。有些国家允许询问有关职业、教育和收入的问题，甚至姓名和地址，但有些国家则不允许。因此，我们对并非所有博物馆都有的问题的答复一般都忽视。在一个特定的案例中，核心问题的定义在调查季节开始之前或在数据收集过程中发生了变化。这种情况要求我们在处理收集到的反馈时必须格外小心谨慎。在少数情况下，并没有提供所有的答案选项，例如游客是否可以对其体验的不同方面进行评价。

每家博物馆的统计相关性由误差幅度决定，误差幅度的计算以游客人数和收回的调查问卷数量为变量。图7-1所示的显示误差幅度是按照美国研究集团（American Research Group, Inc.）的模式计算的，置信度为95%。

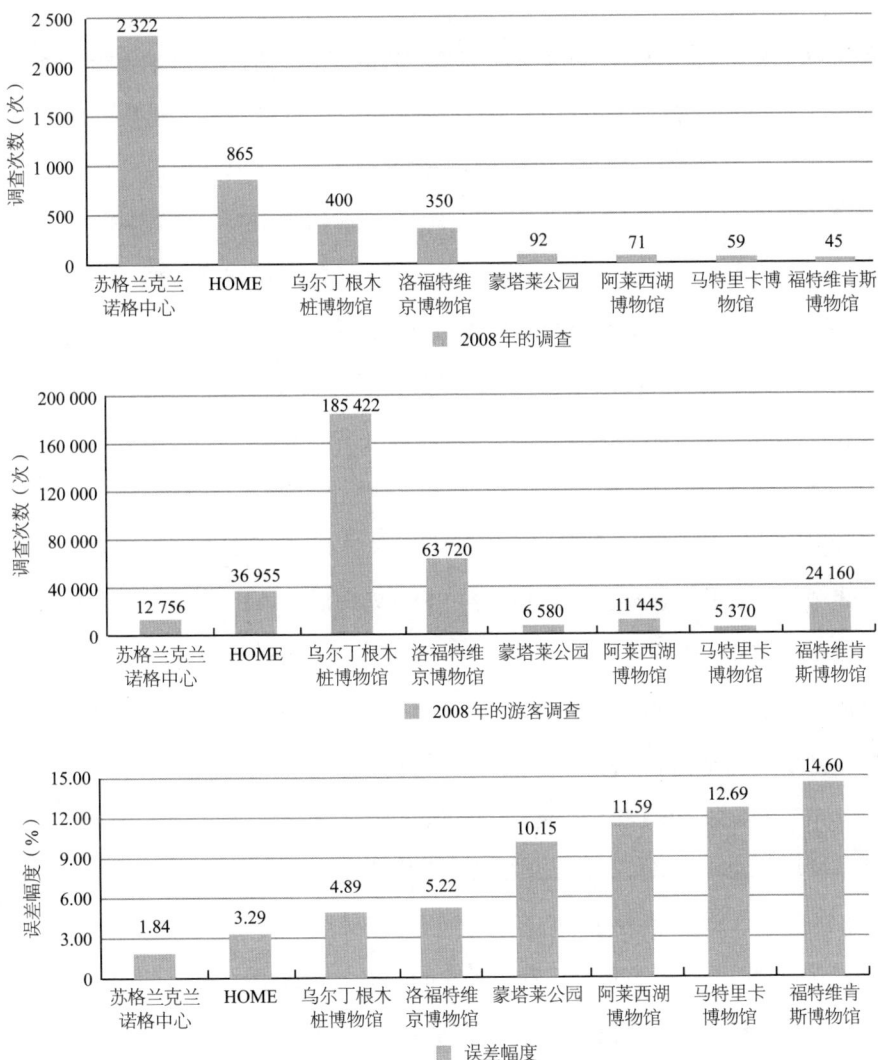

图7-1　2008年旅游调查的误差幅度计算

注　调查总数：4 204次。2008年，这八家博物馆的游客总数为346 408人。误差幅度：1.5%。

误差幅度（MOE）是一个统计术语，是一个代表性的指标。它并不是指"错误"答案的数量，实际上并没有所谓的错误答案。误差幅度表明所给出的答案不能代表整个群体的可能性有多大。

我们的目标是为八家博物馆分别收集大致相同量级的游客调查结果。但调查的执行方式和力度不同，导致一些博物馆的数据多一些，而其他博物馆则较少。例如，在某些情况下，导游会在参观结束时引导游客参与调查。这就解释了为什么在这些情况下会有大量积极的回应。在另一种案例中，调查是通过工作人员的采访完成的。在另一种情况下，可能的答案顺序是这样的，排在首位的答案通常是博物馆管理层最希望得到的答案。以马特里卡博物馆为例，在回收的193份调查问卷中，有134份因为是由学校团体填写的，而非游客填写，所以这部分需要被去除，因此只有59份有效问卷。

图7-2显示了每个问题的答案频率分布，对于频率过低的答案，我们在进一步研究中将其删除。由于有些问题只在五六家博物馆中提出，因此每个博物馆的每个问题都存在不同程度的误差幅度。

通过游客调查共回收到4 204份问卷，博物馆工作人员收集了这些表格。在此基础上，建立了一个数据库，其中包含114 509个由博物馆工作人员、笔者或辅助人员手工输入的数值。经SPSS处理后，输出结果达数百页。查询由笔者描述，然后由助手编写脚本。为了最终能够进行分析，笔者做了大量的工作：完善原始数据输出、规范数据录入、剔除无效或有错误的数据，以及创建与研究问题相关的主题数据汇总组合。

表7-1是每个博物馆每月游客人数的概览，为清晰起见，旺季、平季和淡季被视为独立的单位。在本项研究中，旺季是指2008年游客总数至少达到10%的月份，淡季是指每月游客总数不超过5%的月份。平季被定义为介于两者之间的所有月份，但旺季和平季之间的差异应该是显著的。福特维肯斯博物馆的工作人员未能提供每月的游客总数，因此部分数据被省略。他们计算的是售出的门票数量，而不是游客人数：例如，家庭门票可能代表着3～7人，因此无法确定确切人数（B. M. Buttler Jakobsen，2010）。

没有提问的博物馆：

问题	回复数量	没有提问的博物馆
1.您今天选择参观我们博物馆的原因是什么？	6 982	
2.您是如何得知我们的？	9 222	
3.您的常住地是哪里？	4 135	
4.您今天走了多远的路程？	3 413	
5.您在该地区打算停留多久？	3 404	
6.您和谁一起来参观我们的博物馆？	4 131	
7.您的年龄是？	7 242	
8.您以前参观过我们的博物馆吗？	4 165	
9.您再此停留了多长时间？	3 557	马特里卡博物馆
10.评价参观的期望值	3 647	
11.请给门票打分	3 599	
12.请给重构工作打分	3 829	
13.请给导游打分	3 165	
14.请给展览打分	3 364	HOME，蒙塔莱公园
15.请给工艺品打分	1 711	阿莱西湖博物馆
16.请给动手活动打分	2 502	阿莱西湖博物馆
17.请给礼品店打分	2 881	乌尔丁根木桩博物馆，阿莱西湖博物馆，福特维肯斯博物馆
18.请给标识/手册/导游打分	2 252	
19.请给整理体验打分	3 233	
20.请给咖啡馆打分	1 165	苏格兰克兰诺格中心

回复数量（个）

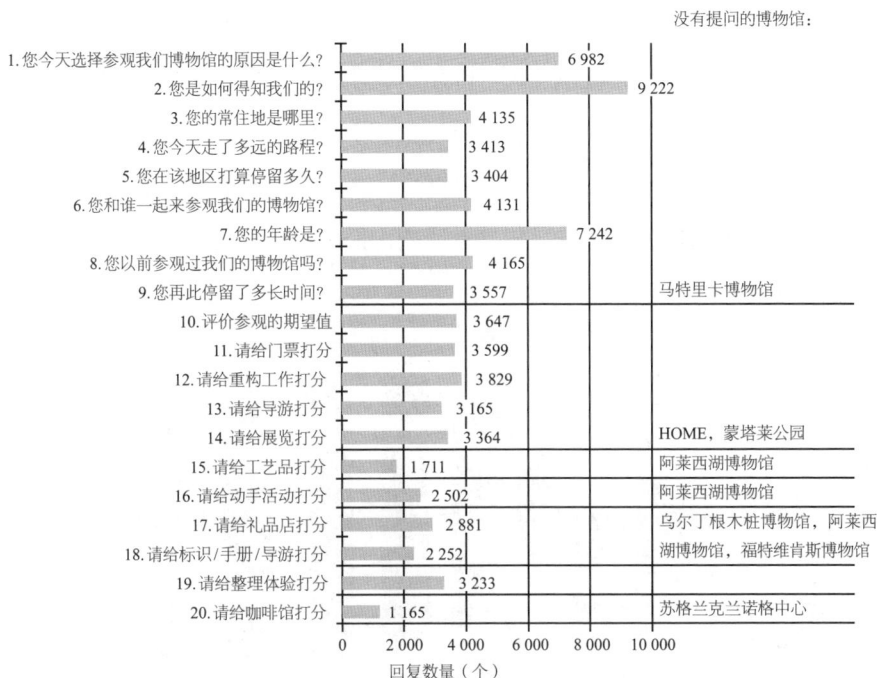

图7-2 八家博物馆及其调查涉及的每个问题的回复数量总计

表7-1 2008年各博物馆每月游客量的分布情况 所占比例（%）

博物馆	1月	2月	3月	4月	5月	6月	7月	8月	9月	10月	11月	12月
苏格兰克兰诺格中心	0	0	4	10	11	11	18	20	11	12	3	0
HOME	2	4	5	7	17	7	16	12	7	12	3	8
乌尔丁根木桩博物馆	0	1	3	5	16	10	16	24	14	8	1	0
洛福特维京博物馆	0	1	1	1	4	25	43	23	1	1	1	0
蒙塔莱公园	0	0	11	32	22	8	2	0	12	10	3	0
阿莱西湖博物馆	0	0	0	0	18	18	22	22	10	9	1	0
马特里卡博物馆	4	1	11	9	13	10	11	11	11	13	4	2
福特维肯斯博物馆	nd	nd	nd	nd	nd	nd	nd	nd	nd	nd	nd	nd
平均	1	1	5	9	14	13	19	16	9	9	2	1

注 浅灰＝旺季，中灰＝平季，深灰＝淡季，"nd"表示没有相关数据。

图7-3显示了游客在旺季、平季和淡季的分布情况。一般来说，7月和8月是游客最多的月份，旺季从5月持续到9月的情况并不少见。由于天气炎热，蒙塔莱公园在7月和8月关闭。HOME可以利用春季、秋季和圣诞节假期，将旺季延长到平季，马特里卡博物馆、乌尔丁根木桩博物馆和苏格兰克兰诺格中心也同样如此。洛福特维京博物馆最依赖短暂而密集的旺季，90%的游客在短短两个月内进行参观。

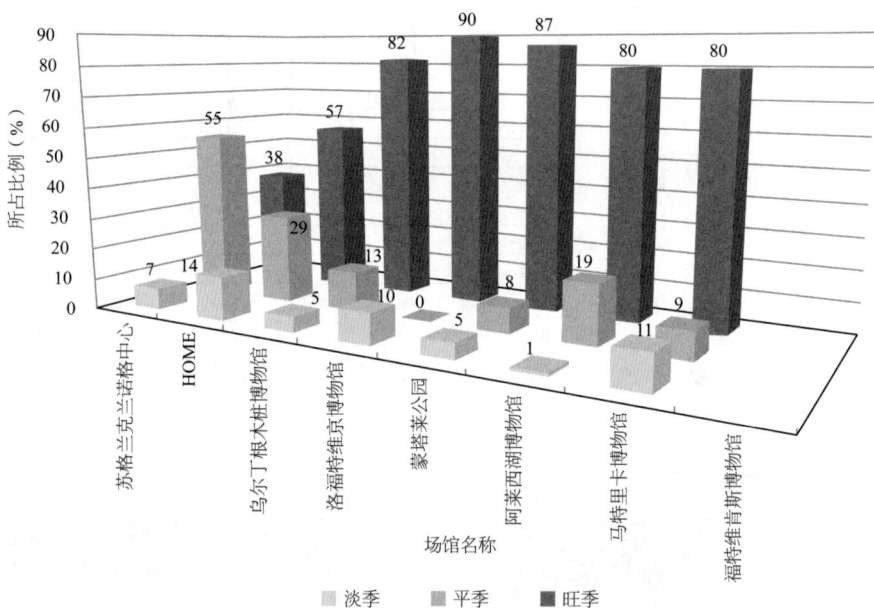

图7-3   2008年每家博物馆的游客比例

在平季和旺季，游客人数在周一至周六均匀分布，周日游客人数较多。以荷兰的HOME为例，2005—2006年，39%的游客在周日参观博物馆（B. van Valburg，2007）。这与前几年的情况一致（Boonstra，1988—1997；Botden，2001—2003；van Valburg，2004—2007）。

八家博物馆的经验表明，大多数游客都是在节假日和周日被吸引来的，特别是复活节和秋假等较短的假期。在工作日，学校团体是博物馆的主要访客，尤其是在暑假前后。秋季是老年游客的季节。博物馆可以利用各种活动来吸引不同的目标群体。回顾往年，游客趋势相对稳定。除其他因素外，收回的调查问卷数量还受到调查问卷所使用语言的影响。乌尔丁根木桩博物馆的（G. Schöbel，2008）大多数国际游客来自德语国家（奥地利、瑞士部分地区、卢森堡部分地区），因此在博物馆内使用德语进行调查似乎不成问题。事实上，在乌尔丁根木桩博物馆，69%的国际游客回复来自德语国家。苏格兰克兰诺格中心的大部分国际游客来自英语国家，因此，同样大部分的外国回复（66%）来自英语国家。

　　在HOME，调查只有荷兰语版本，仅有2%的调查表由外国人填写。工作人员证实，95%以上的游客都讲荷兰语（J. Schuitert，2011）。福特维肯斯博物馆的情况则不同，那里只有约23%的游客来自斯堪的纳维亚半岛（Metro，2010）。

　　在洛福特维京博物馆，调查使用了八种语言，挪威语占36.2%，英语占23.0%，德语占18.3%；意大利语、法语和瑞典语紧随其后，各占不到7%（图7-4）。除了季节性较强外，游客国籍的多样性也给洛福特维京博物馆带来了另一个挑战。

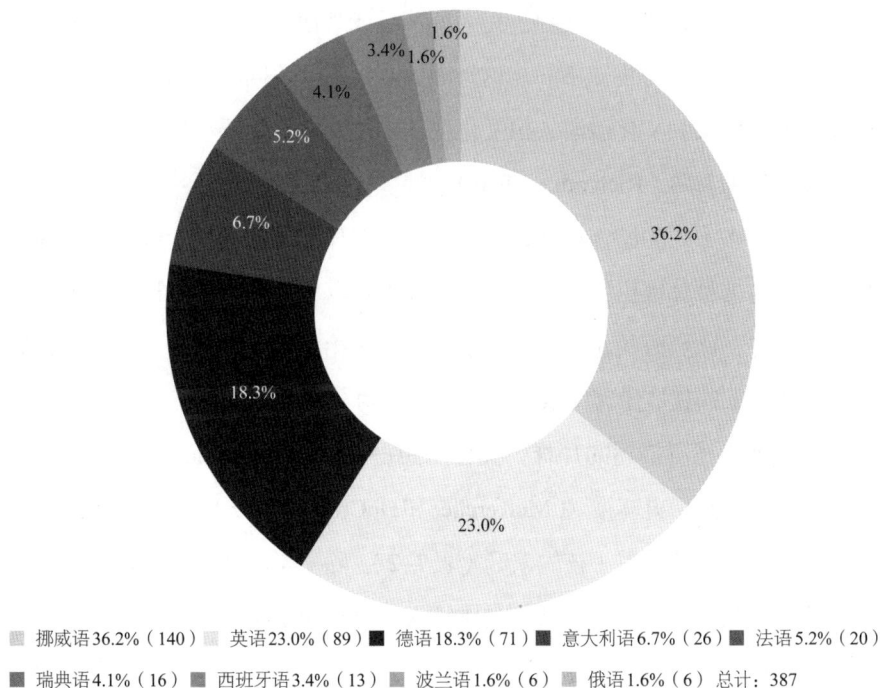

挪威语36.2%（140）　英语23.0%（89）　德语18.3%（71）　意大利语6.7%（26）　法语5.2%（20）
瑞典语4.1%（16）　西班牙语3.4%（13）　波兰语1.6%（6）　俄语1.6%（6）　总计：387

图7-4　在洛福特维京博物馆每种语言的回复数量

二、游客特征

（一）概览

参与体验正变得越来越重要。一般来说，考古露天博物馆不那么注重让游客阅读文本和观看展览的藏品，而更注重博物馆工作人员与游客的互动，让游客触摸和使用重构物品。这种互动方式让游客成为展示的一部分，让他们沉浸在体验中，这与"体验社会"的理念不谋而合。

多年来，游客对考古露天博物馆的期望已经发生了变化。他们不仅希望有更好的设施，如卫生间、咖啡馆等（A. Boonstra，2006），还希望有更好的体验，更多的互动。需要强调的是2008年这一代人对周围媒体的态度。这一代互联网用户习惯于有很多选择，习惯于获取片段化信息，能够自己选择看什么、做什么、体验什么和不体验什么。以短信的最大容量为展示文本的长度就是一个很好的开始。但这并不意味着现在的人比前几代人更肤浅。

考古露天博物馆交通便利。在大型节日或其他夏日，游客对考古露天博物馆的期待与传统博物馆不同。这是因为观众是由不同的人组成的。约37%的旅游业可定义为文化旅游，但文化往往不是游客的主要动机。文化旅游的年增长率约为15%（Richards，1996）。

存在许多不同的游客群体，但任何一个群体都不排斥其他群体。在为看似较小的游客群体提供特定服务时，实际上可以为更多的游客群体提供创新服务。例如，比利时拉米乌尔的史前遗址博物馆为盲人举办了一次展览，随后在多个国家的其他游客中取得了真正的成功。

正如理查德所描述的那样，文化旅游群体"比整个旅游人群年龄更大、受教育程度更高、更富裕"（McKercher和DuCross，2002）。参观考古露天博物馆的游客通常是带着小孩的家庭（表7-2）。除了学龄儿童这一群体，带小孩的家庭是最重要的群体，其次是成年人。有年长子女或年轻成年人的家庭参观的人数要少得多。

表7-2 博物馆的主要游客群体的自我评估

游客群体	苏格兰克兰诺格中心	HOME	乌尔丁根木桩博物馆	洛福特维京博物馆	蒙塔莱公园	阿莱西湖博物馆	马特里卡博物馆	福特维肯斯博物馆	总计
带小孩的家庭	1	1	1	1	1	1	1	1	8
有较大子女的家庭	1	0	1	0	0	0	0	1	3
青年	1	0	1	0	0	0	0	1	3
成年	1	1	1	1	1	1	1	1	7
学龄儿童群体	1	1	1	0	1	1	1	1	7
成年群体	1	0	1	1	0	1	0	1	5
企业对企业	0	0	0	1	0	0	0	1	2

注 灰色为博物馆管理层认为其主要缺失群体，"1"表示有，"0"表示没有。

大多数博物馆都希望在"企业对企业"（Business to Business）群体方面做得更多，尽管有些博物馆，如洛福特维京博物馆，在这方面已经做得很好了。对于典型游客及其子女来说，参观考古露天博物馆要比参观传统博物馆容易得多，门槛要低得多。在传统博物馆里，必须遵守相关规定；而在考古露天博物馆里，你要自由得多，可以尽情享受露天、房屋、故事和美食。公众希望获得一种体验，在空气清新的环境中度过愉快的一天，并进行一些锻炼。他们喜欢在不同的地方放松，在那里他们不会想起日常生活（Opaschowski，2000），当然，如果考古露天博物馆无法满足，游客们就会选择去游乐园。

（二）回头客

博物馆管理层对回头客的了解不多，然而，他们有必要更多地了解这些游客的情况，尤其是考古露天博物馆的平均重复参观率（图7-5）低于一般旅游景点，后者比例约为25%（Richards，1996）。这些参观既具有社会意义，也具有教育意义。重复参观时，游客会要求博物馆提供其他服务，并通过其他方式获得信息（Falk 和 Dierking，2000）。基于已有经验，他们对博物馆有了很好的了解，从而产生了非常具体的期望。对于这些游客来说，比如活动或装饰的突然改变可能会招致严厉的批评。

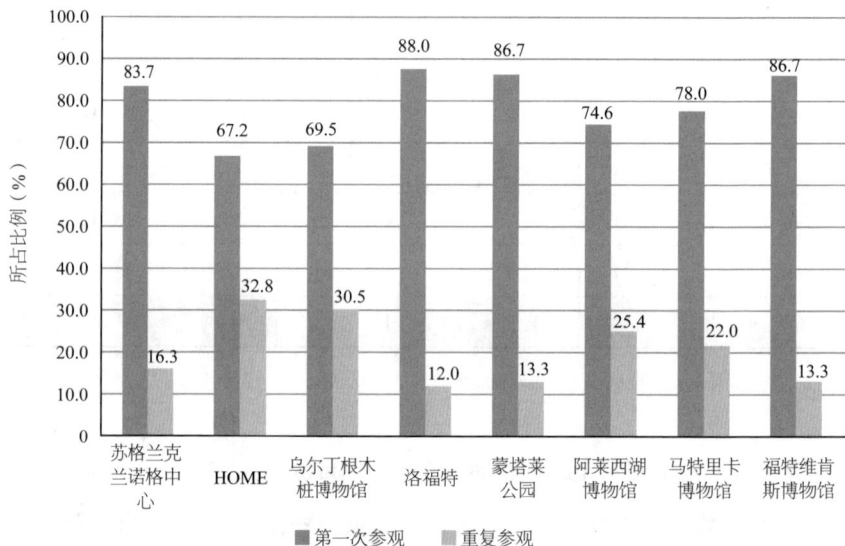

图7-5　每家博物馆的回头客及非回头客人数占比

　　重复参观的游客需要一种专门的策略，但要做到这一点，博物馆首先需要更多地了解这类游客。在后续参观中，他们会提到来参观的其他原因。重复参观的游客比首次游客掌握更多信息。这将是一个营销机会，让人们更好地了解博物馆的家庭友好性和教育价值，以此吸引游客再来参观。至于重复参观的游客（回访者）是先在平时或周日参观，然后再回来参加特别活动，还是相反，则无法核实。就苏格兰克兰诺格中心而言，许多重复参观的游客都是当地居民，他们以向国际游客展示苏格兰克兰诺格中心为荣。通常情况下，留住老客户比争取新客户更容易。不同的博物馆的情况可能有些不同，但正如苏格兰克兰诺格中心的例子所显示的，让回访者满意肯定会有回报。

　　门票的定价问题没有得到详细的研究，尽管它们在客户关系中起着重要作用。许多博物馆都有年票或家庭票，但关键不在于游客是否能享受优惠，而在于优惠多少。在淡季，门票价格较低，而在某些活动期间，价格往往会上调。

本研究显示，八家博物馆的平均重复参观率为21.0%，这似乎有点低（图7-5、图7-6）。重复参观率相对较低的原因可能是一些博物馆位于非典型旅游区（尤其是苏格兰克兰诺格中心和福特维肯斯博物馆）。

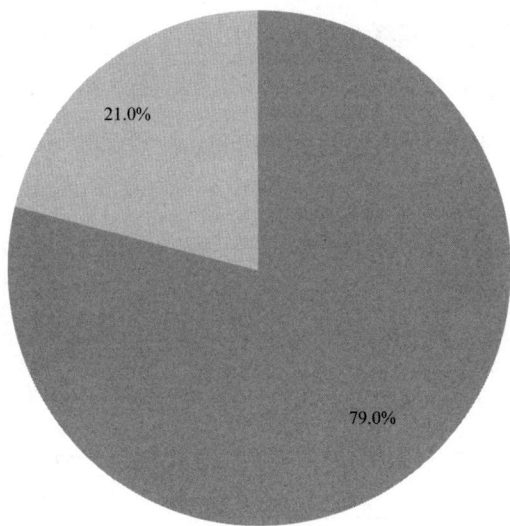

■ 第一次参观（总计3 320）　■ 重复参观（总计884）

图7-6　八家博物馆的重复及不重复参观的次数占比

为了吸引游客重复参观，博物馆提供的服务必须有所改变。"活动有助于为静态文化景点注入活力，并为重复参观、淡季参观或在非传统地点游览创造特定的动机"（Richards，1993）。由于调查的局限性，我们无法确认重复参观的游客是通常在活动日再次光临，还是偶尔在其他时间重复参观。

在福特维肯斯博物馆，尽管国际游客数量很多，但重复参观总数也相对较低（图7-5、表7-4）。相反，在HOME和乌尔丁根木桩博物馆，国际游客人数少，但重复参观人数多（图7-5）。阿莱西湖博物馆的显著特点是既有大量国际游客，又有大量重复参观的游客，其中一个原因可能是许多拉脱维亚人周末都会去乡下参观博物馆。

（三）游客的永久居住地

此外，调查结果还显示了博物馆和游客背景的多样性（表7-3）。对于苏格兰克兰诺格中心而言，当地被称为泰赛德区（Tayside），而全国地区则被定义为包括苏格兰在内的整个英国。泰赛德区的面积与荷兰北布拉邦省（Noord-Brabant，HOME所在地区）相当；如果将苏格兰作为该博物馆"本地"的地区，那么其面积将达到79 000平方千米，居民人数将超过500万。福特维肯斯博物馆的所在区域被称为厄勒海峡地区（Öresundsregion），包括斯堪尼亚的部分地区和丹麦西兰岛（Sjælland）的部分地区，其中涵盖哥本哈根和马尔默的市区。因此，在这里，语言差异并不是不可逾越的障碍。

表7-3　八家博物馆的地理位置及人口信息

博物馆	地区，称为"本地"	面积（平方千米）	人口（人）	人口密度（人/平方千米）	国家，称为"本国"	面积（平方千米）	人口（人）	人口密度（人/平方千米）
苏格兰克兰诺格中心	泰赛德区	7 535	403 820	54	英国	242 900	60 943 912	251
HOME	北布拉邦省	5 061	2 415 946	477	荷兰	41 528	16 428 360	396
乌尔丁根木桩博物馆	弗里堡和图宾根	18 265	3 995 873	219	德国	357 022	82 491 000	231
洛福特维京博物馆	诺尔兰郡	38 456	235 124	6	挪威	385 155	4 644 457	12
蒙塔莱公园	艾米利亚-罗马涅	22 124	4 323 830	195	意大利	301 318	58 145 321	193
阿莱西湖博物馆	维泽梅地区（Vidzeme region）	15 346	251 665	16	拉脱维亚	64 600	2 245 423	35
马特里卡博物馆	布达佩斯地区	553	1 719 662	3108	匈牙利	93 032	9 930 915	107
福特维肯斯博物馆	厄勒海峡地区	20 820	3 726 859	179	瑞典	449 964	9 045 389	20

回顾一下，乌尔丁根木桩博物馆在德国被定义为当地的地区应该是博登湖周边地区，该地区包括奥地利和瑞士的小部分地区、巴登—符腾堡州南部（Baden-Württemberg）和拜仁州（Bayern）部分地区（16 187平方千米，3 690 545名居民，计算出228人/平方千米）。这样的定义将导致参观乌尔丁根木桩博物馆的当地居民增多，而来自本国和国际的游客减少。没有这样做的原因是，现有资料不够详细，不足以对每位游客做如此细致的区分——该地区本身的定义主要在于文字，而不是在人们的头脑中。在评估中，博物馆管理层将其影响力地区称为直径300千米的地区，包括位于德国的巴登—符腾堡州和邻近的巴伐利亚州，以及作为邻国的奥地利和瑞士。由于"石器和青铜时代的湖畔民居"这一主题是学校的课程的一部分，因此人们对于乌尔丁根木桩博物馆的认识水平很高。2008年，乌尔丁根木桩博物馆在本次研究中被定义为当地区域（弗赖堡州和图宾根州的居民人数几乎与挪威全国的居民人数相当）。就挪威而言，被定义为当地的诺德兰地区的面积几乎与荷兰本国的面积相当。

马特里卡博物馆的所在地区是布达南部地区（Sauth Buda region），由布达佩斯的9个定居点和3个外区组成（十一区、十二区和二十一区）。这一地区本身过于复杂，无法采取单一的战略方法：如果不包括首都的部分地区，则更容易界定。然而，在本研究中，由于缺乏替代方案，布达佩斯地区被指定为地方区域。

因此，为每个案例博物馆确定当地区域是一项挑战。在比较结果时，我们应该牢记，每个人和每个博物馆对当地的体验都是不同的。我们摒弃了其他掌握离家旅行距离数据的方法。因此，我们只能对每家博物馆的服务范围做出概括性的结论；尽管我们认为这类数据很容易量化，但许多因素都是主观的，例如一个人愿意为参观博物馆付出多少努力，或者个人或博物馆将什么称为本地等问题。

"您的永久居住地是哪里"是一个开放性问题。数据首先被编码为71个不同的地区或国家，然后重新编码为三种：本地、本国和国际（表7-4）。数据显示，外国人经常访问母语地区的国家。例如，澳大利亚和北美的游客喜欢访问英国苏格兰地区，瑞士和奥地利的游客则更喜欢去德国，而来自斯堪的纳维亚半岛的游客更喜欢去挪威等国旅游。福特维肯斯博物馆是一个例外，有许多非斯堪的纳维亚地区的游客来参观（Metro，2010）。

在洛福特维京博物馆，共有58.6%的游客是外国游客，这种极端情况该博物馆似乎处理得很好。在这种情况下，试图界定本国市场几乎是不可能的。500千米的半径包括50万人口，但这并不是50%游客的来源地区。35%~40%的游客来自挪威，其中大多数来自挪威南部。据粗略估计，"本地游客"（来自罗福敦群岛）每年有2 000~4 000名游客（占游客总人数的3.0%~6.0%，G. Johansen，2010）。从游客调查的回复答案来看，2008年八家博物馆分为本地、本国和国际三大类，平均比例分别为22.3%、60.5%、15.6%（表7-4）。

表7-4　来自不同地方的答复者的人数和占比

博物馆	本地		本国		国际		没有答复		总计（人）
	人数（人）	占比（%）	人数（人）	占比（%）	人数（人）	占比（%）	人数（人）	占比（%）	
苏格兰克兰诺格中心	210	9.0	1 766	76.1	317	13.7	29	1.2	2 322
HOME	529	61.2	289	33.4	21	2.4	26	3.0	865
乌尔丁根木桩博物馆	60	15.0	290	72.5	46	11.5	4	1.0	400
洛福特维京博物馆	16	4.6	117	33.4	205	58.6	9	2.6	350
蒙塔莱公园	74	80.4	17	18.5	0	0	1	1.1	92
阿莱西湖博物馆	8	11.3	29	40.8	34	47.9	0	0	71
马特里卡博物馆	31	52.5	28	47.5	0	0	0	0	59
福特维肯斯博物馆	8	17.8	6	13.3	31	68.9	0	0	45
平均	—	22.3	—	60.5	—	15.6		1.6	—

乌尔丁根木桩博物馆与平均值最为接近，其次是苏格兰克兰诺格中心。洛福特维京博物馆的游客分布非常与众不同，这是因为当地人口非常少，博物馆对游客的依赖程度也很大。HOME的本地游客比预期的要多，而国内和国际游客却比预期的少，这使其成为一个仅限于当地的旅游景点。对他们来

说，这可能是一个重要的增长市场。至于其他四家博物馆，调查的游客的数量太少，无法作出正确的判断。

不过，HOME的当地人口密度远高于苏格兰克兰诺格中心，尽管被定义为当地的区域面积相同。因此，苏格兰克兰诺格中心对当地的影响要高出两倍多，这一点尤为引人注目（表7-5）。苏格兰克兰诺格中心9.0%的本地受访者（表7-4）比HOME的61.2%要好。

表7-5　答复者占博物馆当地和博物馆所在国家总人口的百分比

博物馆	当地答复者（人）	当地居民（人）	答复者占比（%）
苏格兰克兰诺格中心	210	403 820	0.052
HOME	529	2 415 946	0.022
乌尔丁根木桩博物馆	60	3 995 873	0.002
洛福特维京博物馆	19	235 124	0.008
蒙塔莱公园	74	4 323 830	0.002
阿莱西湖博物馆	8	251 665	0.003
马特里卡博物馆	31	1 719 662	0.002
福特维肯斯博物馆	8	3 726 859	0

在蒙塔莱公园，它们自己的调查显示50%的游客来自摩德纳市和摩德纳省，其余大部分（42%）来自艾米利亚—罗马涅（Emilia Romagna），外地游客（不超过200千米）占7%（I. Pulini，2010）。马特里卡博物馆的数据与此类似，但该地区包括首都布达佩斯（M. Vicze，2009），这对博物馆来说是一个重大挑战。它们似乎没有外国游客，但这可能是因为调查只用匈牙利语进行。HOME没有外国游客调查也是统计数据中缺少外国人的原因。乌尔丁根木桩博物馆和苏格兰克兰诺格中心的游客主要是本国人，这两处都是旅游地标，在宣传中占主导地位。乌尔丁根木桩博物馆吸引的主要是来自德国各地的游客，但当地居民不一定很多，不过，当地游客的数量远不及苏格兰那么少。在当地居民中，最多的是重复访问，占42.3%（表7-6）。在国际游客中，只有3.6%的回头客。

表7-6　游客的参观情况

博物馆	总参观人数和占比		首次参观人数和占比		重复参观人数和占比	
本地	939 人	22.3%	565 人	17.0%	374 人	42.3%
本国	2 542 人	60.5%	2 079 人	62.7%	463 人	52.4%
国际	654 人	15.6%	622 人	18.7%	32 人	3.6%
没有回复	69 人	1.6%	54 人	1.6%	15 人	1.7%
总计	4 204 人	100.0%	3 320 人	100.0%	884 人	100.0%

在马特里卡博物馆、蒙塔莱公园和HOME，当地游客在吸引首次参观的游客方面比一般游客更重要，这可能是因为这些地方都是非旅游区的缘故。马特里卡博物馆是本次案例研究中唯一一家当地游客重复参观比例不升反降的博物馆。艾米利亚—罗马涅（蒙塔莱公园）、弗赖堡和图宾根（乌尔丁根木桩博物馆）、厄勒海峡地区（福特维肯斯博物馆）和北布拉邦省（HOME）都是人口稠密的地区，这些地区的博物馆能够吸引更多的游客。苏格兰克兰诺格中心可能有机会在全国范围内吸引更多的游客。在拉脱维亚和挪威，人口密度非常低，因此需要以国际游客为目标。

（四）游客的旅行距离

游客的旅行距离与他们选择参观的博物馆没有直接关系。例如，只是路过参观的游客可能走了很短（3.7%）或很长的距离（4.5%）。博物馆接触潜在游客的最重要方式是通过推荐（朋友/家人、旅游局或酒店）和博物馆自己的宣传册。博物馆的位置临近主要路线或一般旅游区对吸引游客非常有效（如乌尔丁根木桩博物馆和洛福特维京博物馆），但这不是决定性的。

与其他游客相比，附近游客通常是通过宣传册了解博物馆的，与本国和国际游客相比，报纸和杂志对他们的影响最小。对于旅行距离较远（50～100千米）的游客来说，了解博物馆最重要的途径是通过推荐，而不是通过宣传册。数据显示，对于那些来自较远地方的游客来说，网站的作用比那些居住在附近或100千米以内的游客更为重要。然而，推荐仍然是这些较远游客前来参观的主要原因。

从游客的参观动机来看，与他们旅行的距离相比，两者之间也没有太大的差别。当地人对当地地区更感兴趣，而那些来自遥远地区的人则更多受到天气的影响。在所有八个博物馆中，情况都是这样的。

（五）游客当天的参观距离

当天，共有62.2%的游客短途参观考古露天博物馆（表7-7）。唯一的例外是阿莱西湖博物馆，许多人从首都里加专程来到采西斯参观博物馆。此外，还有许多人离开里加去乡下度周末。正因如此，阿莱西湖才会在里加大受欢迎，吸引了许多周末离开城市的一日游游客。洛福特维京博物馆和乌尔丁根木桩博物馆25%~30%的游客当天通过远途的方式来参观博物馆。蒙塔莱公园、苏格兰克兰诺格中心和HOME的游客则较少来自本地以外的地区。综合所有八家博物馆的情况，平均62.2%的游客旅行距离不足50千米，18.6%的游客旅行距离在50~100千米之间，另有19.2%的游客旅行距离更远。

表7-7　游客当天的旅行距离
单位（%）

旅行距离	苏格克兰诺格中心	HOME	乌尔丁根木桩博物馆	洛福特维京博物馆	蒙塔莱公园	阿莱西湖博物馆	马特里卡博物馆	福特维肯斯博物馆	平均
0~50 千米	63.6	68.2	58.7	50.9	73.9	36.6	83.1	0.0	**62.2**
50~100 千米	19.7	15.0	14.9	18.1	13.0	26.8	11.9	40.0	**18.6**
100+ 千米	16.7	16.7	26.4	30.9	13.0	36.6	5.1	60.0	**19.2**
总计距离（千米）	2 283	233	397	265	92	71	59	10	

注　高于平均数的百分比为灰色，总共有3 410个答复。

首次参观和重复参观博物馆的游客当天的旅行距离存在差异。例如，在蒙塔莱公园和马特里卡博物馆，行程超过100千米的游客没有重复参观（图7-7）。然而，对于大多数博物馆而言，重复参观和当天旅行距离的数据太少，无法得出任何有效的结论。

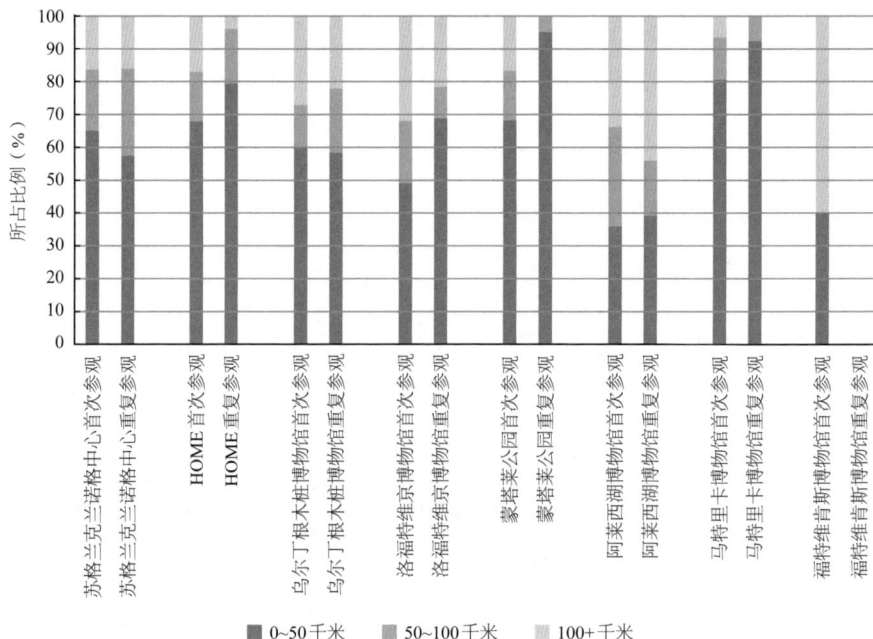

图7-7 每个博物馆的旅行距离（分为首次参观和重复参观）

（六）参观主体

从参观主体来看，单身人士、情侣、家庭和朋友之间的分布相对均衡。在西欧的五家博物馆中，家庭游客的比例平均超过50%。尽管没有明确提到教育价值或家庭友好性作为参观这些博物馆的理由，但这证实了这些博物馆非常适合儿童参观。这些特点可以在营销中进一步强调。在洛福特维京博物馆，带孩子参观的家庭比例低于50%（北挪威的旅游度假费用昂贵）。在阿莱西湖博物馆和马特里卡博物馆，有子女的家庭比例低于40%，这无法给出解释。这当然不是东欧的现象。例如，在波兰的比斯库平博物馆，多年来经常组织学校团体和带孩子的家庭来访，而新婚夫妇是少数群体（W. Piotrowski，2010）。

参观中有孩子的家庭比例最高的博物馆是蒙塔莱公园和乌尔丁根木桩博物馆。平均而言，在所有八家博物馆中，略高于15%的游客是和朋友一起参观，约4%的游客是自己参观博物馆。因此，博物馆的活动和环境必须适合团体参观。

值得注意的是，四家博物馆（苏格兰克兰诺格中心、HOME、乌尔丁根木桩博物馆、福特维肯斯博物馆）之间的差异很小。其他四家博物馆之间的差异要大得多，部分原因是缺乏数据，部分原因是它们各自的特点不同。

重复参观的游客更多的是带孩子的家庭，而夫妇人数较少（图7-8）。一些家庭发现考古露天博物馆是以家庭为目标群体的，这是他们在首次参观之前所不知道的。这将是一个营销机会。为此，需要进行更多的调查，看看还能为这一游客群体做些什么。

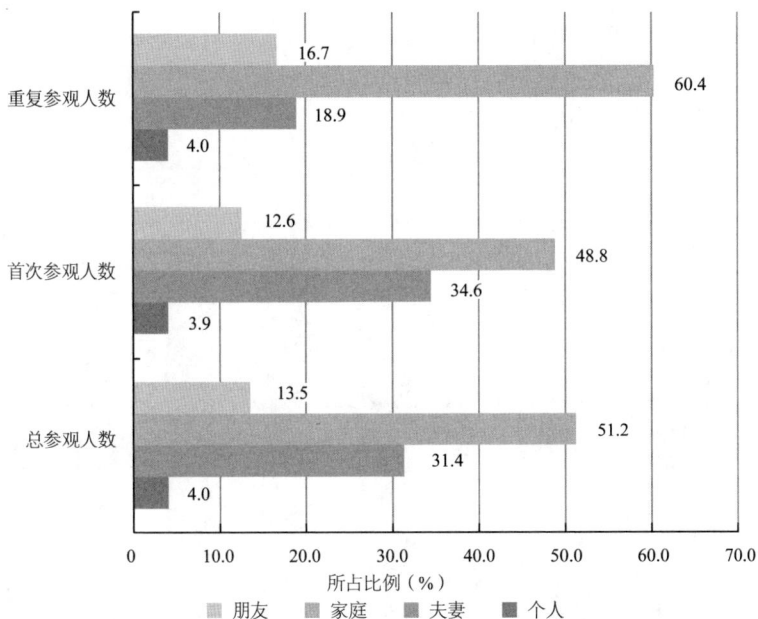

图7-8　参观博物馆的组成游客类型分布情况（分为首次参观和重复参观）

问卷中有一个问题，是关于填写调查问卷人的年龄，这个问题被普遍误解，因此答案被省略。最初，我们期望受访者能够提供其所在群体全体成员的年龄信息。然而，回过头来看，这个要求可能过于苛刻，或许也未能清晰地传达意图。结果是，许多受访者仅透露了自己的年龄，并未包括同行中其他人的年龄。

（七）游客的停留时间

从参观停留时间来看，首先按总停留时间、然后按日、最后按季节对博物馆进行审查。数据显示，苏格兰克兰诺格中心、乌尔丁根木桩博物馆和洛福特维京博物馆位于游客密集地区，游客在该地区停留的时间往往超过一天。

在马特里卡博物馆和蒙塔莱公园，人们大多数当天就会离开该地区（图7-9）。有关HOME和福特维肯斯的数据更难解读。HOME位于非旅游区，福特维肯斯博物馆位于游客较少的地区，但仍有近50%的人在该地区停留超过一天。这两家博物馆的营销重点可以更好地针对这些长期停留的访客。阿莱西湖博物馆也有同样的潜力，40.8%的游客在该地区停留的时间超过一天。

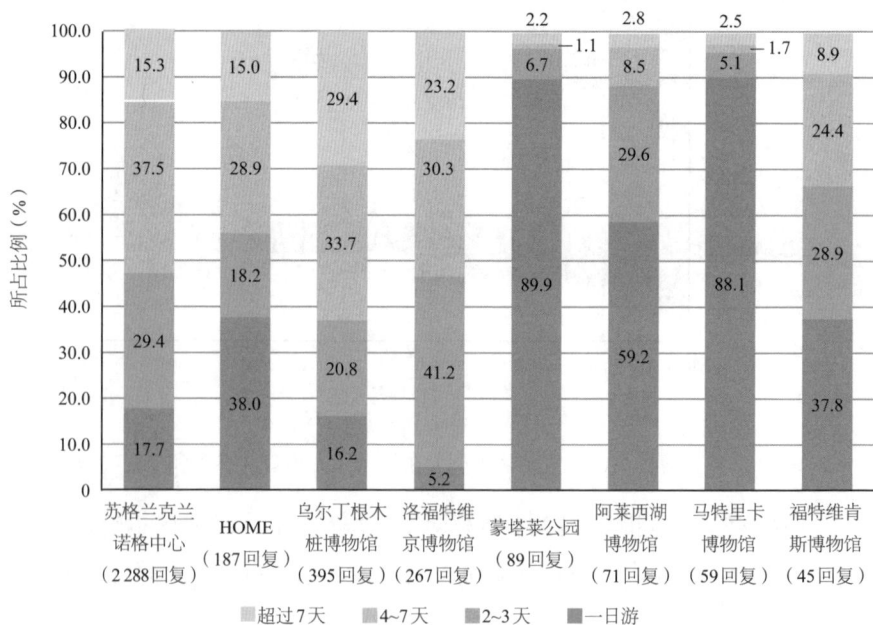

图7-9 游客在八家博物馆中停留不同时长的频率

不同博物馆吸引游客其周边地区停留的时间存在显著差异。在乌尔丁根木桩博物馆，平均停留一周或更长时间的游客较多；而在马特里卡博物馆和蒙塔莱公园，绝大多数游客都是一日游，这反映出该地区本身并不是旅游胜地。在洛福特维京博物馆，大多数游客会在该地区停留两到三天，然后像典型的挪威北部游客徒步旅行者一样继续前行，其中许多人还会在该地区停留更长的时间。他们会乘坐游轮或独自旅行。这对每家博物馆的营销策略都有重要影响。对于那些短时间停留的游客，博物馆应该可以了解到他们住在哪里，还去了哪些景点，以及他们在决定来之前是如何收集信息的，来优化营销策略。在这个过程中，社交媒体可能会成为关键的沟通渠道。

数据显示，根据游客的定义，前四家博物馆（乌尔丁根木桩博物馆、苏格兰克兰诺格中心、洛福特维京博物馆和HOME）80%的游客都会在本地区停留一晚或更长时间。20%的游客倾向于一日游，60%的游客会将博物馆参观与其附近的其他（度假）活动结合起来。在这其中有20%的游客是当地人。其他博物馆、购物区、餐馆和海滩等邻近旅游景点会让博物馆受益匪浅。重复参观的游客要么是一日游，要么是在当地停留七天或以上，要么是居住在当地（48.1%）（表7-8）。首次参观的游客通常停留2～7天（63.3%）。

表7-8 游客在该地区停留的时间（分为首次参观和重复参观）

停留时间	所有参观总计次数与占比		首次参观总计次数与占比		重复参观总计次数与占比	
一日游	740 次	22.0%	580 次	20.6%	160 次	28.7%
2~3 天	931 次	27.7%	813 次	28.9%	118 次	21.1%
4~7 天	1 136 次	33.7%	964 次	34.3%	172 次	30.8%
超过 7 天	560 次	16.6%	452 次	16.1%	108 次	19.4%
总计	3 367 次	100.0%	2 809 次	100.0%	558 次	100.0%

在分析不同群体在参观博物馆时会在该地区停留多长时间时，我们发现单身人士、情侣、家庭和朋友之间的差异并不明显。家庭喜欢停留四至七天，这是因为他们可能不会带着孩子只停留一两晚。

按天划分的游客绝对人数和构成情况显示（图7-10），周三和周日非常受欢迎。家庭游客在周日明显多于其他日子。这就是为什么许多博物馆在周日提供家庭节目。由于工作原因，家长在工作日不太方便带孩子来参观，而周六则可以用于购物等其他家庭活动。

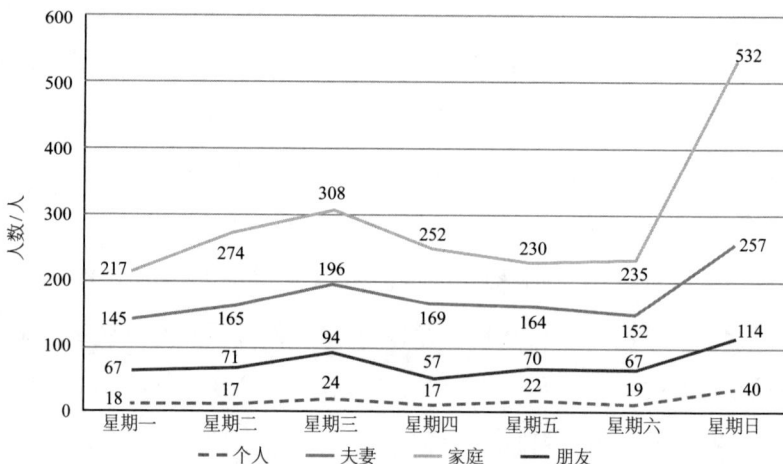

图7-10　不同类型游客一周的访问量

当观察一年中不同类型的游客在什么时间参观博物馆时，不同季节的游客构成几乎没有变化。家庭游客全年都是主要群体。不过，与其他群体相比，旺季时情侣游客的比例增加较多。

三、参观决定

了解游客的身份以及他们的期望是缩小"差距一"的重要因素。"差距一"是指管理层对游客的期望与游客在游览前的实际期望之间的差距。本节就是围绕这一内容展开的。

（一）游客获取博物馆信息的渠道

为了了解参观博物馆的游客是如何知道这些博物馆的，我们要求游客从一系列选项中选择一个或几个因素，如"推荐""互联网"或"只是路过"（表7-9）。这一问题旨在评估不同营销工具的有效性。对于博物馆而言，问题在于如何接触到潜在游客，以及如何说服他们前来参观。各博物馆提出了许多备选方案（见表7-9中的"其他"选项），其中"旅游指南""套餐旅游"（洛福特维京博物馆）和"博物馆知名度"（乌尔丁根木桩博物馆）是重要的新增选项，但遗憾的是，这些选项并非在所有地方都得到了使用。大多数游客参观博物馆都是因为有人向他们推荐，但这种推荐是来自朋友或家人，还是来自当地旅游局或酒店，尚不清楚。推荐被认为是最重要的渠道，在福特维肯斯博物馆尤其如此（48.9%）。利用杂志和报纸进行免费宣传是HOME（28.0%）和蒙塔莱公园的重要手段。令人惊讶的是，在四家博物馆中，10%或更多的游客只是偶然路过，然后决定参观，尽管这些博物馆似乎并不位于主要路线上。显然，这表明四家博物馆的入口区足够吸引人，可以激发游客的参观兴趣。第五章和第八章展示了入口区没有吸引力的实例：对于HOME和乌尔丁根木桩博物馆来说，这尤其是一个问题。特别是在乌尔丁根木桩博物馆和洛福特维京博物馆，几乎没有偶然路过的游客。这是因为这些场馆本身就是旅游目的地。HOME不在主干道上，也没有吸引人的入口区，因此不太可能吸引冲动型消费的游客。在福特维肯斯博物馆，由于该问题并未被提及，故此无法展开讨论。

表7-9　游客通过不同渠道得知博物馆情况统计　　　　单位（%）

渠道	苏格兰克兰诺格中心	HOME	乌尔丁根木桩博物馆	洛福特维京博物馆	蒙塔莱公园	阿莱西湖博物馆	马特里卡博物馆	福特维肯斯博物馆	平均
推荐	23.2	19.7	13.5	23.0	25.6	17.9	31.0	31.1	23.1
我们的宣传册	23.6	5.5	15.4	7.6	19.0	5.1	1.4	15.6	11.7
其他宣传册	11.1	1.2	7.7	4.6	nd	15.4	5.6	4.4	7.1
我们的网站	4.0	9.3	4.2	4.9	12.4	5.1	7.0	15.6	7.8
其他网站	2.1	18.7	nd	4.2	1.7	7.7	15.5	nd	8.3
报纸/杂志	4.6	9.9	5.0	5.5	8.3	5.1	4.2	nd	6.1

续表

渠道	苏格兰克兰诺格中心	HOME	乌尔丁根木桩博物馆	洛福特维京博物馆	蒙塔莱公园	阿莱西湖博物馆	马特里卡博物馆	福特维肯斯博物馆	平均
收音机	30.0	0.1	60.0	40.0	80.0	0	7.0	nd	31.0
电视	6.3	0.9	9.2	1.5	0.0	1.3	2.8	nd	3.1
只是经过	10.3	2.5	6.0	7.6	11.6	12.8	11.3	nd	8.9
旅游局	nd	1.1	nd	8.0	nd	nd	nd	17.8	9.0
其他	14.4	30.8	38.5	89.1	20.7	29.5	14.1	15.6	14.6
总计（人）	2 777	975	520	474	121	78	71	45	

注　"nd"表示没有相关数据。

　　八家博物馆的平均公关预算约为5%，很难说这是否足够或有效。"没有准确的数字，但大多数英国博物馆在营销上的投入可能不到其收入的4%。这在商业领域是可笑的……"（Runyard和French，1999）。接受调查的八家博物馆在公共关系上的花费从20 000欧元到80 000欧元不等。

　　网站对吸引主流游客特别有效，但对于那些对教育价值或家庭友好性等特别感兴趣的游客则效果不佳。博物馆将其公关预算的10%～45%用于自己的网站。尽管投资在互联网上的公关费用很高，但八家博物馆的管理者几乎都不知道网页访问量的效果，也几乎没有人对这些数据进行分析，例如，将它们与各自国家日益增长的互联网使用率进行比较。

　　八家博物馆的网站规模，同样存在明显差异，但由于几乎没有一家博物馆的管理者能提供其网站的访问量，因此无法得出结论（表7-10）。在某些情况下，这些信息被视为机密，而在其他情况下，管理人员确实并不知情。

　　需要说明的是，尽管网站可能是获取特定博物馆的良好渠道，但潜在游客首先需要找到这些网站，如果他们不知道博物馆的存在，就不一定能找到网站。对于大多数考古露天博物馆来说，搜索引擎优化和其他确保网站被感兴趣者发现的方法，仍然是尚未开发的领域。

表7-10　博物馆资源与国家互联网可用性对比

国家	网络普及率（%）	MB	文件数量（个）	博物馆
英国	80	1.59	150	苏格兰克兰诺格中心
荷兰	88	122	4 054	HOME
德国	75	5.51	379	乌尔丁根木桩博物馆
挪威	88	12.9	229	洛福特维京博物馆
意大利	49	17	457	蒙塔莱公园
拉脱维亚	47	—	—	阿莱西湖博物馆
匈牙利	35	95.5	4 397	马特里卡博物馆
瑞典	77	233	7 533	福特维肯斯博物馆

关于网站和互联网，还有很多值得讨论。截至2011年，在线视频呈爆炸性增长，移动设备使用时间增加，美国90%的互联网用户使用社交网络。然而，更传统的互联网使用方式正在逐渐减少。

对博物馆而言，需要采取另一种工作方式，即"博物馆的旧式官方网站不再是唯一重要或占主导地位的因素"（C.S.H. Jensen，2011）。博物馆需要改变他们的态度，认识到新媒体不仅仅是另一种方式来做以前做过的事情，而是需要一种完全不同的方法。在这种情况下，接受信息的人可以迅速转变为信息的传播者，这意味着博物馆需要满足观众对信息的可查找性和可分享性需求。

数据显示，大部分对过去感兴趣的人通过阅读一本宣传册（72.3%～73.8%）被说服去参观博物馆的比例很高。对于对该地区感兴趣的人来说，这一比例要低得多（33.2%～44.2%）（图7-11）。

首次参观的游客和重复参观的游客了解博物馆的方式有所不同（表7-11）。27.8%的首次参观的游客认为宣传册很重要，而在重复参观的游客中，这一比例仅为13.3%。与首次参观的游客相比，重复参观的游客也会更多地使用博物馆网站。重复参观的游客提到了更广泛的其他原因来了解博物馆。这种信息来源的差异是显而易见的，因为一方面，重复参观的游客正在寻找其他信息，而且他们能够更容易地找到信息来源，因为他们知道博物馆的存在（例如通过其网站）。由于每个原因的人数较少，因此很难对它们进行比较，没有一小部分原因是显而易见的。

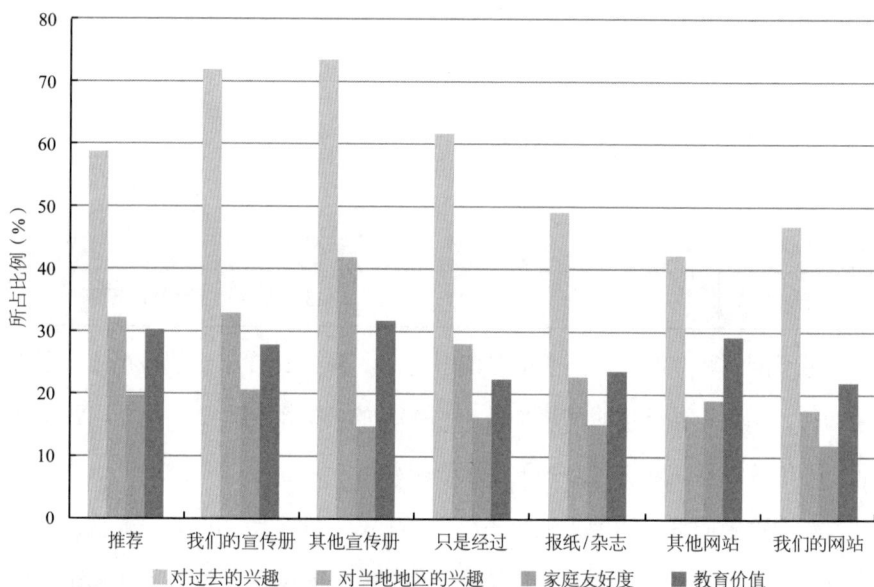

图7-11　游客了解博物馆的渠道以及他们的兴趣

表7-11　首次和重复参观的游客了解博物馆的渠道

渠道	总参观人数和占比		首次参观人数和占比		重复参观人数和占比	
推荐	1 086 人	21.7%	865 人	21.8%	221 人	21.9%
我们的宣传册	846 人	16.9%	743 人	18.6%	103 人	10.2%
其他宣传册	398 人	8.0%	367 人	9.2%	31 人	3.1%
我们的网站	270 人	5.4%	193 人	4.8%	77 人	7.6%
其他网站	275 人	5.5%	243 人	6.1%	32 人	3.2%
报纸 / 杂志	290 人	5.8%	212 人	5.3%	78 人	7.7%
只是经过	404 人	8.1%	344 人	8.6%	60 人	5.9%
其他原因	1 429 人	28.6%	1 022 人	25.6%	407 人	40.3%
总计	4 998 人	100.0%	3 989 人	100.0%	1 009 人	100.0%

在比较游客的满意度和他们了解博物馆的方式时（表7-12），值得注意的是，数据显示，使用过博物馆宣传册的游客往往对博物馆的看法比较极端，既有正面的，也有负面的，这可能意味着博物馆的宣传册没有承诺所能达到的效果，也没有提供一个可以期待的真实形象。那些参观体验低于预期的游客大多是被推荐去参观的，或者只是路过。在86名不满意的游客中，有21人（24.4%）是因为推荐而参观博物馆，这使得推荐成为失败率最高的宣传方式，但仍在合理范围之内。访问博物馆网站以外的其他网站也常常会使人失望。

表7-12 游客了解博物馆的渠道与满意度对比

渠道	低于您的预期	满足您的期望	超出您的期望	总计（人）	总计（%）
推荐（人）	21	242	621	884	22.0
百分比（%）	24.4	21.1	22.3		
我们的宣传册	9	161	580	750	18.7
百分比（%）	10.5	14.0	20.8		
其他宣传手册	3	77	283	363	9.0
百分比（%）	3.5	6.7	10.2		
我们的网站	2	53	131	186	4.6
百分比（%）	2.3	4.6	4.7		
其他网站	9	88	91	188	4.7
百分比（%）	10.5	7.7	3.3		
报纸/杂志	6	61	135	202	5.0
百分比（%）	7.0	5.3	4.8		
电视	1	58	170	229	5.7
百分比（%）	1.2	5.1	6.1		
只是经过	10	74	265	349	8.7
百分比（%）	11.6	6.5	9.5		
其他	22	260	467	116	2.9

渠道	低于您的预期	满足您的期望	超出您的期望	总计（人）	总计（%）
百分比（%）	25.6	22.7	16.8		
博物馆是已知的	3	72	41	749	18.7
百分比（%）	3.5	6.3	1.5		
总计（人）	86	1 146	2 784	4 016	100

（二）游客的参观动机

在分析游客首次和重复参观考古露天博物馆的动机时，我们发现没有明显差异（表7-13、表7-14），由于这包括多种回答可能性，因此无法确定统计相关性，因为同一个人可能有多种原因。数据显示，大多数人参观考古露天博物馆是出于对过去的兴趣。然而，人们对过去的兴趣并不总是那么强烈，如在蒙塔莱公园和HOME，人们对过去的兴趣远不如苏格兰克兰诺格中心、洛福特维京博物馆和马特里卡博物馆那么强烈。在HOME，教育价值是游客参观的主要动机，就像蒙塔莱公园和马特里卡博物馆一样，这并不奇怪，因为这些考古露天博物馆主要针对学校团体服务的。对于HOME或蒙塔莱公园的游客来说，当地地区似乎根本不是一个吸引点。这一点也从上文中得到了证实：这两家博物馆都不在以旅游景点闻名的地区。在马特里卡博物馆，对过去的兴趣在这两种参观者中都比平均水平更重要。首次参观蒙塔莱公园时，家庭友好度很重要，但重复参观时就不那么重要了。苏格兰克兰诺格中心的情况恰恰相反：家庭友好度对回头客更重要。重复参观的游客的"对过去的兴趣"因素低于首次游客。与其他地方相比，参观HOME时的天气对首次参观的游客和重复参观的游客都很重要。由于缺乏数据，福特维肯斯博物馆在这些方面无法进行比较。在HOME、洛福特维京博物馆和乌尔丁根木桩博物馆，天气的重要性明显高于其他地方。值得注意的是，这3家博物馆是所有八家博物馆中最吸引游客的。

表7-13 游客首次参观的动机   单位（%）

参观动机	苏格兰克兰诺格中心	HOME	乌尔丁根木桩博物馆	洛福特维京博物馆	蒙塔莱公园	阿莱西湖博物馆	马特里卡博物馆	福特维肯斯博物馆	平均
对过去的兴趣	39.5	25.8	29.6	38.4	20.9	29.1	40.5	nd	32.0
对当地地区的兴趣	20.1	4.9	13.2	22.5	3.5	25.2	19.0	nd	15.5
天气	3.6	10.6	8.0	9.1	0	6.8	2.5	8.3	7.0
特别活动	1.8	2.5	6.2	2.9	5.2	4.9	1.3	nd	3.5
家庭友好	10.1	12.5	5.5	6.2	17.4	3.9	8.9	33.3	14.0
教育价值	16.1	19.9	3.4	14.1	25.2	9.7	19.0	41.7	21.3
门票	0.5	4.5	15.5	0	3.5	0	0	nd	6.0
环境友好	5.8	2.5	10.7	1.0	24.3	7.8	6.3	nd	8.3
提供的项目	0	8.5	0	0	0	0	0	nd	1.2
其他	2.5	8.2	8.0	5.8	0	12.6	2.5	16.7	8.0

注   "nd"表示没有相关数据。

表7-14 游客重复参观的动机   单位（%）

参观动机	苏格兰克兰诺格中心	HOME	乌尔丁根木桩博物馆	洛福特维京博物馆	蒙塔莱公园	阿莱西湖博物馆	马特里卡博物馆	福特维肯斯博物馆	平均
对过去的兴趣	32.8	17.7	30.8	34.4	28.1	28.0	36.4	nd	29.7
对当地地区的兴趣	17.7	5.5	13.5	11.5	3.1	8.0	9.1	nd	9.8
天气	4.4	11.6	9.6	8.2	0	0	0	nd	6.8
特别活动	2.6	5.5	1.4	8.2	0	12.0	4.5	nd	5.7
家庭友好	13.3	9.4	4.8	14.8	9.4	20.0	13.6	nd	12.2
教育价值	17.8	19.9	4.8	13.1	21.9	12.0	18.2	nd	15.4
门票	0.3	5.0	13.9	0	3.1	0	0	nd	5.6
环境友好	7.2	2.2	10.1	1.6	34.4	4.0	9.1	nd	9.8

续表

参观动机	苏格兰克兰诺格中心	HOME	乌尔丁根木桩博物馆	洛福特维京博物馆	蒙塔莱公园	阿莱西湖博物馆	马特里卡博物馆	福特维肯斯博物馆	平均
提供的项目	0.4	12.2	0	0	0	0	0	nd	1.8
其他	3.5	11.0	11.1	8.2	0	16.0	9.1	nd	8.4

注　"nd"表示没有相关数据。

参观考古露天博物馆之所以备受欢迎，通常是因为被多次提及的同一个原因。那些对过去感兴趣的人通常也对当地区域或教育价值感兴趣。对于那些对过去或教育价值感兴趣的人来说，特别活动并不是参观的理由。没有游客会因为完全不同的原因参观考古露天博物馆。

数据显示，参观本国考古露天博物馆的游客通常对博物馆的家庭友好度、环境友好度或教育价值更感兴趣，而外国游客往往对过去和地区历史文化更感兴趣（图7-12）。这意味着游客不会将博物馆中的展示与他们自己的过去相提并论，而是将其视为奇特的东西或他们所游览地区文化特色的一部分。公众希望感到惊奇，通过体验陌生的活动，他们对祖先的印象可能会发生变化。一方面，博物馆试图在展示我们的祖先有多么不同，另一方面，也让我们看到我们与祖先之间的联系。

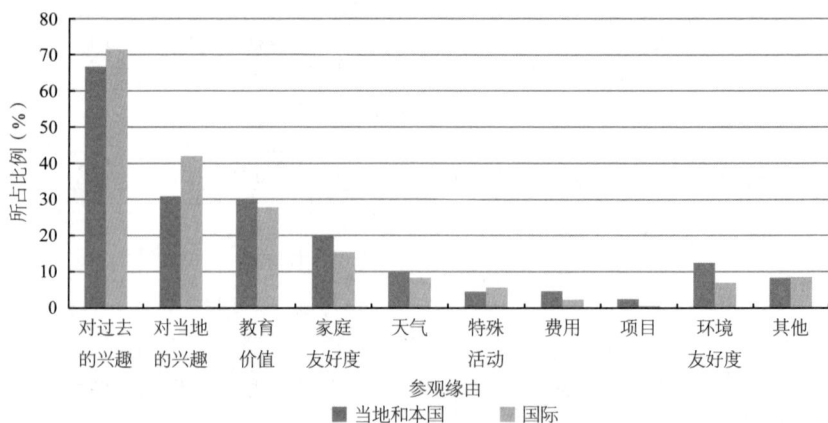

图7-12　游客参观博物馆的原因

注　每个游客可能出于不止一个原因。

从数据来看，游客的动机因季节而异（表7-15）。淡季时，对过去感兴趣的游客较少（淡季游客为23.2%，而旺季为37.0%），但对教育价值或所提供的节目更感兴趣。对该地区感兴趣是一个相对稳定的因素。这意味着，如果博物馆在平季发展一项具有教育价值的有趣项目，它们可能会增加游客人数，尽管很难达到旺季访问的更大高峰期。关于如何吸引更多的平季游客荷兰的艾夫特琳主题公园提供了一个很好的案例（theme park in the Netherlands, Efteling）。该公园在冬季向当地报纸的读者提供折扣优惠，因此，在通常几乎没有游客的一周内增加了13 000多名游客。特别是在冬季，该地区的游客很少，所以以居民为目标是一个不错的选择，因为这样可以增加当地居民的支持和好感。

表7-15　游客在不同时段的参观动机情况

参观动机	淡季	平季	旺季	总计（人）	总计（%）
对过去的兴趣	70	494	1 898	2 462	35.3
百分比（%）	23.2	32.4	37.0		
对当地地区的兴趣	40	238	907	1 185	17.0
百分比（%）	13.2	15.6	17.7		
天气	26	87	259	372	5.3
百分比（%）	8.6	5.7	5.0		
特殊活动	11	39	128	178	2.6
百分比（%）	3.6	2.6	2.5		
家庭友好	24	187	489	700	10.1
百分比（%）	7.9	12.2	9.5		
教育价值	67	265	754	1 086	15.7
百分比（%）	22.2	17.4	14.7		
费用	6	17	140	163	2.3
百分比（%）	2.0	1.1	2.7		
环境友好	15	103	307	425	6.1
百分比（%）	5.0	6.7	6.0		

续表

参观动机	淡季	平季	旺季	总计（人）	总计（%）
项目	24	23	38	85	1.2
百分比（%）	7.9	1.5	0.7		
其他	19	74	216	309	4.4
百分比（%）	6.3	4.8	4.2		
总计（人）	302	1 527	5 136	6 965	100.0

注　每一行浅灰色和深灰色标记的组合显示出季节间最大的差异。

四、停留时间

在八家博物馆的所有游客中，平均有5.6%的游客在博物馆停留时间不足1小时（表7-16）。这些游客部分是重复参观的游客（图7-14）、不满意的游客或免费入场的游客。大多数人（65.3%）停留1~2小时，另有21.9%的人停留2~3小时，总计87.2%的人停留1~3小时。这么多的人停留如此长的时间，可能意味着博物馆提供了令人满意的参观体验。除了导游介绍外，参观考古露天博物馆通常没有固定的日程安排。如果不满意，人们可以随时离开，特别是那些开车旅行的人。

表7-16　游客在不同博物馆停留时长统计　　　单位（%）

停留时长	苏格兰克兰诺格中心	HOME	乌尔丁根木桩博物馆	洛福特维京博物馆	蒙塔莱公园	阿莱西湖博物馆	马特里卡博物馆	福特维肯斯博物馆	平均
少于1小时	5.9	0.7	5.7	8.5	1.2	26.8	—	2.3	5.6
1~2小时	79.0	26.3	48.3	36.8	64.6	66.2	—	39.5	65.3
2~3小时	14.0	32.2	39.2	35.0	31.7	5.6	—	44.2	21.9
超过3小时	1.1	40.8	6.8	19.7	2.4	1.4	—	14.0	7.3
总计	100.0	100.0	100.0	100.0	100.0	100.0	—	100.0	100.0

人们的停留时间与博物馆的规模或参观时间的长短无关，但苏格兰克兰诺格中心除外，79%的人在这里停留了一到两小时，比平均时间多出近15%。这可能是因为该博物馆规模较小，提供的是一种密集而紧凑的体验。即使在活动日，也只有1.1%的人在此停留超过3小时。研究如何将游客分散到一天中的不同时间段，从而提高参观人数，可能是一个有趣的视角。特别是在有广告宣传的活动中，可以在一天中的多个时段举办大型演出，而不是作为一个压轴项目。

阿莱西湖博物馆虽然规模很大，但游客停留时间不足1小时的比例却高达26.8%。共有93.0%（26.8%+66.2%）的游客在2小时后离开了博物馆。如果博物馆能提供更多的服务和更好的设施，也许能延长许多游客的参观时间。在HOME，0.7%的人停留时间不到1小时。停留两三小时及以上的人数则多得多，特别是很多人停留了3小时以上。原因之一是餐厅位于博物馆中间位置，而不是靠近出口。另一个原因可能是2008年在这里举办的各种小型和大型活动较多。与苏格兰克兰诺格中心和乌尔丁根木桩博物馆不同，HOME很少出现人满为患的情况；一天内在此接待3 000名游客停留3小时或更长时间是可行的。而乌尔丁根木桩博物馆则无法接待长时间停留的大量游客。

重复参观的游客停留的时间比第一次来时更长（表7-17）。马特里卡博物馆没有数据，而福特维肯斯博物馆的数据太少，无法做出判断。与首次参观（27.4%）相比，持续2小时及以上的重复参观游客人数较多（36.4%）。一种解释可能是，在首次参观令人满意后，人们决定在活动日再次参观。另一种解释可能是，游客在参观时才发现家庭友好性或其他方面。

表7-17　游客首次参观与重复参观的停留时长差异统计

停留时长	首次参观人数和占比		重复参观人数和占比	
少于1小时	157人	5.4%	41人	6.5%
1~2小时	1 943人	67.2%	357人	56.7%
2~3小时	607人	21.0%	179人	28.4%

续表

停留时长	首次参观人数和占比		重复参观人数和占比	
超过 3 小时	186 人	6.4%	53 人	8.4%
总计	2 893 人	100.0%	630 人	100.0%

在阿莱西湖博物馆（61.8%）和乌尔丁根木桩博物馆（16.9%），停留 1 小时或更短时间的重复参观游客明显多于其他地方。这表明人们在这里重复参观的停留时间明显短于其他地方（图7-13）。

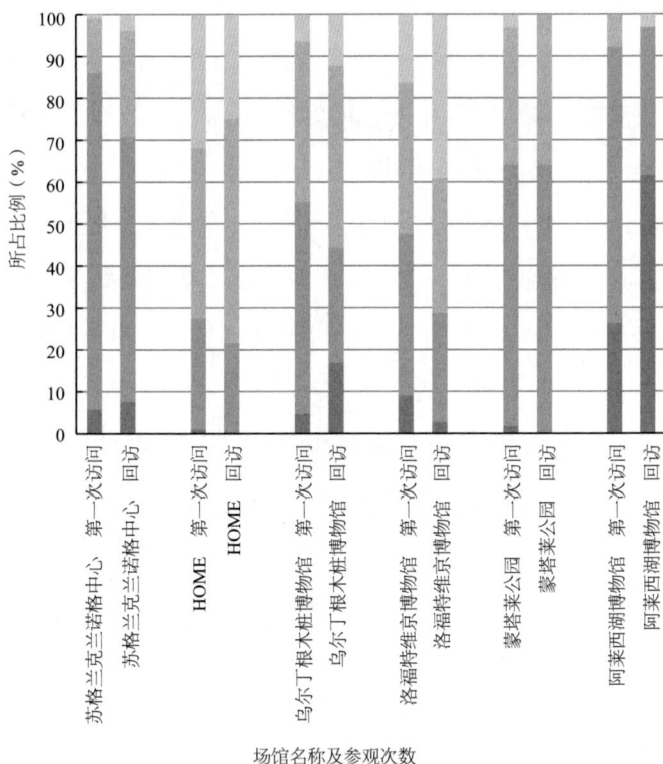

图7-13　第一次访问与回访的停留时间

停留时间的长短与满意度并不一致；人们不会因为不满意而提前离开博物馆，也不会因为博物馆的体验很棒而停留更长时间（图7-14）。可能是人们已经计划好了一定的参观时间，并坚持按计划参观，也可能是博物馆的参观设计符合一定的时间跨度。对于那些体验超出预期的人（图7-14），最佳参观时间为 1~2 小时。

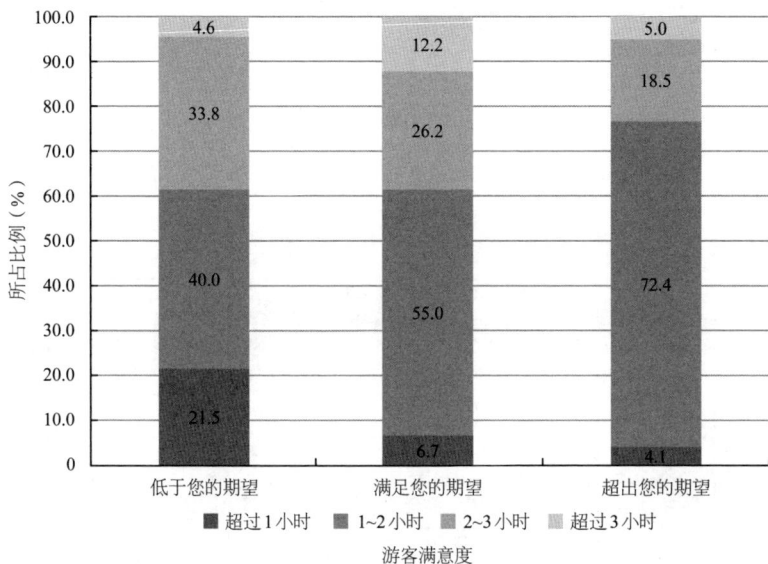

图7-14 游客的满意度与停留时间对比分析

五、游客评估

（一）评分

游客评估对于识别博物馆的预期与游客实际期望之间的差距非常重要。它还可以揭示差距三，即规定的服务与提供的服务之间的差距。游客可以对几个方面进行1~5的评分，1为差，5为优。在实践中，许多游客倾向于使用中间值，或表示半分，如2.5。为了避免出现小数点，所有数值都统一乘2。在制作条形图时，重要的是要看八家博物馆的平均值。由于没有可比的研究，因此决定按以下方式设定标准：6.0分是满意/不满意的标准。得分在6.0~8.0分之间为差，8.0~9.0分之间为一般，9.0分以上为良好（表7-18）。在9个评分最高的项目中，有4个项目的评分都高于9.0，即非常高（图7-15）。不满意游客（评分低于6.0）最多的是纪念品店和咖啡厅（图7-16），不满意游客的百分比比平均评分的变化更大。

表7-18　八家博物馆不同项目的游客评分情况

评分情况	苏格兰克兰诺格中心			HOME			乌尔丁根木桩博物馆			洛福特维京博物馆			蒙塔莱公园			阿莱西湖博物馆			马特里卡博物馆			福特维肯斯博物馆		
评分	分数	得分低于6分	总计	分数	得分低于6分	总计	分数	得分低于6分	总计	分数	得分低于6分	总计	分数	得分低于6分	总计	分数	得分低于6分	总计	分数	得分低于6分	总计	分数	得分低于6分	总计
重构建筑评分	9.73	0.9%	2 221	8.31	3.5%	741	8.94	6.7%	374	9.08	7.6%	275	9.81	1.2%	85	8.83	11.4%	70	8.88	5.9%	34	9.75	0	8
导游服务评分	9.83	0.6%	2 274	8.37	6.0%	199	8.48	18.4%	370	8.70	15.2%	171	9.74	0	85	8.17	25.0%	12	9.28	6.4%	47	9.00	14.3%	7
展览评分	9.09	6.7%	2 239	8.10	7.3%	371	8.64	12.9%	365	8.08	21.5%	265	nd	nd	nd	7.82	34.8%	66	9.12	6.0%	50	9.00	12.5%	8
手工艺展示评分	9.71	0.4%	473	7.98	11.1%	650	8.20	20.5%	268	8.10	19.7%	203	9.41	2.7%	74	nd	nd	nd	9.41	8.1%	37	9.00	16.7%	6
手工活动评分	9.67	1.1%	2 240	nd	nd	nd	7.37	36.0%	139	7.61	32.4%	105	nd	nd	nd	nd	nd	nd	9.27	9.1%	11	8.86	28.6%	7
标识/宣传册/指南评分	8.52	14.6%	1 873	7.84	7.0%	57	nd	nd	nd	8.00	26.6%	207	8.61	16.7%	72	nd	nd	nd	8.65	16.3%	43	nd	nd	nd
纪念品店评分	8.19	22.3%	1 909	7.76	10.4%	492	6.84	45.0%	180	7.37	37.1%	186	7.74	32.8%	61	7.64	33.3%	33	8.00	33.3%	3	8.67	16.7%	6
咖啡馆评分	8.20	22.4%	49	7.85	10.9%	759	7.18	40.1%	142	7.28	36.0%	172	nd	nd	nd	6.86	57.1%	21	8.93	13.3%	15	9.43	0	7
总体体验评分	9.22	0.4%	2 063	8.07	6.3%	398	8.51	11.6%	337	8.29	16.9%	248	9.49	0	71	8.00	14.8%	61	9.24	6.0%	0	9.00	0	5
回复总数量	15 341			3 667			2 175			1 832			448			263			240			54		
平均分	9.13			8.04			8.02			8.06			9.13			7.89			8.98			8.08		
平均满意度	7.7%			7.8%			23.9%			23.7%			8.9%			29.4%			11.6%			9.9%		

注　每个博物馆的分数在1.0到10.0之间，其中1差，10优秀；"得分低于6.0"为评分6.0以下的游客占比。深灰色是该项目的最高分数，浅灰色是最低分数，福特维肯斯博物馆因回复数量低而被排除在高分之外。

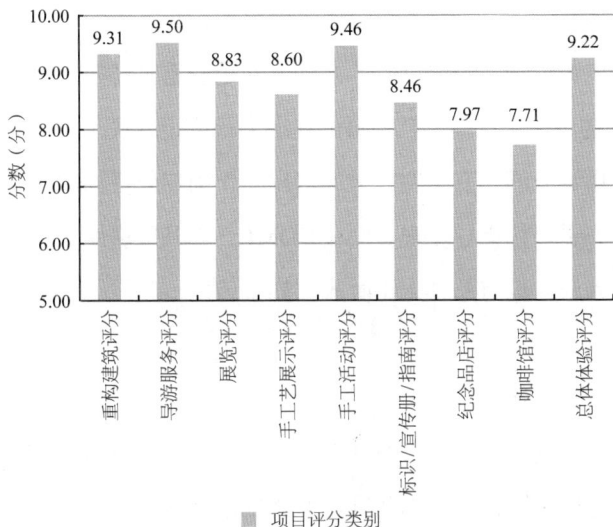

图7-15　八家博物馆合并后的每个项目的平均分

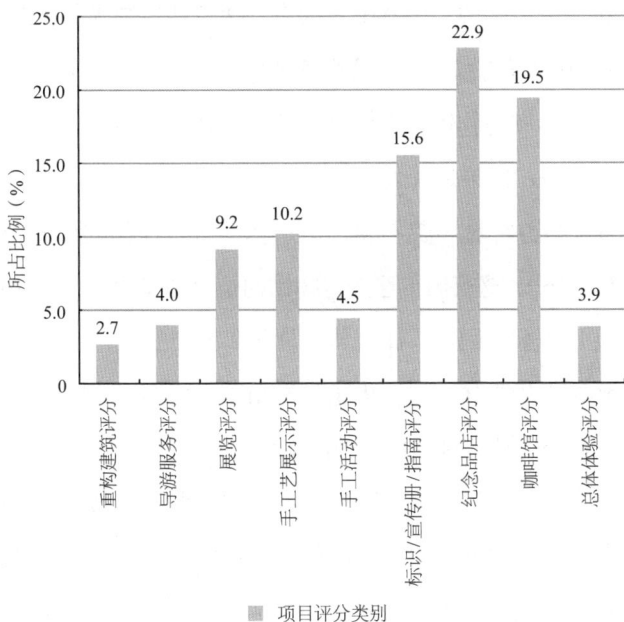

图7-16　各项目的人数百分比

1.重构建筑评分

根据考古资料，按比例建造的建筑，俗称"重构建筑"，通常是游客前来参观的目的，也是博物馆本身最突出的特色。很明显，这项几乎是最高分。对这一项目的评分是所有评分中最常见的，也是争论最少的（评分极低的游客比例仅为2.7%，图7-16）。最满意的是蒙塔莱公园的游客，最不满意的是HOME的游客。这两种情况可能在很大程度上取决于重构房屋的介绍和品质。在蒙塔莱公园，有两座较大的房屋，作为室外博物馆的展品，通常有博物馆工作人员现场指导参观。而在HOME，十几座房屋并不总是有工作人员值班。如果游客没有阅读入馆时收到的宣传单，就只能自己尝试理解其背后的故事了。

2. 导游服务评分

导游的得分通常比其他任何项目都要高，至少在苏格兰克兰诺格中心、HOME、马特里卡博物馆和福特维肯斯博物馆是这样。这与游客是否接受导游服务无关。在乌尔丁根木桩博物馆和苏格兰克兰诺格中心，没有导游，任何人都不能进入露天区域。HOME每天有一次免费导游服务；洛福特维京博物馆每天约有10次导游服务。在蒙塔莱公园，公园内的每个站点都有一名现场导游；在阿莱西湖博物馆，人们可以聘请一名私人导游。马特里卡博物馆定期提供导游服务，但不是每天都有。

尽管有4%的游客对导游不满，但总体而言，他们的评分为高达9.5分（图7-15、图7-16）。这突出了这些博物馆的一个独特卖点：针对不同的观众为游客提供现场讲解。因此，比重构房屋（可能被烧毁，也可能被重构）更重要的是博物馆中的工作人员，无论是策划露天博物馆的展示内容，还是组织活态历史的活动，他们都为博物馆注入活力。

导游通常是带薪的工作人员，但在特定的日期和活动中，博物馆通常会有志愿者参与。鉴于这些人对游客的体验的重要性，因此应该对这些志愿者给予高度关注。博物馆管理层应严格要求其志愿者和其他担任接待员的工作人员，因为游客期待的接待服务是有一定质量标准的。

3. 博物馆展览评分

尽管博物馆中的陈列或其他展品是重要的补充，在某些情况下也是考古露天博物馆故事的起点，但它们的得分却太低了，只有8.83分（图7-15、

图7-16）。这可能有多种原因。展品的宣传往往不如户外部分清晰。此外，游客的体验较少，所有感官的参与较少，室内展览部分的互动也较少。室内博物馆和室外博物馆的参观方式应该更加相似；室内展品可以让游客对即将在室外体验到的东西有所准备。因此，展示体验可以做得更好，例如，通过使用电影和虚拟现实技术来强调这一点。出土文物是考古露天博物馆所讲述的故事中不可缺少的一部分。

4.手工艺展示评分

手工艺展示并非随处可见，更不用说像苏格兰克兰诺格中心那样连续不断地展示了。但这些演示展出时的评分较一般（8.6分），10.2%的人不满意（图7-15、图7-16）。手工艺展示得分不高的一个原因可能是这些展示的特点是"可看可不看"。手工艺展示的特点和质量差别很大。在某些情况下，它们可能过于专业化，例如由一位专家示范编织篮子；其他让游客不感兴趣的情况可能是：活动在产生结果之前持续时间过长，例如羊毛染色。如果没有立竿见影或惊人的效果，示范者的解说作用就变得更加重要。而且有必要准备一些展示不同阶段和成品的物品，这样，即使游客无法亲眼目睹，也能解释和理解整个过程。

5.手工活动评分

有关实践活动的评分，手工艺展示与实践活动之间存在差异。在今后的研究中，这种区别可以省略，因为有些手工艺品是亲手制作的。与手工艺品展示相比，亲身体验活动受到高度赞扬，得分位居第二。与博物馆宣传的重构建筑相比，游客更愿意看到生活场景还原和现场活动。苏格兰克兰诺格中心通常不提供活态历史，而是以第三人称的方式提供手工艺活动的现场解说：这意味着，虽然工作人员身着铁器时代的服装，但他们并没有表现出自己来自铁器时代（第一人称演绎），而是以第三人称的视角讲述铁器时代的故事（Tilden，1957）。事实上，这些手工艺品由身着时代服装的导游进行演示，游客有机会亲自体验，这也是该博物馆成为顶级景点的原因之一。而HOME只为儿童提供实践活动，因此无法与其他博物馆相提并论。

6.标识/宣传册/指南的评分

标识和纸质指南的评分一般。几家博物馆同时使用不同类型的信息载体，但博物馆形象并不是在所有地方都得到同等的重视。在某些情况下，说明性文字的长度超过300字，就将减少观看文字的人数；而在另一些情况下，简短的文字与图片相结合，成为了一种有吸引力的传播媒介。在一家博物馆中，部分标识被做成了老式的样子；然而，针对现代游客的交流最好以现代方式在现代信息载体上呈现，以免影响历史氛围。

7.纪念品店评分

纪念品店是许多博物馆的真正弱点，咖啡馆和餐厅设施也是如此。虽然它们并非考古露天博物馆的核心业务，但它们却是可以通过外部专业知识迅速转化为成功的两个重要领域。这两个领域如果取得成功，就能在财政上决定博物馆的生存还是衰落。无论是在博物馆界还是其他领域，都有大量的专业知识。国际博物馆理事会有一个博物馆设施管理者国际委员会（IAMFA），他们积极参与基准测试，涉及公用事业和服务水平协议等议题。有关博物馆商店的最新重要文献随处可见，例如莱姆格鲁伯和约翰在2011年发表的文章，讨论了与博物馆商店有关的所有可以想象到的问题（Leimgruber和John，2011）。

8.咖啡馆评分

咖啡厅的平均得分最低，为7.71分。六家博物馆中有四家虽然设有咖啡馆或餐厅设施，但得分很低（图7-15）。值得注意的是，只有1 165位游客对该项进行了评分。在蒙塔莱公园和福特维肯斯博物馆，由于没有这个选项，所以没有询问他们。在某些情况下，如在乌尔丁根木桩博物馆和苏格兰克兰诺格中心，由于法律限制，博物馆无法拥有自己的优质咖啡馆。

9.游客期望评分

在进行游客调查时，博物馆管理者认为有关游客总体满意度的问题非常重要，应该与其他类似问题分开来问。实际上，这个问题与整体体验评分问题是一样的。表7-19汇总了游客期望的情况，表7-18则是对总体体验评分的平均分。超过69.4%的游客认为这次参观超出了他们的预期（表7-19）。

这说明，他们决定参观时所依据的信息在描述上过于保守。例如，如果宣传单更贴近博物馆，那些原本不会来的人可能会做出不同的决定。28.4%的人认为参观达到了他们的期望。虽然苏格兰克兰诺格中心的参观时间相对较短，但游客的满意度却最高，达到85.4%，平均得分也最高，为9.13分。在阿莱西湖博物馆（65.2%和7.89分）和HOME（62.0%，8.04分），游客的期望值很高，这不是一个好兆头，因为这比八家博物馆的平均水平要低。在HOME游客停留的时间相对较长，而在阿莱西湖博物馆则不然。值得注意的是，在四家博物馆（乌尔丁根木桩博物馆、阿莱西湖博物馆、HOME和洛福特维京博物馆）中，参观体验符合预期的游客比例高于非常满意的游客比例。除阿莱西湖博物馆外，这四家博物馆的参观人数都是最多的。最关键的是，这些博物馆为游客做了很好的服务，但仅此而已。在其他四家博物馆，游客的满意度都高于预期。

表7-19　不同博物馆的游客体验满意度统计　　单位（%）

满意度	苏格克兰诺格中心兰	HOME	乌尔丁根木桩博物馆	洛福特维京博物馆	蒙塔莱公园	阿莱西湖博物馆	马特里卡博物馆	福特维肯斯博物馆	平均
低于您的期望	0.3	6.2	6.4	9.0	0	6.5	1.9	0	2.2
满足您的期望	14.3	62.0	58.3	49.0	34.2	65.2	42.6	22.2	28.4
超出您的期望	85.4	31.8	35.3	42.0	65.8	28.3	55.6	77.8	69.4
总计	100.0	100.0	100.0	100.0	100.0	100.0	100.0	100.0	100.0

注　灰色是每个博物馆的最高百分比。

除了不满意的游客数量外，旺季评分与全年其他时段似乎没有明显差异。遗憾的是，平季和淡季的调查人数太少，无法对每个博物馆的不同时段的满意度进行比较。不过，在比较每个季节的参观人数时，几个博物馆的总参观人数在平季足够高，可以在这几个月收集游客调查。由于博物馆在这一时期提供不同的服务，而且博物馆需要在一年中更长的时间里更均匀地分散游客，因此，对在平季参观考古露天博物馆的机会和问题进行更深入的研究是非常重要的。74.6%的首次参观者认为博物馆的体验超出预期（表7-20）。但在重复参观的游客中，这一比例下降到46.5%，但仍然很高。在这两种情况下，使游客感到失望的比例都相对较小。数据显示，首次参观时让游客最满意的博物馆是苏格兰克兰诺格中心、蒙塔莱公园和福特维肯斯博物馆。重复参观时超出预期的博物馆是苏格兰克兰诺格中心和马特里卡博物馆。总体而言，许多人在重复参观时都能达到预期目标（表7-20）。这听起来似乎很明显，但这也说明这些博物馆的变化不大，无法给重访者带来惊喜。博物馆仍然需要为重复参观的游客提供与首次参观的游客不同的服务，以满足他们的需求和期望。

表7-20　回头客的首次参观和重复参观体验的满意度

满意度	首次参观平均满意度（%）	重复参观平均满意度（%）
低于您的期望	2.1	3.2
满足您的期望	23.3	50.3
超出您的期望	74.6	46.5
总计	100.0	100.0

10.评分小结

总的来说，答复最多、总分最高的博物馆是苏格兰克兰诺格中心（表7-21）。它们显然得益于个性化的服务方式、为每位游客提供的导游服务和可控的体验。这也会使结果趋于一致，因为每个人都获得了相同的体验。在没有导游的情况下，游客体验差异会较大，因为一位游客看到的房子里有讲解员，而另一位游客参观的房子里没有讲解员。

表7-21　每个博物馆在所有可以评分的项目上的平均得分

博物馆	博物馆最高得分项目数量（个）	博物馆最低得分项目数量（个）
苏格兰克兰诺格中心	4	0
HOME	0	3
乌尔丁根木桩博物馆	0	2
洛福特维京博物馆	0	0

博物馆	博物馆最高得分项目 数量（个）	博物馆最低得分项目 数量（个）
蒙塔莱公园	2	0
阿莱西湖博物馆	0	4
马特里卡博物馆	3	0
福特维肯斯博物馆	0	0

当深入研究结果时，博物馆之间的差异就会变得很明显。在某些情况下，博物馆可以有所改进，而在其他情况下，正面或负面结果的背景使改变变得过于复杂。在阿莱西湖博物馆（4个项目）和HOME（3个项目），是我们发现得分最低的博物馆，而苏格兰克兰诺格中心（4个项目）和马特里卡博物馆（3个项目）是得分最高的博物馆。总体而言，游客对考古露天博物馆的满意度很高，其中有三家博物馆的满意度在90%左右，其他博物馆的满意度在80%左右。各博物馆的总体不满意度差异较大。苏格兰克兰诺格中心、HOME、蒙塔莱公园和福特维肯斯博物馆的不满意度在7.7%～10%之间，而马特里卡博物馆的不满意度则稍低一些。洛福特维京博物馆、乌尔丁根木桩博物馆与阿莱西湖博物馆的满意程度的评价很差，它们也是平均得分最低的博物馆。

（二）门票费用

关于门票的费用，原本是游客可以评分的项目之一。然而，博物馆管理层认为这一因素非常重要，因此将其作为一个单独的问题提出。尽管69.4%的游客比他们预期的要更满意（表7-19），但近72.1%的人认为门票价格刚刚好（适中），17%的人认为"贵但值得"（简称"贵"）。人们虽然满意，但也不会支付更多，这意味着定价总体上是合适的（表7-22）。对所提供的服务不满意的人占2.2%（表7-19），少于认为自己花费过高的游客比例（4.3%）（表7-22）。

表7-22   游客对门票的评价   单位（%）

评价	苏格兰克兰诺格中心	HOME	乌尔丁根木桩博物馆	洛福特维京博物馆	蒙塔莱公园	阿莱西湖博物馆	马特里卡博物馆	福特维肯斯博物馆	平均
便宜	7.3	3.3	1.1	2.3	24.7	25.4	17.2	11.1	6.6
适中	80.9	65.3	43.5	57.0	66.2	53.7	72.4	88.9	72.1
昂贵	10.9	20.5	45.2	28.4	9.1	9.0	3.4	0	17.0
十分昂贵	0.8	11.0	10.2	12.3	0	11.9	6.9	0	4.3
总计	100.0	100.0	100.0	100.0	100.0	100.0	100.0	100.0	

在洛福特维京博物馆，12.3%的人认为价格太贵，远远超出了4.3%的平均水平。对于许多外国人来说，挪威是一个物价高昂的国家，但很难看出洛福特维京博物馆与他们的本国相比或与其他竞争的博物馆相比是否过于昂贵。在阿莱西湖博物馆，游客的意见很不一致：认为太贵或太便宜的比例都很高。原因可能是他们的外国游客比例较高，并且还有相当高比例的重复参观游客，他们可能对票价的敏感度较其他游客有所不同。蒙塔莱公园与阿莱西湖博物馆一样，认为门票便宜的游客比例很高，认为门票贵的游客比例很低。与所提供的服务相比，他们的定价是适中的。研究表明，游客对博物馆体验越满意，对门票的满意度就越高（图7-17）。荷兰博物馆协会最近的研究表明，便宜的门票或免费入场并不是参观博物馆的特别诱因：主要的刺激

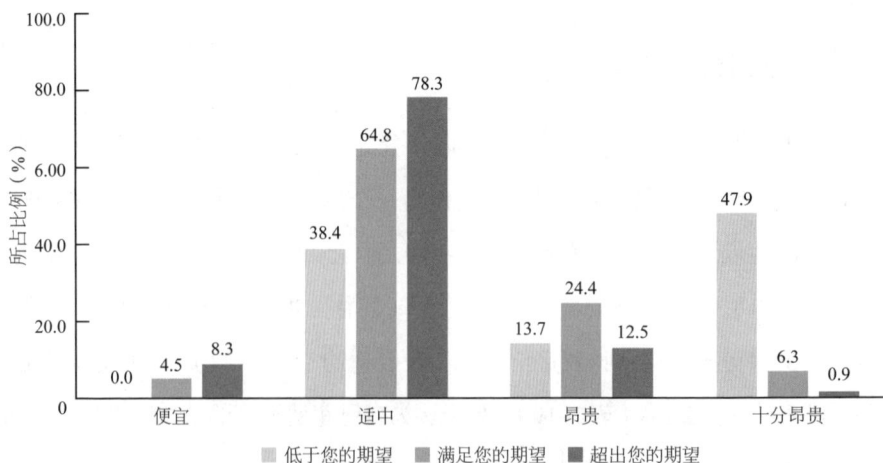

图7-17   游客总体满意度与门票满意度的对比分析

因素是博物馆的内容及其展示方式（Geukema等，2011）。表7-23显示了最常被游客正面提及的项目。

（三）对两个项目予以同等评分

表7-23　对两个项目给予同等评价（10分）的人数

导游服务	&	重构	2 203
导游服务	&	总体体验	1 927
重构服务	&	总体体验	1 911
导游服务	&	手工活动	1 841
重构建筑	&	手工活动	1 750
总体体验	&	手工活动	1 615

表7-23的这些项目在表7-24中分别列出。表7-25是博物馆提供的常见传统项目。研究表明，手工艺展示与手工活动（0.6）以及重构建筑与总体体验（0.5）之间的相关性相当高（表7-24）。在第二组中，唯一明显的相关性出现在纪念品店和标识宣传册和指南（0.5）以及纪念品店和咖啡厅（0.5）之间的相关性（表7-25）。

表7-24　项目组一之间的皮尔逊乘积矩系数 *

项目	重构建筑	导游服务	手工艺展示	手工活动	总体体验
重构建筑	1.000	0.427	0.412	0.282	0.528
导游服务		1.000	0.531	0.449	0.466
手工艺展示			1.000	0.555	0.440
手工活动				1.000	0.424
总体体验					1.000

---

* 　是一种用于度量两个变量之间线性相关程度的统计量，它是由英国统计学家卡尔·皮尔逊（Karl Pearson）提出的。——编者注

表7-25　项目组二之间的皮尔逊乘积矩系数

项目	展览	纪念品店	标识、宣传册和指南	门票销售	咖啡馆	门票费用
展览	1.000	0.344	0.328	0.242	0.187	−0.220
纪念品店		1.000	0.547	0.218	0.519	−0.157
标识、宣传册和指南			1.000	0.472	0.366	−0.090
门票销售				1.000	0.220	−0.206
咖啡馆					1.000	−0.040
门票费用						1.000

图7-18显示，重构建筑、导游服务、手工艺展示、手工活动和总体体验的平均得分（92.1%）比展览、纪念品店、纸质信息、门票销售和咖啡厅的综合得分（86.2%）高5.1%。两组差异最明显的博物馆是苏格兰克兰诺格中心和蒙塔莱公园。而在福特维肯斯博物馆（0.4%）、HOME（3.4%）和马特里卡博物馆（3.7%），这两个组别非常接近。

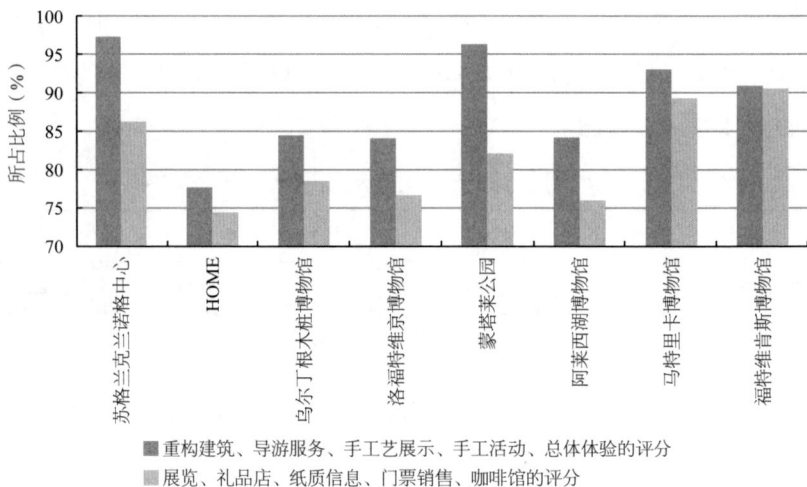

图7-18　不同组别的评份分布

考古露天博物馆的独特卖点，如重构建筑、导游、手工艺品和实践活动得分都很高，相反，那些并非它们独有的一般性卖点，则得分较为一般，如展品、纪念品店、纸质信息、门票销售和咖啡馆。尽管这些方面的外部专家都很容易找到，但考古露天博物馆却很少使用。

六、小结

第六章和第七章的主题是了解博物馆及其游客。我们尝试用结构化的方法对八家博物馆进行相互比较。通过这种方法，可以更容易地了解一个博物馆与另一个博物馆在特定方面的关系。

（一）游客特征

（1）在大多数博物馆中，有明确的旺季和淡季，而平季则不太明确。对博物馆而言，平季是一个充满挑战的时期。在这一时期，夫妻游客的比例较低，因此提供的服务可以多样化。而且，游客通常对平季的满意度较低，因为他们希望看到更多。显然，平季可供参观的内容比较少，但正因为游客的类型不同及其所代表的兴趣各异，人们才期望看到更多。

（2）大多数博物馆的游客大多数都来自本国语言区，但也有例外，如洛福特维京博物馆和福特维肯斯博物馆，它们在吸引国际游客方面取得了成功。这为那些能够很好地适应本地区特定旅游特点的人提供了机会。例如，如果许多德国人来到瑞典南部，那么改变重点以方便那些已经参观的游客将是有利的。

（3）如果许多人在当地至少停留一晚，那么博物馆就不需要吸引更远的人，而应该说服那些住在附近的人前来参观。

（4）与十年前相比，游客期待更多的互动和更好的体验。如何跟上不断变化的游客期望是博物馆面临的一项挑战。

（二）参观决定

（1）考古露天博物馆的重复参观率低于其他类型的博物馆，这需要进一步研究和比较。重复参观的游客可能是对教育价值感兴趣的有孩子的家庭，他们往往比首次参观时停留的时间更长。

（2）吸引游客的最佳方式是推荐，其次是使用宣传册。互联网是许多博物馆尚未涉足的潜力巨大的市场，曾经参观过博物馆的人计划重复参观时，经常会使用博物馆的网站；而在首次参观时，他们可能还没有利用这个资源。博物馆的宣传册并不总是能够真实地反映出游客的预期，要么承诺过高，要么承诺过低。博物馆的网站可能会定期更新，以适应即将举行的活动，因此更符合人们的需求。

（3）大多数人参观考古露天博物馆是出于对过去的兴趣、教育价值和对该地区的兴趣。对该地区的兴趣代表了这些博物馆的增长市场：通过更好地与博物馆周围地区及其特点联系起来，博物馆可以获得更多的额外收益。博物馆提供的服务将更加符合游客的期望。

（三）游客停留时间

在所有游客中，87.2%的人选择在八家博物馆中的某一家停留1～3个小时。博物馆面临的一个挑战就像餐饮业一样，即如何实现"两次翻台"，也就是在一天中分散游客流量来使相同的空间得到两次利用。要实现这一点，可以在一天内安排几个高峰时段。人们不会因为不满意而提前离开，也不会因为满意而延长停留时间；他们似乎在到达之前就已经计划好了停留时间。

（四）游客评价

（1）游客最满意的是重构建筑、博物馆工作人员和实践活动。导游很好地利用房屋、藏品和活动为公众进行展示和服务。这是博物馆应该珍视的强有力的组合。

（2）考古露天博物馆的标识和展示元素不太受欢迎，但只要稍加改动，就能很好地融入故事的叙述中。

（3）最后，游客最不满意的是咖啡馆和商店。这些都是令人不满意的地方，而且还是在其他地方有这么多专业知识的情况下，这实在令人遗憾。

第八章

影响考古露天博物馆的
关键因素

　　这里介绍的关键因素是从本研究中提炼出的结论和观点。这些建议、观点和策略不仅适用于正在研究的八家考古露天博物馆，也广泛适用于任何考古露天博物馆。它们旨在为整个行业的管理者提供有用的信息。

　　这些建议将作为考古露天博物馆的工具包，以简短的陈述形式呈现。建议分为以下几类：管理与财务、工作人员、藏品、营销、讲解、游客服务和了解游客。其中一些建议是基于考古露天博物馆的良好实践，另一些则来自其他类型的博物馆或相关行业。

　　考古露天博物馆的定义会随着博物馆环境的变化而变化，此类博物馆都没有统一的成功的蓝图，人们也不可能从书本上学到一切，我们必须在实践中摸索，同时拥有广泛的参照框架和不同学科的良好专家网络。对于所有的考古露天博物馆来说，没有一劳永逸的解决方案；接下来的观点仅供思考，而其中的许多观点对于在这些博物馆工作的大多数人来说并不陌生。

　　这项研究的许多细节以前从未以结构化的方式在文本上被阐明过。这也是整个行业面临的一个问题：显性知识很少，很多都是隐性知识。本章提出的问题可能有助于我们深入思考这些问题，尽管在许多情况下，博物馆员工对其中大多数问题都了如指掌。

一、对方法论的深入探讨

　　从大范围观察角度出发，这是一个很好的起点，因为它们提供了这类博物馆的概况。首先需要有一个概述，以便掌握整体情况。这些初步观察结果被用来为八个案例研究设定背景，虽然我们的文献查找和互联网搜索工作是充分的，但第一次调查和第二次调查中的一些问题并没有得到预期的答案。例如，没有多少博物馆管理者喜欢谈及财政问题。关于博物馆的目标和宗旨等问题过于重叠。最后一个问题要求博物馆管理者对关键词打分，这个问题似乎太难了，应该删掉或重新设计。

通过电子邮件和后来的信件向博物馆发出调查问卷是获得足够回复的好方法，特别是在调查问卷被翻译成一些常用语言之后。给博物馆打电话也有助于提高这项研究的知名度。许多博物馆馆长已经听说过这项研究，而我也已经以世界实验考古学会主席的身份访问过许多博物馆。

（一）案例研究的管理评估角度

八家考古露天博物馆持开放积极的态度，愿意参与这项研究。它们的承诺对数据收集和分析起到了重要作用。甚至在多年之后，博物馆管理者仍会抽出时间来提供意见，对此我们深表感谢。在本研究中，重点放在八家博物馆上，数据收集工作只持续了一个季度（2008年）。对更多的游客或工作人员进行更深入的访谈，或扩大个人观察范围，肯定会带来更有价值的观点，但这不在本研究的范围之内。

我们认识到，考古露天博物馆的运营链值得进一步研究，这便于明确这些博物馆在其生命周期中的关键成功因素。考古露天博物馆的生命周期可以分为以下几个阶段：

1.构思/想法阶段，许多事情似乎都有可能发生

（1）制定商业计划/使命宣言。

（2）与主要利益相关者建立联系。

（3）获得启动资金。

（4）寻找合适的地点。

（5）建立组织结构。

2.建立博物馆

规划/设计。

3.运营/使用博物馆

持续维护/修理/进行小型和大型的开发。

4.结束或转移重点

创始人可能离职。

为什么许多博物馆的参观人数少于17 500人，而参观人数超过75 000人的博物馆少之又少？为什么博物馆没有发展？它们是为了保持稳定，还是不断为生存而战，阻碍了发展？哪些考古露天博物馆没有成功？它们与其他类型博物馆有何不同？我们能否从失败和成功的实例中吸取经验教训？

（二）案例研究涉及的游客调查角度

目前对考古露天博物馆的游客和管理的研究中，有许多方面从未如此详细地汇集在一项研究中。本项研究建立在以往研究的基础上，但也指出了今后需要进一步探索的其他领域。

事实证明，研究中使用的游客调查方法非常有用，如果在未来再次使用，可以为八家博物馆提供更多可比较数据，需要收集和分析大约400份调查问卷即可得出结果。一种方法是在每个季节提出60%的问题，然后每年更换几个问题。这样，这几年的结果就有了可比性，每隔几年就需要偶尔研究一些问题。这是一种低成本且有效的方式，可以及时了解游客的大量信息。世界实验考古学会在现有研究成果的基础上，为其成员开发了游客调查和分析方法。

游客调查达到了研究目的，但数据只与博物馆自身进行了比较。一方面，最好将单个博物馆的数据与同一博物馆的类似调查进行比较，尤其是不同季节的数据。另一方面，一个重要的额外信息来源是将游客调查数据与其他类型场所，如展示型博物馆或主题公园的数据进行比较。这是一项艰巨的任务，需要地方或地区当局提供资金支持。在目前的经济环境下，这种研究很难获得资金。

最后，游客的详细信息将来可以与国家和国际旅游趋势进行比较。此类研究的结果已经有了更广泛的范围，例如，可在欧洲统计局的网站上查阅。除简单的游客调查外，还可采用其他方法扩大游客信息的收集和分析范围。例如，门票和商店的销售数据提供了宝贵的洞察方式，但博物馆通常不允许外界对这些详细数据进行分析。另一种方法是使用焦点小组，但这很费时。

关于问卷中提出的问题，可以进行调整，顺序也应改变。例如，应询问当地的直接竞争者或其他吸引游客的因素。世界实验考古学会在实施目前欧盟的成人教育和文化项目时，正在进一步开展针对考古露天博物馆的游客调查工作。

1978年，乡村委员会（Countryside Commission）对英国的游客中心进行了一项有趣的研究。研究的重点是了解游客在参观过程中增长了多少知识，并评估他们对参观的满意度，调查的四个大致可衡量的因素是：

（1）游客的历史知识和对相关博物馆展示的主题时期的兴趣。

（2）游客短期知识的增加。

（3）游客在博物馆内外体验到的乐趣程度。

（4）这种经历所引起的持续的兴趣水平。

就目前的研究而言，要详细了解游客短期知识的增长情况和体验到的乐趣水平过于复杂，这些都是未来研究的推荐课题。游客调查提供了一种更加定量的方法，但需要采用不同的定性方法来衡量游客反应的深度。游客调查研究也应持续更长的时间，而不仅仅是几天，或只在旺季进行。对许多博物馆而言，平季已被证明是其潜在发展的重要时期。

游客调查不可能考虑到所有可能的变量；为了获得可比较的数据，需要设计有多重选择答案的封闭式问题。开放式问题的答案多种多样，这需要花费大量时间来标注答案，例如有关游客来源地的数据。附录提供了一份最新的调查表格，供任何考古露天博物馆今后使用。最初在评分时使用的是数字李克特量表（Likert scale），但由于在不同的国家会有不同的体验，因此最好使用微笑符号或文字（Cooper和Schindler，2003）。

（三）考古学与考古露天博物馆

考古露天博物馆的成功或质量取决于观众的视角。许多考古学家都热衷于发表自己的观点。然而，考古学家有不同的群体，有的从事田野工作，有的从事学术工作等，并不是每个考古学家都与公众接触，他们的目标可能与考古露天博物馆的目标大相径庭。一个有趣的研究方向是采访考古学家，包括那些参与或不参与这些博物馆的考古学家，并讨论这对考古学有什么好处：合作的好处是什么，存在的问题又是什么？采访反对这类博物馆的考古学家尤其有意义。可以要求考古学家明确指出，与考古学可利用的其他工具相比，他们认为考古露天博物馆对考古学的重要性（或缺乏重要性）是什么。重要的是要了解博物馆是否对考古学家感兴趣，反之亦然。如果考古学家认识到考古露天博物馆是他们达到目标的工具包的一部分，并且能从正确的角度看待这一点，那么这些博物馆的部分价值也就得到了确定。

考古露天博物馆的未来很可能是围绕"建立一个以考古露天博物馆中的实验考古为中心的研究、教育和旅游之间交流的良性循环"这一核心理念发展（Comis，2010）。如果这些博物馆能开发出一种方法，将其展示活动中的信息反馈到研究中，并将重点放在实验考古学所拥有的非物质遗产上，那么它们的价值就会得到提升。

二、考古露天博物馆的分析、建议、构想与策略

（一）管理和财务

关于考古露天博物馆的管理和财务问题，有很多值得讨论的地方。下面基本上是一些陈述和建议。考古露天博物馆是为了讲述过去的故事，但也需要稳定的经济和合理的管理。

确保内容的真实性与商业模式之间的平衡至关重要。

管理人员往往依赖自己的经验，而不是其他任何的经验。这就增加了专

业适应性的难度。

（1）建立一个执行小组，定期向管理层提供建议。向他们充分反映情况，以便他们反馈意见。利用他们的经验和关系网。

（2）描述博物馆的明确目标，并尝试界定其隐含动机和利益相关者的动机。

（3）一个重要方面是资产资本化。博物馆员工的性格对管理至关重要。建立一个结构，使长期工作人员和志愿工作人员的承诺、知识、经验和网络能够反馈给管理层。

（4）竞争无时无刻不在增加；不要让别人出乎你的意料：了解博物馆周围发生的事情，定期进行实地考察，不仅要考察同行的考古露天博物馆，还要考察其他竞争对手/同行。收集有关同行考古露天博物馆的信息（好的和坏的例子），并进行结构化的观察。

（5）定期评估博物馆的各个方面，不要害怕改变或调整战略。

（6）通常需要基于灵活性的短期规划，但不要忽视长期规划和目标。

考古露天博物馆的管理并不总是使用其他博物馆行业所使用的管理工具，如商业计划和行动计划。

（1）让行政管理成为构建和管理博物馆的工具，不要让行政管理给博物馆的日常工作带来过多负担。提前计划，而不是过于关注日常现实。

（2）不要仅仅为了拥有商业计划和行动计划而制定这些计划，用可衡量的目标来跟进这些计划，检查它们是否有效，如果无效，则反馈到新的行动计划中。

许多考古露天博物馆在早期阶段都依赖于一位有魅力的馆长。创始人往往具有创新精神、知识渊博，并迫切希望成就一番事业（这就是所谓的创始人综合症），但在创建阶段结束后，管理博物馆则需要另一套社会和管理技能（Block，2004）。

博物馆处于什么阶段？博物馆是否刚刚起步，创始人是否已经离开，还是管理层正在应对创始人综合症？认识到问题是解决问题的开始。

考古露天博物馆并不具备其内部所需的全部专业知识。

（1）在关键时刻，要与其他人建立联系，而不是只寻求一次性的建议。露天博物馆不仅要与博物馆周边地区、考古或历史遗址建立联系，还要与酒店、餐馆等建立联系。露天博物馆与当地的社区建立起共生联系同样非常重要。博物馆对社会很重要，反之亦然。

（2）积极参与具有不同目标和不同层次的不同网络：国家博物馆网络、地区旅游协会、国际考古露天博物馆团体以及与住宿和交通服务等具有共生关系的地方商业网络，如住宿和交通服务。网络的多样化非常重要，好邻居往往与远方的同事一样有价值。

（3）参加旅游景点奖励计划等。这不仅能提高博物馆在公众中的知名度，还能帮助博物馆获得商业支持和资金。

考古露天博物馆为其所在地区带来了经济收益，不仅具有社会意义，还增加了旅游潜力。

（1）博物馆需要与当地政府保持良好关系，反之亦然。如果地方政府不能很好地理解博物馆的内涵以及博物馆对当地社会的价值，他们的支持就会消失。然而，如果理解正确，博物馆可以从中受益，例如在道路和标志提供等当地基础设施问题上。因此，博物馆需要与当地政府保持联系，但不要拘泥于一个议程。

（2）计算该地区的财政、社会和文化相关性，或者最好由一个独立机构来计算；所有这些方面都要立足于本地区。

从长远来看，可持续发展才是未来的方向。

将可持续性纳入博物馆的各个方面：人、地球、利润。对过去和户外活动感兴趣的考古露天博物馆的游客都有可持续发展的意识。

经济是博物馆的一个重要因素；这一点在全球金融危机来临时尤为明显。

（1）规划博物馆的预算，使其部分依赖于自身收入（参观费用、商店和餐厅），部分依赖于政府来源，部分依赖于第三方资金（例如来自彩票的项目资金）。

（2）不要在对博物馆至关重要的问题上妥协，例如禁止开设商店或餐厅。

欧盟的资助在博物馆起步或进行重大变革时可能很重要；同时，有了欧盟的资助，博物馆也可以继续做得更好，并有机会接触到具有国际背景、有相同意愿的同行。

（1）确定博物馆需要改进的地方，并寻求与有类似问题的其他博物馆合作；为改进这些方面设立一个项目。

（2）欧盟提供的资金绝对不仅仅是文化方面的。

（二）职工

工作人员也是影响考古露天博物馆的重要因素，由于博物馆的特殊性质，它们通常会吸引积极性很高的工作人员和志愿者。这些人员通常在博物馆内部接受其他积极员工的培训，从而为他们提供符合目的的良好培训，工作人员之间以及与游客之间的关系是非常重要的。志愿者讲解博物馆的故事，并经常做更多的事情——博物馆严重依赖他们。然而，留住志愿者和招募新志愿者越来越困难。因此，博物馆应密切关注招募一批优秀的志愿者，这也是因为博物馆在许多情况下难以承担所需工作人员的全部工资费用。志愿者、协调员的工作非常重要。

关于考古露天博物馆工作人员的专门文献很少。

工作人员是考古露天博物馆最重要的资产，他们与公众接触，讲述重构的房屋、藏品和相关活动的故事。

没有一个统一的标准来衡量工作人员的数量是否有效，这在很大程度上取决于博物馆的具体需求和一年中的不同时间。博物馆的良好运营需要工作人员，但除了满足游客的需求外，还有更多的原因需要工作人员。

留住员工是一个挑战。

（1）优先考虑在冬季聘用员工或让他们明年再回来。如果计划和资金安排得当，也可以在淡季雇用所有员工。

（2）尽量为员工提供有竞争力的薪酬或在博物馆组织内的发展机会。

（3）定期对员工进行培训，最好是与同行博物馆的员工一起培训，这样员工就能为自己树立标杆。员工应该渴望学习，渴望自我发展，渴望自己的组织得到发展。

（4）婴儿潮一代与年轻一代之间存在明显差异。年轻一代的志愿服务和工作方式不同，但如果能够及时了解他们，他们可以帮助博物馆进行变革，以满足他们和未来的需求。

安排工作和职责是一个问题。

（1）工作人员身兼多职是可行的，但这需要一个明确的组织结构，包括愿景、使命和目标。

（2）在需要时聘请外部专家，但尽量将核心活动留在内部，这样博物馆就不会依赖于难以替代的单一专家。

（3）与其从很远的地方雇佣（季节性）工作人员，不如试着让当地的手工艺人参与进来，不仅邀请他们展示自己的手工艺，还支持他们的工作。这样，博物馆就能更牢固地融入当地社区，而且这种支持是双向的。

（4）如果聘请考古学家担任工作人员，会非常有益。

（5）如果适当安排志愿者，他们可以为博物馆提供巨大帮助，在他们需要时给予关注，并为他们提供一般游客无法使用的设施。一名全心全意为游客服务的志愿者往往可以实现自己的价值。

考古露天博物馆在学术界和博物馆领域的知名度很低。

博物馆工作人员应优先考虑在各种大众和学术渠道定期发表与博物馆活动有关的文章或出版书籍。

考古露天博物馆的藏品可以从不同的角度来看待（见第六章"考古露天博物馆的管理情况"一节），一系列的陈述很长，建议从头开始阅读的文献数量很少，但非常值得。

藏品的文献整理是一项挑战，但也是值得的。

（1）考古露天博物馆为科学做出贡献的一个重要方式是记录它们的重构建筑，包括其规划、建设、维护和使用。可以将这些经验收集起来，以防止其他人重蹈覆辙。这可以与大学计划联系起来，例如雷丁大学（Reading University）正在尝试的计划。藏品登记是对每个博物馆的藏品进行有条理的登记，明确其优势所在，以及需要填补哪些空白。藏品登记制度对于确保基本信息不丢失和随时追溯来源至关重要。

（2）许多信息只能以口述史（oral history）的形式存在，在高级职员和顾问离开博物馆之前，要做一些事情。由于不是所有的东西都能写成报告，一种方法是使用采访录音作为档案。

（3）博物馆藏品不是获取/收集的，而是制作的。这使得它们容易受到主观因素的影响。对藏品的背景要诚实地交代清楚。

（三）藏品

藏品的维护一直是个问题。

（1）不要把维护工作拖到迫在眉睫、耗资巨大的时候才去做，否则所有的维护工作都将成为一次性的突击行为。

（2）在几年之后，每个考古露天博物馆都会开始面临其重构建筑持续的维护问题。在大多数情况下，这类工作需要专业知识，而这些知识并不是唾手可得的，而且往往伴随着大量的劳动投入。这种类型的投资是考古露天博物馆运行成本的一部分，因此不容易从外部来源获得资金。

（3）将修缮工程变成改进工程，而不是简单地照搬旧貌，这需要时间和精力，并非每个博物馆都有这样的能力。但修缮工作正是进行变革的最佳时机，也是振兴博物馆的良机。

（4）将修缮或施工活动变成游客可以见证甚至参与的体验：尽可能多地以表演的形式进行，并只有在真正需要的时候才使用机器。

考古露天博物馆能提供的远不止这些。

（1）在许多地方，除了出土器物外，还有复制品，这种结合方式大受欢迎。它们是同一个故事的两个方面，需要作为一个整体来呈现。

（2）将室内和室外结合起来，不仅能延长游客的停留时间，还能让博物馆和旅游业减少对天气的依赖。

（3）与附近的考古博物馆成为很好的伙伴。不要失去与考古学的联系，随时更新相关考古信息。

（4）将考古露天博物馆的作用与一种或多种作用相结合，例如室内博物馆或考古遗址。

（5）人们对影响旅游业和塑造当地特色的文化和自然遗产越来越感兴趣（European Commission，2003）。通过将博物馆直接置于其周围的景观中，可以探索这样一个事实，即博物馆所展示的故事不仅仅是关于人类及其社会的，而是人类与环境的关系。博物馆将不再是某种遥远的过去，也会因为当地独特的面貌而不再默默无闻。

（6）利用博物馆本身的场地和现有的自然资源。

现代法规会对博物馆藏品产生影响。

（7）不要在健康和安全措施上省钱，但也不要让这些措施影响展示效果。

（四）市场营销

市场营销是一个既敏感又重要的话题。关于博物馆营销的一般信息很多。例如麦克彻和杜克罗斯（McKercher 和 du Cross，2002）的著作。收集一系列关于营销的建议要比收集其他主题的建议容易得多。一个重要的问题是营销工具如何影响参观考古露天博物馆的决定。对一些博物馆来说，更多地了解这个过程是至关重要的。宣传册的浪费率为90%，但在一些博物馆似乎仍然有效；一些博物馆大量使用互联网，而另一些则没有；一些博物馆毫无目标地使用社交媒体。哪种营销组合效果最好取决于具体情况。

有许多不同的营销渠道。

（1）互联网在不断变化，静态网站的影响越来越弱，而社交媒体的表现则越来越好；那么报纸、广播或传单呢？明天这些又会发生变化。每个博物馆都需要找出哪种媒体效果好（什么观众需要什么时间接触到什么信息），并进行跨媒体组合。定期评估营销工具，但要保持长期一致性。

（2）了解趋势，但不要因为时髦而跟风。

（3）互联网的发展已不仅仅局限于网站，还包括在线视频、移动设备和社交网络的使用。移动设备不会取代导游，但可以在各种情况下增强导游的作用。为了吸引游客，新旧媒体的结合必须形成一个良好的营销组合，在不同传播渠道之间要有足够的参考性和同步性。

（4）市场营销的范围应不限于博物馆的正门，尤其重要的是在入口处通过标识、宣传单和接待人员传递信息。

游客往往不知道该期待什么。

（1）考古露天博物馆所提供的信息往往超出游客的预期。这是一个营销问题；不要低估承诺和过度交付——这意味着一些潜在的游客决定不来，因为他们不能准确地评估博物馆所提供的体验。同样，不要过度承诺和交付不足——这会导致游客不会二次参观。

（2）根据游客能得到什么来确定门票价格（门票价格可以根据星期或季节的不同而变化），不要只根据参观对象（儿童与成人）来确定门票价格。

（3）由于很多游客并不清楚自己会有什么收获，所以用一句俏皮话来介绍博物馆是非常值得的。

（4）如果在不同场合推出特别优惠，营销方式也应灵活改变，以适应不同内容的变化。

（5）许多游客会在博物馆停留两个小时或更长时间，但停留时间的长短往往是在抵达前就已经计划好的。因此，在游客到达之前向他们提供信息的渠道就显得尤为重要。许多游客都是在别人的推荐下才决定来博物馆参观的。传单也很重要。网站和社交媒体也是重要渠道。

营销伙伴关系非常重要。

（1）与该地区的其他销售渠道建立产品合作关系，例如博物馆和附近餐馆的联合参观、连接多个景点的旅游巴士服务或在当地面包店销售博物馆面包。

（2）这需要建立在共生关系之上，因为一个有吸引力的附近优惠可以鼓励游客进行联合游览，而不是根本不游览。如果提供的服务是匹配的，那么游客就会受益匪浅。如果提供的服务具有竞争性（例如，去大自然而不是去博物馆），人们就不会轻易将两者联合起来。博物馆需要改进和创新才能生存，这是博物馆在竞争最激烈的环境中立足的最好证明。

（3）考古露天博物馆应在竞争者中脱颖而出，竞争者的数量差别很大：有些地方几乎没有竞争者，而有些地方却有很多竞争者。

（五）讲解服务

考古露天博物馆的讲解形式多种多样。它不仅仅是让工作人员穿上盛装，一边玩游戏或讲有趣的故事，一边带游客参观。

讲解是考古露天博物馆的支柱。

（1）将博物馆的讲解工作记录在案；如果基本的讲解工作被记录在案，就可以对其提出质疑并加以改进。

（2）不要仅仅依靠一个小组或仅仅依靠几个非常专业的工作人员来提供内容。

现场讲解（活态历史的一部分）是遗产解释场所的一种重要展示方法（Duisberg，2008）。

（1）当现场讲解超越了游客简单的被动观察，变成了游客的主动参与时，它就真正成功了。

（2）在进行现场解说时，要有专业精神，构建一个适当的活动和能力组合。

（3）尽可能多地调动游客的感官，但这只是一种形象的说法：没有多少人愿意"真正闻一闻"（really smell）中世纪的城市，但他们确实希望了解它可能是什么样子的。

在考古露天博物馆中讲述的故事必须与展示内容相吻合。

（1）博物馆向参观者讲解的任何方式都要真实。

（2）在向参观者传授知识方面要有雄心壮志；不要低估他们的接受能力。不要拘泥于单纯的趣味性；过去不仅仅是考古；考古露天博物馆可以处理任何在过去和现在都能认识到的主题。

（3）博物馆传达的信息和展示的故事需要与时俱进。

讲解内容固然重要，讲解方式也同样重要。

（1）思考如何利用现代解说媒体增强故事的表现力，但也要注意过于依赖高科技带来的风险。例如，在平季，由于游客人数较少，现场讲解员的费用过于昂贵，这时可以在重构建筑中使用互动影片。

（2）参观者希望博物馆让他们信服，他们喜欢学到东西。然而，让他们对过去和现在产生疑问则更有价值。

博物馆讲解工作的目的是多方面的。

（3）让参观者更频繁地参观博物馆，而不仅仅是那些参观过的博物馆。将科学与参观者联系起来，让他们相互接触。

（六）游客服务

正如第六章"考古露天博物馆的管理情况"一节中详细描述的，游客服务是考古露天博物馆的一个非常值得关注的问题，但往往被忽视。参观评估（第七章实践活动小节）详细说明了这一点。

1.参观前

（1）对于博物馆来说，无障碍和可见性是吸引游客的重要因素。因此，博物馆应易于通过各种交通工具到达。

（2）在博物馆附近的道路上设置路标非常重要。但为此，博物馆不得不依赖当地官员和他们的邻居。

（3）博物馆入口应具有吸引力，并能立即传达博物馆的内容。

（4）参观者希望在进入参观之前对参观有一个大致的了解：这里提供哪

些服务，以及他们大约需要花多长时间？

2.参观期间

（1）考古露天博物馆有一个潜在的强大优势：让所有感官都参与进来会极大地提升游客的参观效果。

（2）要有一个良好的引导系统，让参观者知道该去哪里，该期待什么。这种系统不一定要与展示的其他部分（使用真实的材料和技术）保持一致，只要它是清晰和一致的就行。

（3）提供多样化的信息来源：导游、标识、消息灵通的工作人员、智能手机信息和互动节目。

（4）一个好的咖啡馆或简单的休憩场所：提供一个喝咖啡、吃蛋糕的机会，可以让游客放松和思考，这将大大延长他们的参观时间。牢记游客服务的最低标准；这些设施必须符合需求。

（5）游客的需求在不断变化，但在一定程度上是可以预测的。变化部分取决于人口结构（例如婴儿潮一代年龄的增长和角色的转变），部分取决于全球经济的发展。博物馆要跟上现代标准。

3.离开时

（1）在商店里摆放许多在别处很难找到的物品；这些物品不一定很贵，比如明信片。不要只提供纪念品，要提供与博物馆有关的纪念品，因为博物馆商店不是超市。

（2）商店里要提供价格适中的商品，但要保证所有商品的质量。友好和有礼貌的工作人员会让游客想要再次参观。

三、了解游客

（一）游客特征

由于每家博物馆的参观者组合（例如外国人和本地人的比例）都不尽相

同，对于一家新博物馆来说，这一点应该仔细研究，因为竞争者和博物馆所在地的性质已经提供了很多这方面的信息。

大多数考古露天博物馆的管理者对参观者知之甚少。大部分信息都来自单个事件或与游客的单次接触（关键事件分析）。管理者可能认为他们对参观者的情况有所了解，但他们并没有优先考虑或有足够的资源来改变这种状况。因此，往往在出现问题时，管理者的知识才得以更新，因为记忆最深刻的往往是与游客有关的事情出了极大差错的时候（Johns，2004）。

（二）参观决定

参观者来参观考古露天博物馆的原因包括对过去的兴趣、对当地的兴趣、教育价值，或者是为了享受户外天气。

人们对重复参观的了解甚至少于对一般参观者的了解。对其他类型博物馆的研究表明，对于考古露天博物馆来说，重复参观可能是一个值得探索的途径，而且很有可能建立起长期的、有益的关系。尽管吸引新顾客很重要，但留住老顾客也同样重要。

国家课程规定了学校必须教授的最基本主题，这为考古露天博物馆提供了许多机会，使其不仅与在校学生紧密相关，而且与所有游客相关。

每年的平季是考古露天博物馆吸引更多游客的最佳时机，例如在学校假期期间。游客的类型不同，活动也应有所不同。例如，在游客距离博物馆太远的时候，可以为当地居民量身定制活动。调整并不一定只是为了增加绝对的参观人数，也可能是为了满足其他类型的潜在参观者的需求或提供一系列新的活动。同时拥有室内和室外展区的博物馆可以利用平季游客喜欢外出的优势，但游客往往因为恶劣天气的风险而不外出。

（三）参观评价

参观者的体验通常超出预期，这意味着博物馆的表现比预期的要好。这在一定程度上是由于游客得到了身临其境的体验。导游和参观者之间有很多互动，今后参观者会希望有更多这样的互动（Schöbel，2011）。游客设施（商店、餐厅、游乐场和卫生间）是博物馆概念的附加部分，而非核心部分。总体而言，考古露天博物馆在提供专业服务方面做得很好，但在如何设计博物馆和如何接待游客方面，还可以从其他类型的博物馆学到很多东西。它们可以开展更多的调查项目，以便更好地了解参观者。

1.谁在参观

（1）考古露天博物馆缺少一些人口统计数据；挑战在于如何接触更广泛的群体，而不是只依赖于单一的参观者类别。

（2）参观者对当地和历史的兴趣比想象的要大。把这些结合起来，效果会非常好。此外，如前文所述，博物馆需要明确在该地区的定位。

（3）收集全面的游客信息，而不仅仅是某些情况下的信息，也不仅仅是旺季的信息。在开始收集信息之前，要先确定问题。如果使用意见箱，则应准备好对意见进行实际跟进。

（4）尝试将参观者信息与往年或同行进行比较。

（5）在一个国家行之有效的做法，在其他国家可能会完全失败，所以不要照搬照抄。

2.博物馆能为参观者提供什么

（1）为非主流参观者群体提供服务，这可能会为所有人带来意想不到的创新。例如，为盲人开发的展览（Ramioul, BE）对所有参观者来说都是非常成功的。

（2）常规活动通常不会改变。然而，成功的关键在于创新。打破常规思维，每年更新一些活动。例如，儿童巧克力铸造（Parco Montale, IT）或使用原始罗马陶器碎片和古典作家的短语的罗马神谕体验（Viminacium, RS）。

3.参观者何时参观

（1）规模较小的博物馆无法同时接待太多的参观者，而规模较大的博物馆则很少充分利用其面积，每年在博物馆旁边的场地举办多次的大型活动。

（2）尝试安排活动，使博物馆获得餐馆所说的双倍客流量，参观者要么提前3～4小时到馆，要么推迟至同一时段到馆。

（3）开发吸引回头客的方法——留住老顾客往往比吸引新顾客更容易。

（4）博物馆如何从回头客身上赚钱？其他的参观者（顾客）是否跟随他们一起参观？

（5）为平季制定明确的方法：考虑在半学期和其他假期开展特别活动；在预计当地游客较少的时候，将重点放在特定目标群体上，例如当地报纸的订阅者。将当地居民变成回头客：当他们成为粉丝时，他们也可能会带客人来参观。

四、结语

（一）不止于理论

本研究的广泛而详细的结果清晰地展示了八家博物馆及其在2008年的情况。通过将这些结果与大范围观察和文献中的信息相结合，本研究还探讨了许多对一般考古露天博物馆至关重要的观点。我们无法仅从一本书中学到如何建立和管理一个考古露天博物馆。它需要几本书的结合和来自不同行业的胆识和经验，还需要勇气，从实践中学习，并愿意适应。创造力必不可少，但也需要博物馆管理工具。考古露天博物馆不仅仅是一家博物馆，它还在当地发挥着经济和社会作用。博物馆的关键问题和游客的关键问题是相辅相成的，只是需要从另一个更客观的角度来审视博物馆组织，以确定其改进的潜力。

（二）基本荐要

像这样回顾考古露天博物馆的书早就应该出版了，希望这是对考古露天博物馆和实验考古学这一研究领域的独特贡献，这是一个最能被考古露天博物馆基础知识所欣赏的领域。需要强调的是八家案例研究博物馆及其工作人员的作用，因为他们允许我使用他们的信息，感谢他们的开放态度。希望作为回报，这项研究对它们以及考古露天博物馆以外的人都有价值。

工作人员是考古露天博物馆最重要的资产。他们是重构房屋、活动和公众之间的黏合剂，并以他们的个人方式邀请游客参与，根据公众的愿望和需求调整活动方法。

对重构房屋和手工艺品的收藏需要进行良好的登记、出版和维护。所有这些都是专业工作，并保障非物质遗产的保存和传承。更多的博物馆应将原始手工艺品与重构建筑结合起来。

与附近的文化旅游景点建立合作营销企业至关重要，通过提供配套服务来吸引观众。网站和宣传册效果不错，但博物馆应该尽早融入在线视频、移动设备和社交网络的使用。营销材料需要与提供的内容相匹配，由于提供的内容会随着参观时间的变化而变化，因此，网站和社交媒体等灵活的营销工具值得研究。

在讲解方面，活态历史和实验考古并行不悖。有几十种不同的讲解方式。至于何时采用哪种方式，则取决于游客的类型、需要传达的信息和背景。

对考古露天博物馆平季的进一步研究是非常必要的，而且不应仅限于找到鼓励重复参观的方法。平季为博物馆提供了扩大活动的绝佳机会，博物馆可以利用现有的基础设施，根据不同的季节和不同类型的参观者提供多种服务。

参观者来参观考古露天博物馆，是因为他们对过去、当地地区、教育价值以及享受天气感兴趣。他们对重构环境和导游非常满意，但对礼品店和咖啡馆的满意度要低得多。我们可以利用许多专业知识来改进这一点。

（三）回望目标

尽管这些考古露天博物馆种类繁多，但它们构成了一种独特的博物馆类型。欧洲考古露天博物馆的特点体现在其多样性上，这不仅体现在其历史和发展（第二章）上，也反映在大范围观察（第四章）和案例研究方法（第五章、第六章和第七章）上。

在第二章和第四章的基础上，本章对考古露天博物馆的不同方面提出了建议和策略，并通过案例研究加以阐释。

如果管理部门对其重构建筑和展示的质量有信心，他们会淡化公认的管理方法以及更现代的营销技术。地区的回报价值是巨大的，这不仅体现在经济上，还体现在旅游人数上，以及提高该地区在地方特性和旅游业方面的知名度上。然而，博物馆的管理往往没有充分考虑到周围的文化遗产因素。

我们将博物馆的预期体验目标与参观者的实际体验进行了详细比较（第六章和第七章），发现了考古露天博物馆在服务提供周期和服务消费周期方面存在的差距（见第三章品质差距小节）。这些差距所引发的问题促成了第八章中提出的许多建议。尽管博物馆工作人员、重构的建筑以及文物展品受到参观者的高度赞赏，但他们在考古露天博物馆的实际体验在基本参观服务方面存在不足，导致他们对最初来博物馆的实际体验的关注度降低。从参观者的角度来看，这一点以及在平季为游客提供良好的服务是这些博物馆的最佳改进点。

无论是对于刚刚起步的考古露天博物馆，还是那些经营时间较长的博物馆，抑或是那些需要转变工作重心的博物馆，好的想法无处不在。本项研究提供了一个开端：考古露天博物馆的价值与运用。

参考文献

[1] AEOM, 1973. Tagungsberichte 1966−1972 [M]. Cologne: Verband europäischer Freilichtmuseen/ Association of European Open Air Museums: 109.

[2] AGACHE R, BRÉART B, 1982. Revoir notre passé. De la fouille à la reconstrition archéologique [J]. Numéro Spécial du Bulletin de la Société de Préhistoire du Nord et de Picardie: 82.

[3] AHRENS C, 1988. Archäologische Rekonstruktionen. By og Bygd 32 (Norsk Folkemuseums Årbok, Festskrift til Arne Berg) [Z]. Oslo: Norsk Folkemuseums Årbok: 19−49.

[4] AHRENS C, 1990. Wiederaufgebaute Vorzeit. Archäologische Freilichtmuseen in Europa [M]. Neumünster: Wachholz Verlag.

[5] AHRENS C, 1991. Archäologische Rekonstruktionen−Überblick und Wertung [C]//Verband der Landesarchäologen in der Bundesrepublik Deutschland (ed.). Sinn und Unsinn archäologischer Restaurierungen und Rekonstruktionen, Kolloquium im Rahmen der Jahrestagung, 1990 Traunstein 17.−20. 9. 1990. Stuttgart: Gesellschaft für Vor− und Frühgeschichte in Württemberg und Hohenzollern: 44−51.

[6] ANDERSON J, 1984. Time Machines. The World of Living History [M]. Nashville Tennessee: The American Association for State and Local History.

[7] ANDRASHKO F, SCHMIDT M, 1991. Experimentelle Archäologie: Masche oder Methode? [C]//Fansa M (ed.). Experimentelle Archäologie, Bilanz 1991. Archäologische Mitteilungen aus Nordwestdeutschland, Beiheft 6. Oldenburg: Isensee Verlag: 69-82.

[8] ANDRIAN B, DIXON NT, 2007. Excavation to Exhibition. Interpreting Archaeology to the Public in Scotland and Europe [J]. EuroREA. Journal for (Re)construction and Experiment in Archaeology, 4: 35-40.

[9] ANDRIAN B, 2007. LiveARCH Interpretation Questionnaire 2007 [Z]. Kenmore unpublished, made available by author.

[10] APALA Z, 1992. Gugeru arheologiska kompleks izpete [C]//Zinatniskas atskaites sesijas materiali par arheologu 1990. un 1991. gada p'etijumiem: 8-15.

[11] APALA Z, VILKA A, 2002. Araiši lake fortress, a short overview [J]. Bulletin voor Archeologische Experimenten en Educatie (BAEE): 10-13.

[12] APALS J, 1974. Araišu ezera pils dzivojamas ekas (jugstura konstrukcija) [J]. Arheologija un etnografija: 141-153.

[13] APALS J, 1995. Rekonstruktion der befestigten Inselsiedlung des 9. Jh.s in Araisi (Lettland). Vorbericht [C]//Experimentelle Archäologie, Bilanz 1994. Archäologische Mitteilungen aus Nordwestdeutschland: 97-110.

[14] ARD. ARD Jahrbuch 2005 [M]. Baden-Baden: Hans-Bredow-Institut.

[15] ARNOLD B, 1990. The Past as Propaganda: Totalitarian Archaeology in Nazi Germany [J]. Antiquity, 64: 244, 464-478.

[16] AUGUSTINE N R, 1998. Reshaping an Industry: Lockheed Martin's Survival [C]//President and Fellows of Harvard College (eds) Harvard Business Review on Change. Boston: Harvard Business School: 159-188.

[17] AYÁN VILA J M , 2001. Citânia de Briteiros (Guimarães) [C]//Ayán Villa J M (ed.), Arqueotectura 2: La vivienda Castreña. Propuesta de Reconstrucción en el Castro de Elviña, Traballos en Arqueoloxía da Paisaxe (TAPA) 23,

Santiago de Compostela: Laboratorio de Arqueoloxía e Formas Culturais, IIT. Universidade de Santiago de Compostela: 65-66.

[18] BAATZ D, 2004. Limeskastell Saalburg. Ein Führer durch das römische Kastell und seine Geschichte [M]. Bad Homburg v.d.H.: Saalburgmuseum.

[19] BAATZ D, 1976, Die Wachttürme am Lime. Kleine Schr. Zur Kenntnis der röm. Besetzungsgesch [M]. Südwestdeutschlands: 15, 22.

[20] BADER T, 2008. Rekonstruktion und Nachbau der keltischen Bauwerke in den Freilichtmuseen Europas [C]//Benková I, Guichard V (eds), Management and presentation of oppida. A European overview. Collection Bibracte: 15, 111-134.

[21] BANGHARD K, 2000. Denn Sie wissen nicht was Sie wollen. Zum musealen Selbstverständnis archäologischer Freilichtanlagen [C]//Kelm R (ed.), Vom Pfostenloch zum Steinzeithaus. Archäologische Forschung und Rekonstruktion jungsteinzeitlicher Haus- und Siedlungsbefunde im nordwestlichen Mitteleuropa. Heide: Verlag Boyens & Co: 163-168.

[22] BANGHARD K, 2002. Event wenn's brennt? Gedanken zum Aufschwung vorgeschichtliger Freilichtanlagen [J]. Archäologische Informationen, 23: 2, 213-218.

[23] BARABAN R S, DUROCHER J F, 2010. Successful Restaurant Design [M]. New Jersey: John Wiley & Sons Ltd: 22-28.

[24] BARNARD FM, 1965. Herder's Social and Political Thought: From Enlightenment to Nationalism [M]. New York: Oxford University Press.

[25] BARROIS N, DEMAREZ L, 1995. Les Sites de Reconstitutions Archéologiques, Actes du Colloque d'Aubechies, 2-5 Septembre 1993 [C]. Aubechies: L'Archéosite D'Aubechies.

[26] BAUDRILLAUD J, 1978. Agonie des Realen [M]. Berlin: Merve Verlag.

[27] BAUMEIER S, WASSMANN CH, 1995. Konservierte Wirklichkeiten:

Erhaltungs–und Aufbaustrategien in europäischen Freilichtmuseen [M]. Detmold: Association of European Open Air Museums.

[28] BAUMHAUER M, 1998. Ergebnisse einer Besucherumfrage im Pfahlbaumuseum 1997 [J]. Plattform, Zeitschrift des Vereins für Pfahlbau und Heimatkunde e.v., Ausgabe: 7–8, 92–96.

[29] BAY J, 2004. Educational Introduction to the Historical Workshops in Denmark [J]. EuroREA, (Re)construction and Experiment in Archaeology, 1: 129–134.

[30] BENECKE J, 1937. Lebendige Vorzeit. Die Ausstellung des Reichsbundes für Deutsche Vorgeschichte [J]. Germanenerbe, 2: 88–91.

[31] BENECKE J, 1938. Die Steinzeitbauten auf der Mettnau: das neue Freilichtmuseum des Reichsbundes für Deutsche Vorgeschichte [J]. Germanenerbe, 3: 245–252.

[32] BENNETT J (editor), 2009. Sailing into the Past. Learning from Replica Ships [M]. Barnsley: Seaforth Publishing.

[33] BERNABÓ BREA M, CARDARELLI A, CREMASCHI M, 1997. Le Terramare: La più antica civiltà padana (Catalogo della Mostra) [M]. Modena.

[34] BIRNKRAUT G, 2011. Evaluation im Kuturbetrieb [M]. Wiesbaden: VS Verlag.

[35] BJØRN A, 1969. Exploring Fire and Clay. Man, Fire and Clay through the Ages [M]. New York: van Nostrand Reinhold.

[36] BLOCK S R, 2004. Why Nonprofits fail. Overcoming Founder's Syndrome, Fundphobia and other Obstacles to Success [M]. San Francisco: Jossey Bass.

[37] BLOCKLEY M, 2000. The Social Context for Archaeological Reconstruction in England, Germany and Scandinavia [J]. Archaeologia Polona, 38: 43–68.

[38] BOËTHIUS G, NIHLÉN J, 1932. Lojsta Hall. Försök till Rekonstruktion av Hallen på en Gotländsk Gård från första Årtusendets mitt [J]. Fornvännen, 27:

342-356.

[39] BOONSTRA A, CALLEBERT P, 1991. Prehistorisch Openluchtmuseum Eindhoven [M]. Eindhoven: Stichting Prehistorisch Huis Eindhoven (SPHE).

[40] BOONSTRA A, PAARDEKOOPER RP, 2001. Endehoven – Ein mittelalterliches Dorf am Flüsschen Tongelreep [C]//Paβlick M (ed.), Experimentelle Archäologie, Bilanz 2000, Archäologische Mitteilungen aus Nordwestdeutschland, Beiheft 37. Oldenburg: Staatliches Museum für Naturkunde und Vorgeschichte: 89-96.

[41] BOONSTRA A, 1988. Jaarverslag 1987 Stichting Prehistorisch Huis Eindhoven (unpublished year report, made available by author) [Z]. Eindhoven: Stichting Prehistorisch Huis Eindhoven (SPHE).

[42] BOONSTRA A, 1989. Jaarverslag 1988 Stichting Prehistorisch Huis Eindhoven (unpublished year report, made available by author) [Z]. Eindhoven: Stichting Prehistorisch Huis Eindhoven (SPHE).

[43] BOONSTRA A, 1990. Jaarverslag 1989 Stichting Prehistorisch Huis Eindhoven (unpublished year report, made available by author) [Z]. Eindhoven: Stichting Prehistorisch Huis Eindhoven (SPHE).

[44] BOONSTRA A, 1991. Jaarverslag 1990 Prehistorisch Openluchtmuseum Eindhoven (unpublished year report, made available by author) [Z]. Eindhoven: Stichting Prehistorisch Huis Eindhoven (SPHE).

[45] BOONSTRA A, 1991. Experimentalarchäologie im Prähistorischen Freilichtmuseum in Eindhoven [C]//Fansa M (ed.) Experimentelle Archäologie, Bilanz 1991, Archäologische Mitteilungen aus Nordwestdeutschland Beiheft 6. Oldenburg: Staatliches Museum für Naturkunde und Vorgeschichte: 113-117.

[46] BOONSTRA A, 1992. Jaarverslag 1991 Prehistorisch Openluchtmuseum Eindhoven (unpublished year report, made available by author) [Z]. Eindhoven: Stichting Prehistorisch Huis Eindhoven (SPHE).

[47] BOONSTRA A, 1993. Jaarverslag 1992 Prehistorisch Openluchtmuseum Eindhoven (unpublished year report, made available by author) [Z]. Eindhoven: Stichting Prehistorisch Huis Eindhoven (SPHE).

[48] BOONSTRA A, 1994. Jaarverslag 1993 Prehistorisch Openluchtmuseum Eindhoven (unpublished year report, made available by author) [Z]. Eindhoven: Stichting Prehistorisch Huis Eindhoven (SPHE).

[49] BOONSTRA A, 1995. Jaarverslag 1994 Prehistorisch Openluchtmuseum Eindhoven (unpublished year report, made available by author) [Z]. Eindhoven: Stichting Prehistorisch Huis Eindhoven (SPHE).

[50] BOONSTRA A, 1996. Jaarverslag 1995 Prehistorisch Openluchtmuseum Eindhoven (unpublished year report, made available by author) [Z]. Eindhoven: Stichting Prehistorisch Huis Eindhoven (SPHE).

[51] BOONSTRA A, 1997. Jaarverslag 1996 Prehistorisch Openluchtmuseum Eindhoven (unpublished year report, made available by author) [Z]. Eindhoven: Stichting Prehistorisch Huis Eindhoven (SPHE).

[52] BOONSTRA A, 2004. Museumgids Historisch OpenluchtMuseum Eindhoven [M]. Eindhoven: Historisch OpenluchtMuseum Eindhoven.

[53] BOONSTRA A, MANAKKER T, van de & van DIJK W, 1997. Experiments with a Slag−tapping Furnace and a Slag−pit Furnace [C]//Nørbach L C (ed.), Early Iron Production − Archaeology, Technology and Experiments, Teknisk Rapport / Technical Report No. 3. Lejre: Historical−Archaeological Experimental Centre Lejre): 73−80.

[54] BOTDEN Y, 2001. Jaarverslag 2000 Prehistorisch Openluchtmuseum Eindhoven (unpublished year report, made available by author) [Z]. Eindhoven: Stichting Prehistorisch Huis Eindhoven (SPHE).

[55] BOTDEN Y, 2002. Jaarverslag 2001 Prehistorisch Openluchtmuseum Eindhoven (unpublished year report, made available by author) [Z].

Eindhoven: Stichting Prehistorisch Huis Eindhoven (SPHE).

[56] BOTDEN Y, 2003. Jaarverslag 2002 Historisch Openluchtmuseum Eindhoven (unpublished year report, made available by author) [Z]. Eindhoven: HOME.

[57] BROEKE P W van den, 2005. Late bronstijd en ijzertijd, Inleiding [C]// Louwe Kooijmans L P, van den Broeke P W, Fokkens H, van Gijn A L (eds), Nederland in de prehistorie. Amsterdam: Uitgeverij Bert Bakker: 477–490.

[58] BROGOWICZ A A, DELENE L M, D M LYTH, 1990. A Synthesized Service Quality Model with Managerial Implications [J]. International Journal of Service Industry Management, 1(1): 27–46.

[59] BROWN K, 2002. Tourism Trends for the 1990's [J]. LORD Cultural Resources Planning and Management Inc.: 1–4.

[60] BUCH M, COMELLAS S, PALOMO A, 2011. El Parc Arqueològic del Poblat Neolític Lacustre de la Draga, una Proposta de Gestió Patrimonial [C]//Bosch A, Chinchilla J, Tarrús J (eds), El Poblat Lacustre del Neolític Antic de la Draga, Excavacions 2000–2005. Girona : Museu d'Arqueologia de Catalunya: 229–236.

[61] BUTTLER JAKOBSEN B M, 2007. Quality & Sustainability Homework 1, Summary, Höllviken [Z]. unpublished, 31 October 2007, made available by author.

[62] CARDARELLI A, PULINI I, 2008. The Archaeological Park and Open–Air Museum at the Middle Bronze Age Site of Montale (Modena, Italy) [C]//Marchetti N, Thuessen I (eds), "Archaia", case Studies on Research Planning, Characterisation, Conservation and Management of Archaeological Sites, BAR International Series 1877, Oxford: 355–366.

[63] CARDARELLI A, 2004. Parco archeologico e Museo all'aperto della Terramara di Montale [M]. Modena: Comune di Modena, Museo Civico Archeologico Etnologico.

[64] CLAUDON F, 1980. The Concise Encyclopaedia of Romanticism [M]. New Jersey: Chartwell Books Inc.

[65] COLEMAN K M, 1993. Launching into History: Aquatic Displays in the Early Empire [J]. Journal of Roman Studies, 83: 48-74.

[66] COLES J M, 1979. Experimental Archaeology [M]. London: Academic Press.

[67] COLES J M, 2006. Ancient Wood, Woodworking and Wooden Houses (Contribution to the ESF Workshop on the Reconstruction of Wooden Buildings from the Prehistoric and Early Historic Period in Århus, Denmark in 1987) [J]. EuroREA. Journal for (Re)construction and Experiment in Archaeology, 3: 50-57.

[68] COLOMER L, 2002. Educational Facilities in Archaeological Reconstructions: Is an Image worth more than a thousand Words? [J]. Public Archaeology, 2: (2) 85-94.

[69] COMIS L, 2003. Experimental Archaeology in Northern Italy. A Survey of Methodologies [D]. Exeter: University of Exeter, unpublished MA Dissertation, made available by author.

[70] COMIS L, 2010. Experimental Archaeology: Methodology and new Perspectives in Archaeological Open-Air Museums [J]. EuroREA. Journal for (Re)construction and Experiment in Archaeology, 7: 9-12.

[71] COOMBS P H, PROSSER C, AHMED M, 1973. New Paths to Learning for Rural Children and Youth [M]. New York: International Council for Educational Development.

[72] COOPER D R, SCHINDLER P S, 2003. Business Research Methods [M]. New Delhi: Tata McGraw-Hill Publishing Company Limited, Eighth reprint 2005.

[73] COSTA K A, 2004. Conflating Past and Present: Marketing Archaeological Heritage Sites in Ireland [C]//Rowan Y, Baram U (eds), Marketing Heritage.

Archaeology and the Consumption of the Past. Walnut Creek: AltaMira Press: 69−91.

[74] COUNTRYSIDE COMMISSION, 1978. Interpretation in Visitor Centres: A Study of the Effectiveness of Interpretive Services Provided in Visitor Centres [M]. Cheltenham: Countryside Commission.

[75] CRUMLIN−PEDERSEN O, VINNER M (eds), 1996. Sailing into the Past. Proceedings of the International Seminar on Replicas of Ancient and Medieval Vessels, Roskilde, 1984 [C]. Roskilde: the Viking Ship Museum.

[76] CRUMLIN−PEDERSEN O, 1999. Experimental Ship Archaeology in Denmark [C]//Harding A F (ed.), Experiment and Design. Archaeological Studies in Honour of John Coles. Oxford: Oxbow Books: 139−147.

[77] CZAJKOWSKI J, 1995, Replicas in Polish Open Air Museums and the Fire of Sanok [C]//Baumeier S, Waßmann CH (eds), Konservierte Wirklichkeiten: Erhaltungs− und Aufbaustrategien in europäischen Freilichtmuseen. Detmold: Association of European Open Air Museums: 101−103.

[78] D'ARVOR P P, 2008. Puy du Fou [M]. Paris: Éditions de la Martinière: 96−99.

[79] DANSKE TURIST ATTRAKTIONER, 2007. Kvalitetsmærkeordning for Turistattraktioner [M]. Copenhagen.

[80] DAPPER M, 2004. Tilleda: Mittelalterliche Pfalzanlage [C]//Pomper A, Redies R, Wais A (eds), Archäologie erleben. Ausflüge zu Eiszeitjägern, Römerlagern und Slawenburgen. Stuttgart: Theiss Verlag: 148−149.

[81] Department for Children, Education, Lifelong Learning and Skills, 2008. History in the National Curriculum for Wales, Key stages 2−3 [M]. Cardiff: Welsh Assembly Government: 12.

[82] DER VORSTAND, 2005. Vorwort [C]//Eckstein U (ed.), Von der Altsteinzeit über ‚Ötzi' bis zum Mittelalter. Ausgewählte Beiträge zur Experimentellen Archäologie in Europa von 1990 − 2003. Experimentelle Archäologie in

Europa, Sonderband 1, Oldenburg: EXAR: 7−8.

[83] DEVERMANN H, FANSA M, 1994. Bibliographie zur Experimentellen Archäologie. Archäologische Mitteilungen aus Nordwestdeutschland, Beiheft 7 [C]. Oldenburg: Staatliches Museum für Naturkunde und Vorgeschichte.

[84] DIAMOND J, LUKE J J, UTTAL D H, 2009. Practical Evaluation Guide, Tools for Museums and other Informal Educational Settings [M]. Lanham: Altamira.

[85] DISNEY, EURODISNEY S C A, 2006. Magic in Action. Eurodisney S.C.A. 2005 Annual Review [M]. Paris: Eurodisney S.C.A.

[86] DIXON N T, ANDRIAN B, 1996. Social prehistory on Scottish Lochs [J]. British Archaeology, 7.

[87] DIXON N T, 2004. Underwater Archaeology and Reconstruction of a prehistoric Crannog in Loch Tay, Scotland [C]//Eckstein U (ed.), Experimentelle Archäologie in Europa Bilanz 2004, Oldenburg: Museum für Natur und Mensch: 167−179.

[88] DORAN G T, 1981. There's a S.M.A.R.T. Way to write Management's Goals and Objectives. [J]. Management Review, 70:11, Nov 1981: 35−36.

[89] DRURY P J (editor), 1982. Structural Reconstruction, Approaches to the Interpretation of the excavated Remains of Buildings [M]. Oxford: British Archaeological Reports.

[90] DUISBERG H, 2008. Living History in Freilichtmuseen. Neue Wege der Geschichtsvermittlung [M]. Ehestorf: Förderverein des Freilichtmuseums am Kiekeberg.

[91] EGGERS H J, 1986. Einführung in die Vorgeschichte [M]. Munich: Serie Piper.

[92] EUROPEAN COMMISSION, DIRECTORATE−GENERAL FOR ENTERPRISE − TOURISM UNIT 2003. Using Natural and Cultural Heritage

to develop Sustainable Tourism in Non-traditional Tourism Testinations [M]. Brussels: Luxembourg: Office for Official Publications of the European Communities.

[93] EUROPEAN COUNCIL, 2000. Presidency Conclusions, Lisbon European Council, 23 and 24 March 2000 [C]. Lisbon: European Council.

[94] EXARC [Z]. 2011, Newsletter 13 February 2011.

[95] FABER M, 2008. Living History – Lebendige Geschichte oder Geschichte (er) leben? Möglichkeiten, Methoden und Grenzen am Beispiel des Rheinischen Freilichtmuseum Kommern [C]//Carsensen J, Meiners U, Mohrmann R E (eds), Living History im Museum, Möglichkeiten und Grenzen einer populären Vermittlungsform. Münster: Waxmann: 117-133.

[96] FALK J H, DIERKING L D, 2000. Learning from Museums, Visitor Experiences and the Making of Meaning [M]. Lanham: Altamira Press.

[97] FALK J H, SHEPPARD K, 2006. Thriving in the Knowledge Age, New Business Models for Museums and Other Cultural Institutions [M]. Lanham: Altamira Press.

[98] FLAMMAN J P, 1997. Leerzame Verbrande Ruïnes [J]. Bulletin voor Archeologische Experimenten en Educatie, 2(3): 3-7.

[99] FRÉRE-SAUTOT M C, 2006. Sad News from Archéodrome, [J]. EuroREA. Journal for (Re)construction and Experiment in Archaeology, 3: 69.

[100] FURST L R, 1969. Romanticism in Perspective [M]. Basingstoke: Macmillan.

[101] GANCARSKI J, 2009. The Carpathian Troy: Open-Air Museum, Trzcinica, Gmina District of Jaslo, Site 1, Trzcinica – Karpacka Troja [M]. Krosno: Muzeum Podkarpackie w Krosnie: 285-312.

[102] GEUKEMA R, NOTENBOOM A, GOUDRIAAN,R, POSTMA P, 2011. Stimulering van Museumbezoek door kinderen, resultaten en verantwoording

van de experimenten [M]. Den Haag: PPMC.

[103] GODAL J B, 2000. Handlingsboren Kunnskap [M]. SPOR – nyt fra fortiden, 2000: 1, 27–30.

[104] GOLDMANN K, 2001. Phantom oder Wahrheit? Archäologische Freilichtmuseen und Experimentelle Archäologie [C]//Paβlick M (ed.), Experimentelle Archäologie, Bilanz 2000, Archäologische Mitteilungen aus Nordwestdeutschland, Beiheft 37. Oldenburg: Isensee Verlag: 177–180.

[105] GÓMEZ RYAN L, 2002. Museum Accreditation: a Higher Standard [C]// Manneby H, Prasch H, Hofmann R (eds), Guidelines to Improve Museum Quality and Standards. Bayreuth: International Committee for Regional Museums: 30–41.

[106] GOODACRE B, BALDWIN G, 2002. Living the Past: Reconstruction, Recreation, Re–enactment and Education at Museums and Historical Sites [M]. London: Middlesex University Press.

[107] GROEBNER V, 2008. Das Mittelälter hört nicht auf, über historisches Erzählen [M]. Munich: Verlag Beck.

[108] GROSSMAN A, PIOTROWSKI P, 2011. Archaeology by experiment and education – the case of Archaeological Museum in Biskupin, Poland [C]// Both F (ed), Experimentelle Archäologie in Europa, Bilanz 2011. Oldenburg: Isensee Verlag: 62–73.

[109] HAMMER O M, 2009. Markedsplan 2009 [Z]. Borg: Lofotr Vikingmuseum. Unpublished report, made available by author.

[110] HANSEN H O, 1964. I built a Stone Age House [M]. New York: The John Day Company.

[111] HANSEN H O, 1986. The Usefulness of a Permanent Experimental Centre? [C]//Crumlin–Pedersen O, Vinner M (eds), Sailing into the past. Roskilde: The Viking Ship Museum: 18–25.

[112] HANSEN H O, 2010. Review: The Danish Historical Workshops – Seminar on Present and Future Challenges, Vingsted, DK, 29−30 October, 2009 [J]. EuroREA. Journal for (Re)construction and Experiment in Archaeology, 7: 36.

[113] HARDT N, THYGESEN A, 2000. År og Dage i Hjemsted. Landsbyliv i jernalderen [M]. Haderslev: Hjemsted Oldtidspark.

[114] HART J, MERRIT E E, 2005. Accreditation Resource Kit [M]. Washington DC: American Association of Museums.

[115] HEDEAGER L, KRISTIANSEN K, 1985. Copenhagen: Politikens Forlag. Arkæologi Leksikon [M]. Politiken.

[116] HEIN G, 1998. Learning in the museum[M]. Abingdon: Routledge.

[117] HEIN W, 2000. Erfahrungen aus der‚freien' museumspädagogischen Praxis [C]//Wiese E, Steinert M, Paβlick M (eds), Experimentelle Archäologie und Museumspädagogik, Archäologische Mitteilungen aus Nordwestdeutschland, Beiheft 29. Oldenburg: Staatliches Museum für Naturkunde und Vorgeschichte: 61−66.

[118] HERITAGE LOTTERY FUND 2010. Heritage and the UK Tourism Economy [M]. London: Heritage Lottery Fund & Visit Britain.

[119] HESTER T R, HEIZER R F, 1973. Bibliography of Archaeology I: experiments, lithic technology, and petrography [J]. An Addison−Wesley Module in Anthropology. Reading.

[120] HINKEL F W, 1978. Einrichtung eines Freilichtmuseums in der Pfalz Tilleda [J].Archäologische Denkmale und Umweltgestaltung, 9: 203−209.

[121] HODGSON P, 1993. Tour Operator Brochure Design Research Revisited [J]. Journal of Travel Research, 32: 1, 50−52.

[122] HOLTORF C, 2005. From Stonehenge to Las Vegas. Archaeology as Popular Culture [M]. Walnut Creek: AltaMira Press.

[123] HOOPER−GREENHILL E, 1995. A Museum Educator's Perspective [C]//

Chadwick A F, Stannett A (eds), Museums and the Education of Adults. Leicester: the National Institute of Adult Continuing Education: 49−64.

[124] HORREÜS de HAAS H, HUISINGH E, JANSEN I, SYPKENS SMIT M, 1999. Haze−sporen, Leven en Werk van Roelof Horreüs de Haas [M]. Zwolle: Erven Horreüs de Haas.

[125] HOWARD P, 2002. The Eco−museum: innovation that risks the future [J]. International Journal of Heritage Studies, 8: 1, 63−72.

[126] HÜLLE W, 1936. Nordischer wissenschaftlicher Kongress 'Haus und Hof' [J]. Lübeck, 2.05. Juli 1936, Germanenerbe 1936: 89−92.

[127] IJZEREEF G, 1999. Archeon: Archaeology Reconstructed in the Netherlands [C]//Francovich R, Zifferero A (eds), Musei e Parchi archeologici. IX Ciclo di Lezioni sulla Ricerca applicata in Archeologia, Certosa di Pontignano (Sienna) 15−21 dicembre 1997. Florence: Edizioni All'Insegna Del Giglio:471−481.

[128] IPSEN J, FUTTRUP J , CLEMENT B, 1995. Historiske Værksteder i Danmark, oversigt 1995 [M]. Vejle: Grafisk Service.

[129] IZQUIERDO P T, JUAN−TRESSERAS J, MATAMALA MELLIN J C, 2005. Heritage Interpretation Centres [M]. The Hicira Handbook, Barcelona: Diputacio Barcelona.

[130] JANES R R, 2009. Museums in a Troubled World. Renewal, Irrelevance or Collapse? [M].London: Routledge.

[131] JEFFS T, SMITH M K, 1996. Informal Education. Conversation, Democracy and Learning [M]. Ticknall: Education Now.

[132] JEPSEN A, 2011. Varus and the Lost Legions in Sagnlandet Lejre [J]. EXARC Journal Digest: 16−19.

[133] JEREM E, POROSZLAI I, 1999. Archaeology of the Bronze and Iron Age − experimental archaeology, environmental archaeology, archaeological parks,

proceedings of the international conference (Százhalombatta, 3–7 October 1996) [C]. Budapest: Archeolingua.

[134] JOHANSEN G A, 2009. LiveARCH Workshop: Strategic Communication & Marketing. March 3–7, 2008 [C]//Schöbel G (ed.), LiveARCH Workshop Report. Markdorf: LiveARCH Project: 34–46.

[135] JOHNS N, LEE–ROSS D, 1996. Profile Accumulation: a Quality Assessment Technique for Hospitality SMEs [C]//Armistead C G, Teare R (eds), Services Management: New Directions and Perspectives. London: Cassell: 101–104.

[136] JOHNS N, TYAS P, 1997. Customer Perceptions of Service Operations: Gestalt, Incident or Mythology? [J]. Service Industries Journal, 17: 3, 474–488.

[137] JOHNS N, 2004. Quality [C]//Leask A, Yeoman I (eds), Heritage Visitor Attractions. An Operations Management Perspective. London: Thomson Learning: 127–143.

[138] JOHNSTON D E, 1988. Past, Present and Future [J].Bulletin of Experimental Archaeology, 9: 1–2.

[139] JOKILEHTO J, 1995. Authenticity: A General Framework for the Concept [C]//Larsen K E (ed.), Nara Conference on Authenticity in Relation to the World Heritage Convention. Nara, Japan, 1–6 November 1994. Paris: UNESCO World Heritage Centre. Agency for Cultural Affairs: 17–34.

[140] JONES D, 1995. The Adult Learner [C]//Zetterberg H L (ed.), Museums and the Education of Adults. Leicester: the National Institute of Adult Continuing Education: 65–72.

[141] JÖNS H, 2004. Das Archäologische Freilichtmuseum Groβ Raden. Ein Führer durch das Freigelände [M]. Schwerin: Archäologisches Landesmuseum Mecklenburg–Vorpommern.

[142] KAGEL N, 2008. Geschichte leben und erleben. Von der Interpretation

historischer Alltagskultur in deutschen Freilichtmuseen [C]//Duisberg H (ed.),
Living History in Freilichtmuseen. Neue Wege der Geschichtsvermittlung.
Ehestorf: Förderverein des Freilichtmuseums am Kiekeberg: 9−22.

[143] KAGEL N, 2011. Gelebte Geschichte ' im Freilichtmuseum am Kiekeberg−
Ein didaktisches Konzept zwischen Vermittlung und Experiment [J].
Archäologisches Nachrichtenblatt, 16: 3, 263−275.

[144] KAHL H, WALLENGREN G, MAINZ S, 1995. En Vikingemarkedsplads.
Ideer til Historiske Værkstedsaktiviteter, Tværfaglige Emner og Temadage [M].
Copenhagen: Skoletjenesten.

[145] KEEFER E, 2006. Zeitsprung in die Urgeschichte. Von wissenschaftlichen
Versuch und lebendiger Vermittlung [C]//Keefer E (ed.), Lebendige
Vergangenheit. Vom archäologischen Experiment zur Zeitreise. Stuttgart:
Theiss Verlag: 8−36.

[146] KEILING H, 1989. Archäologisches Freilichtmuseum Gross Raden [M].
Museumskatalog 7. Schwerin: Museum für Ur− und Frühgeschichte.

[147] KELLER P, BIEGER T, 2010. Managing Change in Tourism, creating
Opportunities − Overcoming Obstacles [M]. Berlin: Erich Schmidt Verlag.

[148] KELM R, KOBBE F, 2007. Landschaftsmusealisierung als Großraumexperiment−
Erfahrungen und Probleme im AÖZA [J]. Experimentelle Archäologie in Europa
Bilanz 2007: 37−51.

[149] KELM R, 2011. Der Steinzeitpark Albersdorf − von der Inspiration
durch fremde Kulturen zur Bildung für nachhaltige Entwicklung [J].
Archäologisches Nachrichtenblatt, 16: 3, 276−288.

[150] KELTERBORN P, 2005. Principles of Experimental Research in Archaeology
[J]. EuroREA, Journal for (Re)construction and Experiment in Archaeology −
European Platform, 2: 120−122.

[151] KEMPERMAN A D A M, 2000. Temporal Aspects of Theme Park Choice

Behavior, Dissertation (PhD) [D]. Eindhoven: Technische Universiteit Eindhoven: 14.

[152] KIMMEL D, SCHWARZMANN E, 2006. Edutainment Establishments: Questionnaire 1 [Z]. Vienna: Institut für Theater-, Film- und Medienwissenschaft, Universität Wien (unpublished, mada available by authors).

[153] KIMMEL D, SCHWARZMANN E, 2006. Additional Questions on Establishments with Buildings or Reconstructions [Z]. Vienna: Institut für Theater-, Film- und Medienwissenschaft, Universität Wien (unpublished, made available by authors).

[154] KINSKY M, SCHÖBEL G, 2005. Lernort Pfahlbauten, Handreichung für Lehrer mit Erläuterung der Grundlagen für das Projekt,Leben in der Steinzeit [J]. Schriftenreihe des Pfahlbaumuseums Unteruhldingen Band 2, Unteruhldingen: Pfahlbaumuseum.

[155] KLEIN E, 1920. Stenåldersliv [M]. Stockholm: Svenska Teknologföreningens Förlag.

[156] KÖCK C H, 1995.Introduction – Original, Replica, Authenticity – a Discussion on Structural Principles in Open Air Museums [C]//Baumeier S, Waßmann CH (eds), Konservierte Wirklichkeiten: Erhaltungs- und Aufbaustrategien in europäischen Freilichtmuseen. Detmold: Association of European Open Air Museums: 17-21.

[157] KOMBER J, 2007. On the Reconstruction of Aisled Prehistoric Houses from an Engineering Point of View (Contribution to the ESF Workshop on the Reconstruction of Wooden Buildings from the Prehistoric and Early Historic Period in Århus, Denmark in 1987) [J]. EuroREA, Journal for (Re) construction and Experiment in Archaeology, 4: 55-60.

[158] KOMPPULA R, HAKULINEN S, SARANIEMI S, 2010. The Life Cycle

of a Specific Tourist Product – Christmas in Lapland [C]//Keller P, Bieger T (eds), Managing Change in Tourism, Creating Opportunities – Overcoming Obstacles. Berlin: Erich Schmidt Verlag: 87−100.

[159] KOONZ C, 2003. The Nazi Conscience [M]. Cambridge, Massachusets: The Belknap Press of Harvard University Press.

[160] KROGH LOSER F, 1996. Treffpunkt Museum. Museumspädagogik mit Erwachsenen in der Schweiz [M]. Bern: Peter Lang.

[161] LAUERMANN E, 2006. Das Museum für Urgeschichte des Landes Niederösterreich in Asparn an der Zaya [C]//Zintl S, Bauer M, May A (eds), Bajuwarenhof Kirchheim – Projekt für lebendige Archäologie des frühen Mittelalters, Jahresschrift 2005. München: Bajuwarenhof Kirchheim e.V.: 133−136.

[162] LEGGET J, 2002. Exploring Museum Standards Issues: an Experience from Aotearoa New Zealand [C]//Manneby H, Prasch H, Hofmann R (eds), Guidelines to Improve Museum Quality and Standards. Bayreuth: International Committee for Regional Museums: 62−72.

[163] LEHMANN L T, 1982. A Trireme's Tragedy [J]. International Journal of Nautical Archaeology 11: 2, 145−151.

[164] LEIMGRUBER P, JOHN H, 2011. Museumsshop−Management: Einnahmen, Marketing und kulturelle Vermittlung wirkungsvoll steuern, Ein Praxis−Guide [J]. Bielefeld: Transcript Verlag.

[165] LESTRADEN M, 2002. Quality and Self−Confidence [C]//Manneby H, Prasch H, Hofmann R (eds), Guidelines to Improve Museum Quality and Standards [M]. Bayreuth: International Committee for Regional Museums: 10−17.

[166] LEYSER K, 1981. Ottonian Government [J]. The English Historical Review, 96.381/October: 721−753.

[167] LOCKWOOD A, 1994. Using Service Incidents to Identify Quality Improvement Points [J]. International Journal of Contemporary Hospitality Management, 6:1/2: 75–80.

[168] LOHR O, 1999. Do Museum Standards improve the Quality of Museums? Museum Accreditation, a Quality Proof for Museums [C]//Manneby H, Hadjinicolaou T, Hofmann R (eds), Proceedings of the Annual Conference of the International Committee for Regional Museums Athens 1999. Bayreuth: ICR & ICOM Greece: 62–66.

[169] LOPÉZ MENCHERO BENDICHO V M, 2011. La Presentación e Interpretación del Patrimonio Arqueológico in Situ. Los Yacimientos Arqueológicos Visitables en España. Tesis Docotral. [D]. Ciudad Real: Universidad de Castilla–La Mancha, Facultad de Letras, Departamento de Historia.

[170] LUCKE A, 2004. Erlebte Geschichte als kulturtouristischer Wirtschaftsfaktor [J]. Das Archäologische Zentrum Hitzacker, Die Kunde N F, 55: 137–153.

[171] LUND J, 1988. Rekonstruerade Forntidshus i Danmark [J]. Forntida Teknik 1/88, Forntida Hus – rekonstruktioner från stenålder till vikingatid: 45–53.

[172] MAIER H, 1936a. Barbarenlüge im Lesebuch, Germanen–Erbe [J]. Monatsschrift für Deutsche Vorgeschichte, 1: 156–157.

[173] MAIER H, 1936. Das erste germanische Freilichtmuseum im Teutoburger Wald [J]. Nationalsozialistische Monatsheft 7: 651–653.

[174] MALINA J, 1983. Archaeology and Experiment [J]. Norwegian Archaeological Review, 16: 2, 69–85.

[175] MALINOWSKA–SYPEK A, SYPEK R, SUKNIEWICZ D, 2010. Przewodnik Archeologiczny po Polsce [M]. Warszawa: Daunpol Sp. Z.o.o.

[176] MANNEBY H, PRASCH H, HOFMANN R(eds), 2002. Guidelines to Improve Museum Quality and Standards: Proceedings of an ICR Project

1999−2000 [C]. Bayreuth: International Committee for Regional Museums (ICR).

[177] MANNEBY Hans, 2002. Museum Management [C]//Manneby H, Prasch H, Hofmann R (eds), Guidelines to Improve Museum Quality and Standards. Bayreuth: International Committee for Regional Museums: 74−81.

[178] MASON T WEEKS J, 2002. From Australia to Zanzibar, Museum Standards Schemes Overseas. A council for museums, archives and libraries [M]. London: Resource.

[179] MASREIRA I ESQUERRA C, 2007. Presenting Archaeological Heritage to the Public: Ruins versus Reconstructions [J]. EuroREA, (Re)construction and Experiment in Archaeology: 4:41−46.

[180] MATHIEU J R, 2002. Introduction−Experimental Archaeology: Replicating Past Objects, Behaviors, and Processes [C]//Mathieu J R, Experimental archaeology, replicating past objects, behaviors and processes. Oxford: BAR International Series: 1−11.

[181] McKERCHER B, du CROS H, 2002. Cultural tourism. The Partnership between Tourism and Cultural Heritage Management [M]. New York: The Haworth Hospitality Press.

[182] MEINERS U, 2008. Verlebendigungsstrategien im Freilichtmuseum. Gedanken über Chancen und Probleme populärer Vermittlungsversuche [C]// Carsensen J, Meiners U, Mohrmann R E (eds), Living History im Museum, Möglichkeiten und Grenzen einer populären Vermittlungsform. Münster: Waxmann: 161−174.

[183] MERRIMAN N(editor), 2004. Public Archaeology [M]. London: Routledge.

[184] METRO, 2010. Fransmän Vikingaturistar i Sverige [Z]. 22/7/2010.

[185] MIL P van, 1988. Levende Geschiedenis. Het Succes van Living History in Amerika [J]. Museumvisie, 12:4, 149−152.

[186] MIRTSCHIN A, 1940. Deutsche Vorgeschichte im Heimatmuseum [J].
Germanen−Erbe, Monatsschrift für Deutsche Vorgeschichte, 5: 86−89.

[187] MÜLLER, Karola, 2005. Vom ‚Germanengehöft‘ zur Vorgeschichtswerkstatt.
Untersuchungen zur Struktur und Konzepten archäologischer Freilichtanlagen
anhand ausgewählter Fallbeispiele [D]. Magisterarbeit, Bonn.

[188] MÜLLER M, SCHALLES H J, 2004. Xanten: Römerpark. Roms Abbild in
der Fremde [C]//Pomper A, Redies R, Wais A (eds), Archäologie erleben.
Ausflüge zu Eiszeitjägern, Römerlagern und Slawenburgen. Stuttgart: Theiss
Verlag: 166−171.

[189] MYTUM H C, 2000. Archaeology and History for Welsh Primary Classes [J].
Antiquity, 74: 283, 165−171.

[190] MYTUM H C, 2004. Reconstruction Policy and Purpose at Castell
Henllys Iron Age Fort [C]//Jameson jr J J (ed.), The Reconstructed past.
Reconstruction in the Public Interpretation of Archaeology and History.
Walnut Creek: AltaMira Press: 91−102.

[191] NOORT H van, 1998. Vele Wegen leiden naar Rome. 'Levende
Geschiedenis', van Presentatie− naar Participatiemethode [J]. Bulletin voor
Archeologische Experimenten en Educatie (BAEE), 3: 3, 7−17.

[192] NØRBACH L C (editor), 1997. Early Iron Production − Archaeology,
Technology and Experiments [M]. Lejre: Historical−Archaeological
Experimental centre.

[193] NORTMAN H, 1987. Die Rekonstruktionen auf der Altburg bei Bundenbach
[J]. Mitteilungen des Vereins für Heimatkunde Landkreis Birkenfeld und
Heimatfreunde Oberstein, 61: 7−22.

[194] OHNEMUS M, 2009. Vom Fischerdorf zur Freizeitdestination. 30 Jahre
Europa−Park und seine Auswirkungen auf Rust und die Region [C].
Saarbrücken: VDM.

[195] OLMERT M, COFFMAN S E, ARON P, 1998. Official Guide to Colonial Williamsburg, third Edition [M]. Williamsburg, VA: Colonial Williamsburg Foundation.

[196] OPASCHOWSKI H W, 2000. Kathedralen des 21. Jahrhunderts, Erlebniswelten im Zeitalter der Eventkultur [M]. Hamburg: B.A.T. Freizeit-Forschungsinstitut GmbH.

[197] OUTRAM A K, 2005. How to publish Experimental Archaeology? [J]. EuroREA. Journal for (Re)construction and Experiment in Archaeology, 2: 107-109.

[198] PAARDEKOOPER R P, 2006. Sensing History, Interview with Hans-Ole Hansen (DK) [J]. EuroREA. Journal for (Re)construction and Experiment in Archaeology, 3: 91-95.

[199] PAARDEKOOPER R P, 2008. Results of the EXARC questionnaire 2001-2006. Internal publication. [M]. Eindhoven: EXARC.

[200] PAARDEKOOPER R P, 2010. Archaeological Open-Air Museums as Time Travel Centres [C]//Ödman A (ed.), Lunds Archaeological Review. Lund: Department of Archaeology and Ancient History, University of Lund, 2009-2010: 61-69.

[201] PAARDEKOOPER R P, 2010. There is Live after ARCH. The History and Future of an EU Project. [J]. EuroREA. Journal for (Re)construction and Experiment in Archaeology, 7: 30-32.

[202] PAARDEKOOPER R P, 2011. Lebenslanges Lernen in archäologischen Museen, was hilft die EU? [Z].Unpublished lecture for Museumsverein Sachsen-Anhalt, from own archives.

[203] PAARDEKOOPER R P, 2012. Archaeological Open-Air Museums in the Netherlands, a bit of history [J]. EXARC Journal Digest: 8-11.

[204] PAGE M, 2011. Butser Ancient Farm [J]. EXARC Journal Digest: 23-25.

[205] PEARCE P L, 1988. The Ulysses Factor: Evaluating Visitors in Tourist Settings [M]. New York: Springer Verlag: 60.

[206] PEARCE P L, 2006. Tourist behaviour. Themes and Conceptual Schemes [M]. New Delhi: Viva Books Private Limited.

[207] PELILLO A, PAARDEKOOPER R P, PULINI I, ZANASI C, CARUSO G, 2009. Guide to the Archaeological Open-Air Museums in Europe [M]. Modena: LiveARCH, Museo Civico Archeologico Etnologico di Modena.

[208] PETER L, 2010. Creating products for tourism – the example of Lofotr Viking Museum [J]. EuroREA. Journal for (Re)construction and Experiment in Archaeology: 27–29.

[209] PETERSSON B, 1999. Re-creating the Past. On the Quality of Archaeological Reconstruction on Gotland [J]. Current Swedish Archaeology, 7: 131–148.

[210] PETERSSON B, 2003. Föreställningar om det Förflutna, Arkeologi och Rekonstruktion, Thesis (PhD) [D]. Lund: University of Lund.

[211] PETERSSON B, 2010. Travels to identity: Viking rune carvers of today [C]// Ödman A (ed.), Lund Archaeological review 2009–2010, Lund: Department of Archeology and Ancient History, University of Lund: 71–86.

[212] PÉTREQUIN P, 1991. Construire une Maison 3 000 Ans avant J.-C [M]. Paris: Editions Errance.

[213] PÉTREQUIN P, 1999. Lake Dwellings: Archaeological Interpretation and social Perception, a Case Study from France [C]//Stone P G, Planel P G (eds), The Constructed Past, Experimental Archaeology, Education and the Public. London: Routledge: 217–228.

[214] PIOTROWSKI W, 1997. Archäologisches Fest Biskupin ,95 [C]//Fansa M (ed.), Experimentelle Archäologie, Bilanz 1996, Archäologische Mitteilungen aus Nordwestdeutschland, Beiheft 18. Oldenburg: Isensee Verlag: 117–129.

[215] PLANCK D, 1991. Restaurierungen und Rekonstruktionen: Pro und Contra. Bilanz des Kolloquiums [C]//Verband der Landesarchäologen in der Bundesrepublik Deutschland (ed.), Sinn und Unsinn archäologischer Restaurierungen und Rekonstruktionen, Kolloquium im Rahmen der Jahrestagung 1990 Traunstein 17.−20. 9. 1990. Stuttgart: Gesellschaft für Vor− und Frühgeschichte in Württemberg und Hohenzollern: 62−63.

[216] PLEINEROVÁ I, 1986. Archaeological Experiments at Brezno: building Slavic Houses and living in Them [J]. Archaeology in Bohemia, Prague: 289−300.

[217] POMPER A, REDIES R, WAIS A (eds), 2004. Archäologie erleben. Ausflüge zu Eiszeitjägern, Römerlagern und Slawenburgen [M]. Stuttgart: Konrad Theiss Verlag.

[218] POROSZLAI I, 1997. Ein archäologischer Park in Százhalombatta/Ungarn [J]. Das Altertum: 59−68.

[219] PRASCH H, 2002. Visitor Service [C]//Manneby H, Prasch H, Hofmann R (eds), Guidelines to Improve Museum Quality and Standards. Bayreuth: International Committee for Regional Museums: 100−106, 119−121.

[220] PREST J, 2006. The Invention of the Park: Recreational Landscapes from the Garden of Eden to Disney's Magic Kingdom [J]. The English Historical Review, Volume 121: 491, 651−652.

[221] PRINSEN D, 2009. Jaarverslag 2008 Historisch OpenluchtMuseum Eindhoven [Z]. Eindhoven.

[222] PRINSEN D, 2010. Jaarverslag 2009 Historisch OpenluchtMuseum Eindhoven [Z]. Eindhoven.

[223] RASMUSSEN M, GRØNNOW B, 1999. The Historical−Archaeological Experimental Centre at Lejre, Denmark: 30 years of Experimenting with the Past [C]//Stone P G, Planel P G (eds), The Constructed Past, Experimental

Archaeology, Education and the Public. London: Routledge: 136−144.

[224] RASMUSSEN M, HANSEN U L, NÄSMAN U, (eds) 1995. Glass Beads. Cultural History, Technology, Experiment and Analogy [C]. Lejre: Historical−Archaeological Experimental Centre.

[225] RASMUSSEN, Marianne (editor), 2007. Iron Age Houses in Flames. Testing House Reconstructions at Lejre [C]. Lejre: Lejre Experimental Center.

[226] REINERTH H, 1936. Das Federseemoor als Siedlungsland des Vorzeitmenschen [M]. Schussenried: Rudolf Abt.

[227] REINERTH H, 1973. 50 Jahre Pfahlbauten im Freilichtmuseum deutscher Vorzeit am Bodensee [M]. Überlingen a. Bodensee: Verlag Aug. Feyel.

[228] RENTZHOG S, 2007. Open Air Museums. The History and Future of a Visionary Idea [M]. Kristianstad: Jamtli Förlag & Carlssons Bokförlag.

[229] REUSSNER E M, 2010. Publikumsforschung für Museen. Internationale Erfolgsbeispiele [M]. Bielefeld: Transcript Verlag.

[230] REYNOLD P J, 1975. Butser Ancient Farm: Research Project [M]. Hampshire: Havant.

[231] REYNOLDS P J, 1976. Farming in the Iron Age [M]. Cambridge: Cambridge University Press.

[232] REYNOLDS P J, 1999. Butser Ancient Farm, Hampshire, UK [C]//Stone P G, Planel P G (eds), The Constructed Past, Experimental Archaeology. Education and the Public. London: Routledge: 124−135.

[233] REYNOLDS P J, 1999. The Nature of Experiment in Archaeology [C]// Harding A F (ed.), Experiment and Design. Archaeological Studies in Honour of John Coles. Oxford: Oxbow books: 156−162.

[234] REYNOLDS P J, 2006. The Scientific Basis for the Reconstruction of Prehistoric and Protohistoric Houses (Contribution to the ESF Workshop on the Reconstruction of Wooden Buildings from the Prehistoric and Early

Historic Period in Århus, Denmark in 1987) [J]. EuroREA. Journal for (Re) construction and Experiment in Archaeology, 3: 58−68.

[235] RIASANOVSKY N V, 1992. The Emergence of Romanticism [M]. New York: Oxford University Press.

[236] RICHARDS G , WILSON J, 2006. Developing Creativity in Tourist Experiences: a Solution to the Serial Reproduction of Culture? [J]. Tourism Management, 27: 1209−1223.

[237] RICHARDS G, 1993. Cultural Tourism in Europe. Progress In Tourism [J]. Recreation And Hospitality Management, 5: 99−115.

[238] RICHARDS G, 1996. Cultural Tourism in Europe [M]. Wallingford: CABI, reprinted in 2005.

[239] RIIS SVENDSEN A. 2010. Learning through experience [J]. EuroREA. Journal for (Re)construction and Experiment in Archaeology: 51−54.

[240] RIJKSMUSEUM VAN OUDHEDEN, 2006. Jaarverslag 2005 [M]. Leiden: RMO.

[241] ROSBORN S G, 2004. Den skånska historien. Vikingarna [M]. Höllviken: Fotevikens Museum.

[242] ROSBORN S G, 2005. Fotevikens museum. Platsen där drömmar blir till verklighet [M]. Höllviken: Fotevikens Museum.

[243] ROSENBERG A. 1930. Der Mythos des 20. Jahrhunderts − Eine Wertung der seelisch − geistigen Gestaltungskämpfe unserer Zeit [M]. Munich: Hoheneichen Verlag.

[244] ROUSSEAU J J, 2007. The Complete Confessions of J. J, Rousseau [C]. Cirencester: The Echo Library.

[245] RUNYARD S, FRENCH Y, 1999. Marketing & Public Relations Handbook for Museums, Galleries & Heritage Attractions [M]. London: The Stationary Office.

[246] SAGNLANDET LEJRE 2011, Årsrapport 2010 [M]. Lejre: Sagnlandet.

[247] SANDNES R, 2009. Report for my Work with LiveARCH [Z]. Unpublished Report made available by Author.

[248] SCHALLMAYER E, 1997. Inszenierte Geschichtlichkeit, die Saalburg als wilhelminisches Gesamtkunstwerk [C]//Schallmayer E (ed.), Hundert Jahre Saalburg. Vom europäischen Grenzposten zum europäischen Museum, Mainz: Philip von Zabern: 4-21.

[249] SCHLEHE J, UIKE-BORMANN M, 2010. Staging the Past in Cultural Theme Parks: Representations of Self and Other in Asia and Europe [C]// Schlehe J, Uike-Bormann M, Oesterle C, Hochbruck W (eds), Staging the Past. Themed Environments in Transcultural Perspective. Bielefeld: Transcript Verlag: 41-56.

[250] SCHMIDT H, 1993. Wiederaufbau [M]. Stuttgart: Theiss verlag.

[251] SCHMIDT H, 2000. Archäologische Denkmäler in Deutschland. Rekonstruiert und wieder aufgebaut [M]. Stuttgart: Theiss Verlag.

[252] SCHMIDT H, 2007. Standards for Presentation of Field Data (Contribution to the ESF Workshop on the Reconstruction of Wooden Buildings from the Prehistoric and Early Historic Period in Århus, Denmark in 1987) [J]. EuroREA,. Journal for (Re)construction and Experiment in Archaeology, 4: 52-54.

[253] SCHMIDT M, WUNDERLI M, 2008. Museum Experimentell – Experimentelle Archäologie und museale Vermittlung [M]. Schwalbach: Wochenschau Verlag.

[254] SCHMIDT M, 1993. Entwicklung und Status quo der experimentellen Archäologie [J]. Das Altertum, 39: 9-22.

[255] SCHMIDT M, 1994. Are dull Reconstructions more Scientific? [C]// Barrois N, Demarez L (eds), Les Sites de Reconstitutions Archéologiques, Actes

du Colloque d'Aubechies, 2−5 septembre 1993. Aubechies: L'Archéosite D'Aubechies: 27−30.

[256] SCHMIDT M, 1999. Fake! Haus und Umweltrekonstruktionen in archäologischen Freilichtmuseen [C]// Kelm R (ed.), Vom Pfostenloch zum Steinzeithaus. Archäologische Forschung und Rekonstruktion jungsteinzeitlicher Haus− und Siedlungsbefunde im nordwestlichen Mitteleuropa. Heide: Verlag Boyens & Co.,: 169−177.

[257] SCHMIDT M, 1999. Reconstruction as Ideology: the Open Air Museum at Oerlinghausen, Germany [C]// Stone P G, Planel P G (eds), The Constructed Past, Experimental Archaeology, Education and the Public. London, New York: Routledge: 146−156.

[258] SCHMIDT M, 2000. Museumspädagogik ist keine experimentelle Archäologie [C]//Wiese E, Steinert M, Paßlick M (eds), Experimentelle Archäologie und Museumspädagogik, Archäologische Mitteilungen aus Nordwestdeutschland, Beiheft 29. Oldenburg: Staatliches Museum für Naturkunde und Vorgeschichte: 81−88.

[259] SCHMIDT M, 2001. Vom germanisch−cheruskischen Grenzbauernhof der Varuszeit zum Archäologischen Freilichtmuseum Oerlinghausen [J]. Heimatland Lippe, 94:3/März: 44−47.

[260] SCHMIDT M, 2001. Wissenschaft darf auch Spaß machen. Vermittlungskonzepte im AFM Oerlinghausen [C]//Noelke P (ed.), Archäologische Museen und Stätten der römischen Antike − Auf dem Wege vom Schatzhaus zum Erlebnispark und virtuellem Informationszentrum? Referate des 2. Internationalen Colloquiums zur Vermittlungsarbeit in Museen, Köln, 3.−6. Mai 1999. Cologne: Römisch−Germanisches Museum: 151−154.

[261] SCHÖBEL G, WALTER P (eds), 2001. Die Pfahlbauten von Unteruhldingen, Museumsgeschichte Teil 1: 1922 bis 1949 [C]. Unteruhldingen:

Pfahlbaumuseum.

[262] SCHÖBEL G, 2001. Die Pfahlbauten von Unteruhldingen, Die Pfahlbauten von Unteruhldingen, Museumsgeschichte [C]. Unteruhldingen: Pfahlbaumuseum.

[263] SCHÖBEL G, 2004. 150 Jahre Pfahlbauarchäologie am Bodensee und Federsee [C]//Baumeister R, Heumüller M, Leuzinger U, Schlichtherle H, Schöbel G (ed.), Pfahlbauquartett – 4 Museen präsentieren 150 Jahre Pfahlbauarchäologie, Frauenfeld: Archäologisches Landesmuseum Baden-Württemberg, Konstanz. Amt für Archäologie des Kantons Thurgau, Frauenfeld. Pfahlbaumuseum Unteruhldingen, Federseemuseum, Bad Buchau. Landesdenkmalamt Baden-Württemberg, Hemmenhofen: 12–21.

[264] SCHÖBEL G, 2005. Geschichte der Ausstellungskonzepte im Pfahlbaumuseum Unteruhldingen am Bodensee [C]//Della P, Casa Ph, Trachsel M (eds), WES 04 – Wetland Economies and Societies. Proceedings of the international conference in Zürich. 10 – 13 March 2004. Collectio Archeologica. Zürich: Chronos: 283–296.

[265] SCHÖBEL G, 2008: Von Unteruhldingen bis Groß Raden, Konzepte zur Rekonstruktion frühgeschichtlicher Denkmäler im 20. Jahrhundert [C]//anonymous (ed.), Das Denkmal als Fragment – Das Fragment als Denkmal. Denkmale als Attraktionen: Jahrestagung der Vereinigung der Landesdenkmalpfleger (VdL) und des ... 10.–13. Juni 2007 in Esslingen a.N. Stuttgart: Theiss Verlag: 93–118.

[266] SCHÖBEL G, 2011. Entstehung und Situation der archäologischen Freilichtmuseen in Europa – ein Überblick [C]//DASV (ed.), Vermittlung von Vergangenheit: gelebte Geschichte als Dialog von Wissenschaft, Darstellung und Rezeption. Berlin: DASV e.V.: 21–34.

[267] SCHÖBEL G, 2011. Das Hornstaadhaus – ein archäologisches

Langzeitexperiment, Zwissenbericht 2010−2011 [C]//Both F (ed), Experimentelle Archäologie in Europa, Bilanz 2011. Oldenburg: Isensee Verlag: 138−142.

[268] SCHÖBEL G, PAARDEKOOPER R P, JOHANSSON T, SCHMIDT M, BAUMHAUER M, WALTER P, 2002. Archäologische Freilichtmuseen in Europa – Archaeological Open Air Museums in Europe [M]. Unteruhldingen: Pfahlbaumuseum.

[269] SMITH V L (ed), 1979. Hosts and Guests: The Anthropology of Tourism [M]. Philadelphia: University of Pennsylvania.

[270] SOMMER U, 1999. Slavonic Archaeology: Groβ Raden, an Open Air Museum in Unified Germany [C]//Stone P G, Planel P G (eds), The Constructed Past, Experimental Archaeology, Education and the Public. London: Routledge: 157−170.

[271] STAATLICHE MUSEEN ZU BERLIN – PREUSSISCHER KULTURBESITZ, INSTITUT FÜR MUSEUMSFORSCHUNG, 2009. Statistische Gesamterhebung an den Museen der Bundesrepublik Deutschland für das Jahr 2008 [C]. Berlin: Staatliche Museen Zu Berlin: 20.

[272] STAMSO MUNCH G, 2003. Borg in Lofoten: A Chieftain's Farm in North Norway [M]. Trondheim: Tapir Academic Press.

[273] STEINERT M, 2000. Erfahrungen mit der Ausstellung ‚Experimentelle Archäologie in Deutschland [C]//Wiese E, Steinert M, Pa β lick M (eds), Experimentelle Archäologie und Museumspädagogik, Archäologische Mitteilungen aus Nordwestdeutschland, Beiheft 29. Oldenburg: Staatliches Museum für Naturkunde und Vorgeschichte: 11−30.

[274] STICHTING HET NEDERLANDS MUSEUMREGISTER, 2001. Aanmeldingsformulier voor Opname in het Nederlands Museumregister [M]. Amsterdam: Nederlandse Museumvereniging (NMV).

[275] STONE P G, PLANEL, P G (eds), 1999. The Constructed Past. Experimental Archaeology, Education and the Public [M]. Oxford: Routledge.

[276] STRÖBEL R, 1936. Ein germanischer Hof um die Zeitenwende, wiederhergestellt in Oerlinghausen im Teutoburger Wald [J]. Germanenerbe: 50-53.

[277] STURM A, BEYER A, 2008. Die Qualität von living history in Deutschland – eine kritische Standortbestimmung [C]//Duisberg H (ed.), Living History in Freilichtmuseen. Neue Wege der Geschichtsvermittlung. Ehestorf: Förderverein des Freilichtmuseums am Kiekeberg: 151-161.

[278] STURM A, 2011. Quo Vadis Living History? Auf der Suche nach dem richtigen Umgang mit Geschichte als Erlebniswelt [C]//DASV (ed.), Vermittlung von Vergangenheit. Gelebte Geschichte als Dialog von Wissenschaft, Darstellung und Rezeption. Berlin: DASV e.V.: 41-54.

[279] TERROBA VALADEZ J, MORENO JIMENEZ F, SANCHEZ ELENA M, etal, 2011. Experimentación sobre conservación de las materias primas empleadas en las estructuras constructivas del poblado de la Prehistoria Reciente del Centro Algaba [C]//Morgado A, Baena Preysler J, García González D (eds), La Investigación experimental aplicada a la Arqueología. Ronda : Imprenta Galindo, SL: 299-310.

[280] THEUNS C, 2008. Marketingcommunicatieplan HOME 2008 [Z]. Eindhoven: Senz Communicatie. Unpublished Report, made available by HOME.

[281] THOMSEN P O, 2003. Frederik Sehested Oldsagssamling på Broholm – Begyndelsen og en foreløbig Afslutning [J]. Årbog for Svendborg & Omegns Museum 2003: 73-84.

[282] TICHÝ R, TIKOVSKÝ O, 2003. Experimental Archaeology in Czechia at the Turn of the Millennium [C]//Fansa M (ed.), Experimentelle Archäologie

in Europa Bilanz 2002. Oldenburg: EXAR: 199−205.

[283] TICHÝ R, DRNOVSKÝ V, DOHNÁLKOVÁ H, SLEZÁK M, 2009. Archeopark pravěku ve Všestarech: základní teze. [J]. Živá Archeologie, (Re) konstrukce a experiment v archeologii, 10: 83−89.

[284] TILDEN F, 1957. Interpreting our Heritage [M]. Chapel Hill: The University of North Carolina Press.

[285] UNDERWOOD S, 2002. In or Out: Museum Accreditation [C]//Manneby H, Prasch H, Hofmann R (eds), Guidelines to Improve Museum Quality and Standards. Bayreuth: International Committee for Regional Museums: 18−29.

[286] VAESSEN J, 1995, Authenticity as Reconstruction, the Limits of the Museum Concept [C]//Baumeier S, Wassmann CH (eds), Konservierte Wirklichkeiten: Erhaltungs−und Aufbaustrategien in europäischen Freilichtmuseen. Detmold: Association of European Open Air Museums: 153−156.

[287] VALBURG B van, 2004. Jaarverslag 2003 Historisch Openluchtmuseum Eindhoven (unpublished year report, made available by Author) [Z]. Eindhoven: HOME.

[288] VALBURG B van, 2005. Jaarverslag 2004 Historisch Openluchtmuseum Eindhoven (unpublished year report, made available by Author) [Z]. Eindhoven: HOME.

[289] VALBURG B van, 2006. Jaarverslag 2005 Historisch Openluchtmuseum Eindhoven (unpublished year report, made available by author) [Z]. Eindhoven: HOME.

[290] VALBURG B van, 2007. Jaarverslag 2006 Historisch Openluchtmuseum Eindhoven (unpublished year report, made available by Author) [Z]. Eindhoven: HOME.

[291] VANNINI M C. SCANDOLARI R, 2010. The Museum of Ledro: an Incubator for Cultural, Economical and Ecological Development [J].

EuroREA. Journal for (Re)construction and Experiment in Archaeology, 7: 39−40.

[292] VILKA A, 2000. Āraišu ezerpils rekonstrukcija: kultūras resursa vērtība un dažas arheoloģiskās interpretācijas iespējas [C]//Caune A (ed.) Arheologs Dr. Hist., Dr. h.c. Jānis Apals: Bibliogrāfija, darbabiedru veltījumi 70 gadu jubilejā. Rīga: Latvijas Vēstures Institūta Apgāds: 114−125.

[293] VLIET J van der, PAARDEKOOPER R P (eds), 2005. Leren op een Educatief Erf, Studiedag 23 juni 2001 [C]. Amsterdam: SNA.

[294] VOSS R, 1993. Realitätsverlust in der Darstellung archäologischer Erkenntnisse im Freilichtmuseum (Fallbeispiel Groß Raden, West− Mecklenburg) [C]//Wolfram S, Sommer U (eds), Macht der Vergangenheit− wer macht Vergangenheit, Archäologie und Politik, Beiträge zur Ur− und Frühgeschichte Mitteleuropas 3. Wilkau−Hasslau: Beier & Beran: 45−52.

[295] WEIL S E, 2002. The Museum as Workplace [C]//Weil S E, Making Museums Matter. Washington DC: the Smithsonian Institution: 93−158.

[296] WICKS B E, SCHUETT M A, 1991. Examining the Role of Tourism Promotion through the Use of Brochures [J]. Tourism Management, December: 301−312.

[297] WINDL H, 2001. Die Anfänge der Experimentellen Archäologie in Österreich [J]. Archäologie Österreichs, 12−2001: 4−6.

[298] WISTOFT B, 2006. Being Second Best: a Starry Story [J]. IATM Newsletter, 30: September: 4−5.

[299] WOOD M, 2003. In Search of Shakespeare [M]. London: BBC Books.

[300] WORLD TOURISM ORGANIZATION, 1989. The Hague Declaration [M]. Madrid: WTO.

[301] YOUNG L, 2006. Villages that never were. The Museum Village as a Heritage Genre [J]. International Journal of Heritage Studies, 12(4): 321−338.

[302] Zajączkowski W, 2006. Biskupin the Archaeological Reservation [M]. Wrocław: Wydawnictwo ZET.

[303] ZIPSANE H, 2006. Lifelong Learning in Open Air Museums – a fascinating Part to play in Europe [Z]. Paper prepared for the 22nd Conference of the European Association of Open Air Museums August 2005 in Finland, Åbo.

[304] ŽMUC I, 2002. Communication/Education [C]//Manneby H, Prasch H, Hofmann R (eds), Guidelines to Improve Museum Quality and Standards. Bayreuth: International Committee for Regional Museums: 95−99.

附录1　术语

本项研究中经常使用的名词术语在此进行介绍。尽管其中许多术语经常使用，但其定义取决于作者、作者的背景和其母语。问题是，这些词语在不同的语言中有着不同的含义，正如前面明确指出的，所有参考文献只有大约50%是英语，其中大部分是由母语非英语人士写的。例如，英语中的 Interpretation 与德语中的 Interpretation 就有很大的不同，这就会导致理解上的偏差。

福特维肯斯博物馆在 LiveARCH 项目中的工作提供了很大帮助，福特维肯斯博物馆对术语及其在本项研究的八家博物馆如何理解术语进行了概述，理清了欧洲不同语言之间存在的许多概念的混淆（Buttler Jakobsen unpublished）。

考古露天博物馆

"考古露天博物馆是一个非营利的永久性机构，主要基于考古资料进行户外真实规模的建筑重构。它以收藏非物质文化遗产资源为主，并解读人们在过去的生活和行为方式；这是根据合理的科学方式实现的，目的是促进教育、研究和供游客欣赏。"

博物馆遵循了国际博物馆协会的额外要求（Lohr，1999），即考古露天博物馆必须定期开放，并由专业人员管理。

考古教育中心

考古教育中心是一个非营利性的永久性机构，主要根据考古学资料进行户外建筑的重构。考古教育中心以收藏非物质遗产资源为主，解释过去人们的生活和行为方式；考古教育中心根据合理的科学方法开展教育活动。

考古遗址博物馆

考古遗址是指发生过人类活动的地方，人类活动留下的遗迹或痕迹可以通过考古方法记录下来。考古遗址博物馆是专门展示特定考古遗址或其更广泛故事的博物馆。遗址博物馆将其所涉及的考古遗址收藏在自己的所属范围内，因此位置固定。

实验考古学

"实验考古学是考古学研究的一个分支领域，在可控模拟实验的背景下，采用多种不同的方法、技术、分析和手段来重现过去的现象（从物品到系统），从而提出并检验各种假设，为考古解释提供或加强类比"（Mathieu，2002）。

操作链

为制造工具或完成工序而进行的一系列工作，序列中的不同阶段揭示了技术选择和其他社会信息。

创意旅游

"旅游业为游客提供机会，通过积极参与课程和学习经验来开发他们的创造性潜力，这些课程和学习经验是他们所在的度假目的地的特点"（Richards和Wilson，2006）。

讲解中心

"传播自然或文化遗产知识的机构，讲解中心是一种新型博物馆，通常与游客中心或电子阅览室联系在一起，位于文化、历史或自然遗址附近。""与博物馆不同，讲解中心的目的不是收集、保存和研究藏品，而是通过提供必要的信息，让游客更好地了解遗址的自然和文化价值。这些中心致力于教育和提高认识"（Izquerdo 等，2005）。

模型

使用重构[(re)construction]而不是简单的重建（reconstruction）一词是为了强调，当一家建筑物被规划时，"只有地面平面图存在的情况下，在此基础上的任何结构都只能是推测，因此，最好用一个构造来描述（Reynolds，1999）。

从这个意义上讲，一个独立的考古（重构）建筑是一种基于考古的真实大小的建筑房屋模型（见模型），如公共公园或森林。如果通过控制入口进入，但设施不具有考古露天博物馆或教育中心的所有特征，这些重构通常取决于博物馆。

模型是按房屋真实大小的重建。普朗克（Planck）在他的论述中提到："游客只是想体验复原的发现，即考古学家发现的原貌，还是更喜欢重建的原貌，即按1∶1的比例重建的原貌，或者在博物馆房间里看到罗马神庙的比例模型就足够了？"（Planck 1991，63）。

施密特延伸了这一思路，指出："历史建筑一旦被毁，就再也无法挽回。如果它被重建起来，重建的建筑大多是已消失建筑的忠实形象，但通常是一个尺寸为1∶1的模型，其中有许多错误，描述的是目前的知识水平，并采用现代工作方法和同类材料建造"（H. Schmidt，1993）。

然而，在施密特从1994年起大量使用这一术语之后，模型一词开始被普遍使用（M. Schmidt，1994）。

博物馆

"博物馆是为社会及其发展服务的非营利性常设机构，向公众开放，收集、保存、研究、传播和展出人类及其环境的物证，供研究、教育和娱乐之用”（International Council of Museums ICOM code of professional ethics）。

非营利组织

"合法成立的法人或非法人团体，其收入（包括任何盈余或利润）仅用于该团体的利益及其运作。'非营利'一词具有相同的含义"（International Council of Museums ICOM code of professional ethics）。

露天博物馆

"露天博物馆的定义是在露天对各种类型的结构进行科学收藏，这些结构作为建筑和功能实体，展示了居住模式、住宅、经济和技术"（Constitution Article 1 AEOM，1973）。

重构

参照术语模型。

遗址博物馆

考古遗址是指发生过人类活动的地方，其留下的遗迹或痕迹可以通过考古方法记录下来。考古遗址博物馆是一个专门展示特定考古遗址、系列遗址或其更广泛故事的博物馆。遗址博物馆将其所涉及的考古遗址安置在其所属范围内，因此位置固定。

主题公园

主题公园是作为商业企业经营的资本密集型露天旅游景点。它们创造出一个"人为改造的娱乐环境"（Pearce，1988），远离游客习惯的日常生活，通常强调一个主导主题，围绕这个主题，建筑、景观、骑行、表演、餐饮服务、服装人员、零售都是精心策划的"（Kemperman，2000，14）。

旅游

"旅游是指人们出于休闲、商务或其他目的，在其正常居住地和工作场所之外的目的地进行的临时流动，以及在停留期间进行的活动和为满足游客需求而建造的设施"（World Tourism Organisation WTO，1989）。

附录2　文中所提及的个人联系人名单

本研究中许多信息和见解不是来自公开的文献资料，而是来自隐性知识，这些知识对我帮助很大，值得归因。本研究中访问、咨询了机构管理人员或高级管理人员，以及一些部门（领域）的负责人（如教育、营销、餐馆、商店、人力资源），还有具有多年经验的高级志愿者。在征得他们同意下，我在研究中提及他们的个人观察，并感谢他们愿意与我分享他们的经验。附表2-1列出了文中提及个人的详细信息和所属机构。该附属机构可追溯到他们在被引用时所处的职位。

附表2-1　人员信息及所属机构

名字	所属机构	职位	城市，国家
Z. Apala	Āraišu Ezerpils Fonds	Board Member	Cēsis, Latvia
N. Arts	Archeologische Dienst Eindhoven	Municipal Archaeologist	Eindhoven, the Netherlands
B. Andrian	The Scottish Crannog Centre	Director	Loch Tay, United Kingdom
A. Boonstra	HOME	Director	Eindhoven, the Netherlands
M. Sullivan	Shakespeare's Globe Trust	Commercial Director	London, United Kingdom
C. Daval	Free Lance	Archaeologist	Froges, France
J. Flamman	Archeon 1	Centre for Experimental Archaeology	Baarn, the Netherlands

名字	所属机构	职位	城市，国家
D. Freeman	Butser Ancient Farm	Iron Age Consultant	Chalton, United Kingdom
B.M. Buttler Jakobsen	Fotevikens Museum	Director	Höllviken, Sweden
C.S.H. Jensen	Nationalmuseet	Web Editor	Copenhagen, Denmark
G. Johansen	Lofotr	Director	Borg, Norway
R. Kelm	Archäologisches Ökologisches Zentrum Albersdorf	Director	Albersdorf, Germany
B. van Lingen	HOME	Head of Interpretation	Eindhoven, the Netherlands
W. Lobisser	Vienna Institute of Archaeological Science	Experimental Archaeology	Vienna, Austria
L. E. Narmo	Lofotr	Experimental Archaeology	Borg, Norway
R. Obert	Bachritterburg Kanzach	Director	Kanzach, Germany
A. Pelillo	Parco Montale	Science & Pedagogics	Modena, Italy
W. Piotrowski	Muzeum Archeologiczne w Biskupinie	Scientific Director	Warsaw, Poland
D. Prinsen	HOME	Director	Eindhoven, the Netherlands
I. Pulini	Parco Montale	Director	Modena, Italy
R. Sandnes	Firma Richard Sandnes	Director	Gravdal, Norway
M. Schmidt	Niedersächsisches Landesmuseum Hannover	Vice Director	Hannover, Germany
G. Schöbel	Pfahlbaumuseum	Director	Unteruhldingen, Germany

续表

名字	所属机构	职位	城市，国家
N. Schoeren	HOME	Head of Education	Eindhoven, the Netherlands
J. Schuitert	HOME	Coordinator Shop & Restaurant	Eindhoven, the Netherlands
L. Staals	HOME	Secretary of Director	Eindhoven, the Netherlands
B. van Valburg	HOME	Director	Eindhoven, the Netherlands
P. Vemming Hansen	Middelaldercentret	Director	Nykøbing F., Denmark
M. Vicze	Matrica Museum	Director	Százhalombatta, Hungary
A. Vilka	Āraišu Ezerpils Fonds	Director	Cēsis, Latvia
D. Willaert	VZW Legia	Chair	Ghent, Belgium

附录3　世界实验考古学会（EXARC）与参考书目

收录了世界实验考古学会（EXARC）对本书的支持与参考。

附录4　参与调查的考古露天博物馆名单

收录了作者已回复第一次调查和（或）第二次调查的考古露天博物馆名单。

附录5　参观访问的考古露天博物馆名单

收录了作者参观访问的考古露天博物馆名单。

附录6　标准游客调查表

收录了供考古露天博物馆今后使用的修订版游客调查表。

附录7　相关专题参考文献

收录了考古露天博物馆的基本文献，并按照专题分类。

扫描二维码
阅读附录3～附录7

译后记

　　2020年春天，我自英国归国任教，从事实验考古的教学与科研，彼时深感实验考古学在我国考古学研究领域的小众化，实验考古、实验室考古常常混为一谈，实验考古的理论范式亦不甚明晰。然深知个人能力与平台有限，只能暂作拙文数篇，并与保定市前卫路小学合作，主持推行"文化传承新路径——实验考古融入小学常态化教育"项目，尝试体现实验考古学的公众教育特点，以寻学界关注，所幸该项目被中国文物报社、中国关心下一代工作委员会公益文化中心评选为"2024年度全国文博社教百项创新案例"，给予我莫大鼓励。

　　我认为，实验考古学颇具特色的动手实践趣味式的教育功能，不止对青少年在中小学阶段的常规教育有帮助，对于更广泛的社会教育，或许具备更大作用，但这需要博物馆的参与。特别是当我行走在空旷的遗址公园或遗址类博物馆时，看着优美风景与悠长的文保地界标识，却发现四下只有零星游客时，心里不免思量，文化遗产虽然得到了保护，但如何让这些不可移动的遗产焕发出新活力，不再只作为残破土质城墙、宫殿基址等供人欣赏，而是吸引游客在参观娱乐的过程中，感受文化教育。让遗址服务于人民的文化需求，给博物馆、遗址公园或当地带来可观的人流量与经济消费，是一件值得学界同仁共同探讨的问题。

或许，将实验考古用于博物馆的展陈活动，或将遗址公园或遗址类博物馆转变为与考古露天博物馆相似的类型，是一种值得探索的方式。正因如此，我决定翻译罗兰·帕德库珀先生（Roeland Paardekooper）的有关考古露天博物馆方面的著作，尝试将考古露天博物馆的概念及运用以翻译的形式，介绍给感兴趣的读者，也希望能够借此引起学界同仁对实验考古的独特魅力产生兴趣，并期待在未来看见我国出现考古露天博物馆，或者能够在博物馆、遗址公园里体验到丰富多彩的基于实验考古成果设计而成的社教活动。

罗兰·帕德库珀先生是世界实验考古学会（EXARC）的创始人之一，长期关注考古露天博物馆的发展以及实验考古在博物馆领域的运用，并积极促进世界范围内的实验考古学家交流研究心得，推动实验考古学在理论方面的提升。我与罗兰·帕德库珀先生是相识多年的好友，当他听闻我欲翻译他的著作后，大为支持，给予了我相关的授权许可。《有生命的文物：考古露天博物馆的现在与未来》一书的成书时间略早，但书中涉及的考古露天博物馆的定义、性质与理念，以及考古露天博物馆在欧洲不同国家的发展历程，对国内具有一定借鉴意义。书中的部分统计数据置于当下而言，虽然本身信息价值不高，但统计数据所呈现出的潜在规律，对于思考考古露天博物馆在不同时代的社会发展历程中的转变，具有启发性。书中选取多家博物馆作为案例分析，也让此书变得更为科普化，可读性也大为增强。

正如罗兰·帕德库珀先生在书中谈到的，因为考古露天博物馆存在于欧洲不同地区，涉及不同的语言环境，研究起来具有一定难度。对于翻译而言更是如此，特别是当翻译一些博物馆名称时，若是直接音译，读者可能较难把握到这家博物馆的精髓，所以对于极个别涉及博物馆名称的翻译，我选择将音译与博物馆特点相结合的方式予以体现。对于书中部分较为学术化的表达，考虑此书的普适程度，在翻译过程中进行了调整，使其变得易懂与通俗化。当然，受限于个人及翻译团队的能力有限，书中部分翻译内容难免存在疏忽之处，也请读者朋友们海涵、谅解。

此书能够完成翻译并出版，我要衷心感谢四川大学考古文博学院黎海超教授、中国人民大学历史学院王晓琨教授、北京大学考古文博学院崔剑锋教授、河北大学历史学院洪猛教授，如果没有诸位师长的大力支持与鼓励，帮我解答翻译过程中遇到的疑难，书稿翻译将难以继续。也特别感谢本书的翻译团队成员，都柏林大学考古学院硕士研究生薛妍、河北大学历史学院硕士研究生左洁仪、塔里木大学历史与哲学学院硕士研究生张诗瑶、保定学院本科生苑博和保定市前卫路小学校长王红杰女士，在他们的协助下，翻译文稿得以优化，书中图文得以完善。

由衷的希望本书能够给读者朋友们带来不错的阅读体验，若有不妥之处，也希望得到你们的谅解。

唐邦城

2025年2月18日

记于川大东园